JN095349

大相撲行司の格付けと
役相撲の並び方

根間弘海

専修大学出版局

本書を妻・尚子に謹呈する、心を込めて。

まえがき

本書では、行司に関するテーマをいくつか絞り、それを深く調べている。どういうことに関心があったかを簡単に記しておく。

(1)　朱房行司には草履を許されない行司と許された行司がいたのではないか。

(2)　幕下以下行司の房色は昭和20年代後半までも、幕下と三段目は青、二段目以下は黒と決まっていたのだろうか。

(3)　役相撲の勝者へ唱える行司の口上はいつ変わったのだろうか。ちなみに、現在は「役相撲に適う、（勝者の）四股名」だが、以前は「（小結、関脇、大関）に適う、四股名」だった。

(4)　役相撲では東方と西方の力士は独特の並び方をする。その並び方はいつ決まったのだろうか。しかも、同じ形態が中断することもなく継続しているのだろうか。

(5)　紫房には半々紫白房、（真）紫白房、准紫房、総紫房の4種があるが、常にその4種が許されていたのだろうか。ちなみに、現在は式守伊之助の（真）紫白房と木村庄之助の総紫房の2種だけである。

(6)　昭和34年11月場所番付表までは、行司の一部は、基本的に、傘型（あるいは山型）で記載されている。それを横列（横並び）記載に変えたら、どうなるだろうか。

(7)　現在の行司装束は明治43年5月に始まっている。その時に行司の格付けと房色も確立したのだろうか。その時は木村庄之助の総紫房と幕下行司の青房だけが新しく導入されたのではないだろうか。他の房色と格付けはずっと以前に確立していたのではないだろうか。

(8)　明治43年5月から昭和34年11月まで立行司は基本的に3名いた。第三席の立行司を准立行司と呼ぶ。昭和時代は木村玉之助と副立行司がその准立行司に相当する。准立行司と式守伊之助はまったく同じ紫白房だったのだろうか。それとも何らかの違いがあったのだろうか。それを確認できる証拠はあるだろうか。

一つ一つのテーマの扱い方もそれぞれ異なり、中には新しい主張をすることもあるが、ときには単に解説風にまとめてある場合もある。本書は8章で構成されている。そのうち7章は行司に直接かかわるものであり、1章は三役揃い踏みの並び方に関するものである。

行司に関する内容を扱っていても、各章のテーマは別々である。各章はそれぞれ一つの独立した論考のようなものである。本書は最初から順序良く読み進む必要はない。興味のありそうな章から読み始めてもよい。そのため、各章の概要を下記に提示してある。

本書を執筆している段階では、特に、元・木村庄之助（29代、33代、35代）、元・式守伊之助（40代）、現・41代式守伊之助と幕内行司の木村元基、葛城市相撲館の小池弘悌さんと松田司さん、大相撲談話会のメンバー（多田真行さん、村谷直史さん、小松原炎さん、福田周一さん、呉淳久さん、鈴木義久さん）、相撲研究家の杉浦弘さんと（野中孝一さん）、相撲博物館にはいろいろお世話になった。また、資料の整理をするとき、二人の娘（長女の仁美と次女の峰子）にも手助けしてもらった。出版に際しては、専修大学出版局の上原伸二編集長にご尽力とご協力を頂いた。お世話になったこれらの方々に、改めて感謝の意を表しておきたい。

なお、大相撲談話会を自宅で10年余り毎月1回開催していたが、主としてコロナ禍と私の老齢化が原因で解散せざるを得なかった。この談話会は私の相撲研究の持続に大きな刺激剤であった。メンバー10名（現在は7名）は各自得意とする領域があり、相撲の奥深さを知る有意義な会合でした。メンバー一人一人に「ありがとう」と、改めて感謝の意を表しておきたい。

最後に、本書では文献から多くの引用文を提示している。その際、少し語句や表現を少し変えることもある。正確な引用文が必要な場合、出典に戻ることを勧める。

【各章の概要】

第1章　大相撲朱房行司の変遷

現在、朱房行司は三役で、草履を履いている。しかし、朱房行司は常に三役で、草履を履いていたのだろうか。答えは否である。朱房は三役であっても、草履を履かないこともあった。たとえば、昭和2年春場所から昭和34年11月場所まで、三役は草履を履いていなかった。

大正末期までは、朱房行司に2種の区別があった。一つは朱房で、草履を履いた行司である。これが三役に相当する。もう一つは朱房で、草履を許されない行司である。この草履を許されない朱房行司は、階級としては幕内行司である。階級としての幕内行司には草履を履かない朱房行司と紅白房行司がいたのである。明治のいつごろ、朱房行司が二つの階級に跨るようになったかは、不明である。

明治時代は立行司でさえ、必ずしも紫色と限っていなかったことがある。たとえば、9代式守伊之助は明治31年5月からその名を襲名しているが、明治37年5月に紫白房を許されている。それまでは朱房だったのである。

第2章　幕下以下行司の房色―青か黒

昭和時代以降でも多くの文献で、幕下以下行司は階級によって房色の使い分けがあったと記述されている。つまり、幕下行司と三段目は青房、二段目以下は黒房となっている。その記述は事実を正しく反映しているのだろうか。本章では、その記述は間違いで、正しくはどの階級の行司でも青房か黒房だったと主張する。現在でもそれが継続している。

昭和以前でも幕下以下行司は階級によって房色を区分けせず、青房か黒房を自由に選択していたかも知れない。明治43年5月の行司装束改正のときは青か黒だったのに、明治44年6月10日の『時事新報』の記事には階級によって房色の区別がされている。それが房色の区別の発端となっている。新しい行司装束に変えたときは、青か黒となっていたのに、翌年は階級色に変わっている。変化があまりにも急で、何か不自然である。階級も最初は、幕下が青、三段目以下が黒だったのに、のちには青房が幕下と三段目、黒房が二段目以下に変わっている。しかも、それがいつ変化したのかさえ不明である。

本章ではこれまでと違い、行司自身が語ったり書いたりした文献を証拠としている。そのような文献は意外にたくさんあった。それらの文献によれば、幕下以下行司が階級によって青か黒だったということはまったくない。昭和時代以降でも多くの文献で、階級によって房色が決まったとしているが、そのような事実はなかったのである。

第3章　役相撲の行司の口上

千秋楽の役相撲では、どの取組でも勝者に行司は「役相撲に適う、四股名」と口上を唱えながら、賞品を授与する。以前は相撲ごとに現在と異なる口上を唱えていた。つまり、「小結・関脇・大関に適う、四股名」と唱えていた。

以前は相撲ごとに異なる「個別口上」だったものが、現在はいずれの相撲でも同じ「同一口上」になっている。それでは、その口上はいつ変更されたのだろうか。本章では、口上がいつ頃変更されたかを調べている。

研究を始めたころは、求めている年月は容易にわかるはずと推測していた。が、口上として正確にそれを判別できる文献は意外に少なく、今でも厚い壁にぶつかっている。今のところ、個別口上を最後に確認できた文献は、鍵冨寿吉著『相撲読本』（天泉社、昭和17年）である。他方、同一口上を確認できる最初の文献は、酒井忠正著『日本随筆』（ベースボール・マガジン社、昭和28年／復刻版、平成7年）である。この『日本随筆』は昭和28年に出版されているが、「役相撲」の口上に関する記述は昭和27年のことを記述している。

個別口上の最後の文献が昭和17年であり、同一口上の文献が昭和27年であることから、口上の変化はその17年から27年のあいだということになる。これまでの調査に問題がなければ、変更年月はその期間内である。

ところが、本章の再校ゲラを校正していたとき、昭和35年にも個別口上だとする新立行司の雑誌記事をたまたま見つけた。いつその個別口上が復活したのか、また現在のように同一口上に変わったのか、今のところ、判明していない。

第4章　三役揃い踏みの並び方

三役揃い踏みでは、主として、次のことを調べる。

(1)　役相撲ではいつから現在のような並び方をしたのだろうか。昔からそのような並び方をしていたのだろうか。
(2)　揃い踏みは寛政3年6月以降、上覧相撲であれ勧進相撲であれ、現在と同じ並び方を継続してきたのだろうか。
(3)　明治42年1月まで幕内力士は千秋楽に出場していないが、それに伴い役相撲はなかったのだろうか。それとも十両力士が役相撲を取っていたのだろうか。
(4)　南部相撲の役相撲では力士の並び方が江戸相撲の並び方と異なる。吉田家と南部相撲ではもともと並び方は異なっていたのだろうか。もともと同じだったが、いずれかが独自の並び方をするようになったのだろうか。

調べたいことは決まっていたが、実際に調べていくと壁は厚く、不明なことがたくさん出てきた。特に、現在の並び方が寛政以前にもあったのか、その以前に創出されたものなのかが必ずしもはっきりしない。江戸時代の上覧相撲でも一貫して同じ並び方をしていたのか、文献資料で確認できない。本章では明治時代の天覧相撲でも三役相撲があったと捉えているが、どのような並び方をしたのかは依然として不明である。明治 17 年の天覧相撲ではっきりしているのは、大関相撲の勝者・横綱梅ケ谷に弓が授与されたことである。行司は「個別口上」を唱えている。しかし、役相撲でどんな並び方をしたのかは不明である。

第 5 章　紫房行司一覧

現在、立行司の木村庄之助は総紫房、同じ立行司の式守伊之助は紫白房である。つまり、紫房は 2 種である。これは江戸時代から変わりなかったのだろうか。実は、紫房はこれまで 4 種あったことが確認できている。あるときは 2 種、あるときは 3 種、それぞれ同じ時期に使われていたが、同時に 4 種の紫房が使われることはなかった。

江戸時代には 1 種の紫房で、それは紫白房だった。当時、総紫房は許されていなかった。明治 30 年 2 月から明治 43 年 5 月までは、紫白房と准紫房の 2 種だった。9 代式守伊之助は明治 37 年 5 月に紫白房を許されている。第三席の木村庄三郎も明治 38 年 5 月に「紫白房」を許されている。第二席の式守伊之助と第三席の木村庄三郎は、白糸の割合に差はなかったと新聞記事にある。当時は、紫白房に関し、席順によって白糸の割合に差はなかったようだ。

明治 43 年 5 月に行司装束改正したとき、木村庄之助は総紫房となり、式守伊之助は紫白房となった。さらに、第三席の准立行司は「半々紫白房」を許されている。もちろん、この呼称は本書でそう呼んでいるだけで、当時も今もそういう呼び方をしていない。白糸と紫糸が「半々」という表現をときおり文献で見るので、本書ではたまたまそういう呼び方をしている。

明治 43 年 5 月から昭和 34 年 11 月まで総紫房と紫白房に加え、半々紫白房の 3 種があった。昭和 2 年春場所からは第三席の立行司・木村玉之助が半々紫白房となり、昭和 26 年 5 月以降は副立行司が半々紫白房となった。昭和 35 年 1 月以降は、副立行司が廃止され、立行司は二人になった。

そして、木村庄之助が総紫房、式守伊之助が紫白房として残った。現在、紫房はこの2種だけである。

第6章　傘型表記と横列表記（資料編）

昭和2年から昭和34年までの番付表では、行司の序列は傘型に表記されている。他方、現在の番付では行司の序列は横列（あるいは横並び）表記である。横列表記に慣れている場合、傘型表記の番付表で行司の階級や房色を見分けようとすると、かなり戸惑うことがある。各行司の房色となると、なおさらである。

本章では、番付の傘型表記を横列表記に改変している。横列に改変しても、もちろん、階級や序列はまったく同じである。さらに、番付にない房色も補足してある。なぜ内容的に同一であるのに、このような書き換えをするのかと問われそうだが、その答えは横列の記載法に慣れた人には、それが理解しやすいからである。それ以上の理由は何もない。

房色を補足してあるのは、行司の階級をわかり易くするためである。特に、第三席の立行司は「紫白房」としてではなく、「半々紫白房」として記してある。規定上、木村玉之助や副立行司は「紫白房」となっていたが、両者には運営面で白糸の割合に差があった。

本章の行司一覧法には、欄外に個々人の行司歴を少し補足・説明してある場合もある。これは個人情報みたいなもので、知識の補足として捉えてかまわない。特に昭和10年代には戦争があり、若い行司の中には兵役に就くものいた。戦争で亡くなっている者もいるし、行司に復帰しなかった者もいる。戦争へ行かなくても、長い間病気療養した者もいる。補足・説明した内容は、もちろん、兵役や病休だけではない。

第7章　行司の格付けと房色の定着

明治43年5月に行司装束が従来の裃姿から烏帽子・直垂装束に変わった。そのとき行司の格付けと房色も決まったのだろうか。実は、そうではない。それまでに行司の格付けと房色の関係は、基本的に、すでに確立していた。明治43年5月に新しく導入され房色は、総紫房と青房の二つだけである。他の房色と格付けはすでに確立していた。それでは、それはいつ頃決まったのだろうか。本章では、それを文政10年前後としている。それを裏付けるには、当時描かれた錦絵を活用している。しかし、青白房に関しては、それを裏付ける資料がまったくない。さらに、十枚目力士がいつ頃確立したのかも不明である。

本章では、青白房以外の房色と行司の格付けが文政10年前後に確立していることから、青白房もその頃決まったはずだと推測している。同時に、力士の十枚目も幕末ではなく、それよりかなり以前に出現したはずだと推測している。力士の階級と行司の房色は対応しているからである。力士の十枚目がいつ出現したかがわかれば、青白房の出現もおのずと大体の見当はつく。青白房と十枚目力士の出現は、今のところ、推測の域を出ない。

第8章　准立行司と半々紫白房

木村庄之助と式守伊之助に次ぐ第三席の立行司を准立行司と呼ぶことがある。准立行司の房色は規定上、第二席の式守伊之助の房色と同じ「紫白房」であるが、運用面では「白糸の割合」が少し異なる。式守伊之助は「(真)紫白房」であるのに対し、准立行司は「半々紫白房」である。本章では、明治43年5月から昭和34年11月までの准立行司がいつ半々紫白房を許され、さらにいつ真紫白房が許されたかを詳しく調べている。

昭和2年5月以降の第三席は木村玉之助だったが、昭和26年5月以降は副立行司である。准立行司の中には、いつ半々紫白房を許されたのか、はっきりしないこともある。また、行司によっては半々紫白房と真紫白房のうち、どの房を使用していたのか明確でない場合もある。そのような場合でも、本章ではいつ半々紫白房を許され、いつ真紫白房が許されたのかを指摘している。本章では、第三席の准立行司の半々紫白房に光を当てている。

目　次

第1章　大相撲朱房行司の変遷

1.　本章の目的[1)]

現在、朱房行司は草履を履き、横綱土俵入りに際しては短刀を差す。普通の取組を裁くときは短刀を差さない。それでは、朱房行司は常に草履を履いていたのだろうか。また、横綱土俵入りのときだけ、短刀を差していたのだろうか。取組を裁くときは、短刀を差さなかったのだろうか。

行司装束が現在のように直垂姿になったのは、明治43年5月である。そのとき、木村庄之助は総紫房、式守伊之助は紫白房となり、三役行司は朱房になった。装束の菊綴や軍配房の色は、階級色と同じである。したがって、軍配房の色を見れば、階級も即座にわかる。ところが、朱房に関するかぎり、房色だけでは行司の階級を見分けることができない。というのは、朱房には草履を履ける行司とそうでない行司がいるからである。朱房の草履格は三役だが、そうでない行司は原則として三役ではない。草履格がいない場合、三役の代理として処遇されることはある。

また、明治43年5月の行司装束改正のとき、十両格以上行司は短刀を差すことが許された[2)]。ところが、現在、短刀を差しているのは立行司だけ

---

1)　本章をまとめている際、葛城市当麻の葛城市相撲館「けはや座」の小池弘悌さんと松田司さんに大変お世話になった。この相撲館には大正時代の相撲雑誌が豊富にあり、私は三日間滞在し、ゆっくり閲覧することができた。松田さんにはその後も資料の再確認で、ときどきお世話になった。また、いつものように、大相撲談話会の多田真行さんには原稿を読んでもらい、貴重なコメントをいただいた。お世話になった三人に改めて、感謝の意を表しておきたい。

2)　明治43年5月の行司装束改正のとき、十両以上の行司はすべて帯刀（脇差）を許されている。このことは当時、帯刀が「切腹」のシンボルでないことを示唆している。現在のように、立行司の帯刀と「切腹」の覚悟が結びつき、それが強調されるようになったのは、帯刀が立行司のみに許されるようになってからかも知れない。そうなると、大正10年以降ということになる。それまでは草履を許さ

である。三役行司が短刀を差すのは、横綱土俵入りのときだけである。三役は立行司の代理として処遇されている。それでは、いつの時点で十両格以上行司は、短刀を差さなくなったのだろうか。三役行司と幕内・十両行司は同時に短刀を差さなくなったのだろうか。それとも階級ごとに別々に差さなくなったのだろうか。

履物に関しても変化がみられる。立行司はもちろん、常に草履を履き、短刀を差している。しかし、朱房の草履格は「三役行司」だが、常に草履を履いていたわけではない。三役でありながら、草履を履く時期もあったし、そうでない時期もあった。その時期とはいつ頃であろうか。たとえば、昭和時代、三役格は常に草履を履いていただろうか。そうでなければ、いつの時点で草履を許されたのだろうか。明治や大正時代、三役格はつねに草履を履いていただろうか。一時期、履かないこともあったのだろうか。

このように、明治以降に限っても、朱房行司の世界では房色、草履、短刀などについて変化が見られる。ずっと一定ではなかった。本章では、朱房行司を中心に、房色、草履、短刀にどのような変化があったかを調べている。

本章では、朱房行司、紅白房行司、青白房行司を、便宜上、次の4つに分けている[3)]。朱房を二つに分け、以前使われていた名称を用いているだけある。

れた三役行司も帯刀していたからである。この考えが正しいかどうかは、今のところ、わからない。また、明治9年の廃刀令から明治43年5月までは帯刀は立行司のみに許されていたが、それは切腹の覚悟を表すシンボルとして理解されていたのだろうか。行司の帯刀については、拙著『大相撲行司の伝統と変化』の第6章「行司の帯刀」でも詳しく扱っている。行司の帯刀の歴史やその意義については、もっと検討する必要があることを指摘しておきたい。

3) この分類では朱房を二つに分け、それぞれを以前使われていた呼称に混ぜてある。以前は、紅白房行司を本足袋、青白房行司を足袋格と呼んでいた。幕内以上は本足袋だが、実際は「幕内行司」に使用していた。その上の行司は草履格、三役、立行司などを使用していた。

・4 つの分類

(1)　朱房草履格または朱房草履行司：朱房で草履を履いた行司

(2)　朱房本足袋格または朱房本足袋行司：朱房で草履を履かない行司[4)]

(3)　紅白房本足袋格または紅白房行司：紅白房の行司

(4)　青白房格足袋または青白房行司：青白房の行司

なお、朱房行司については、これまでも拙著で扱っている。

(1)『大相撲行司の伝統と変化』の第 8 章「昭和初期の番付と行司」と第 9 章「明治 30 年以降の番付と房の色」

(2)『大相撲行司の軍配房と土俵』の第 5 章「草履の朱房行司と無草履の朱房行司」と第 8 章「大正時代の番付と房の色」

(3)『大相撲の歴史に見る秘話とその検証』の第 7 章「大正末期の三名の朱房行司」

(4)『大相撲立行司の名跡と総紫房』の第 6 章「16 代木村庄之助と木村松翁」

(5)『大相撲の神々と昭和前半の三役行司』の第 5 章「昭和前半の三役行司」

(6)『大相撲の行司と階級色』の第 3 章「昭和初期の行司再訪」、第 4 章「大相撲の三役行司再訪」、第 7 章「上位行司の番付再訪」（資料 1）

本章では新しい資料も活用してあるが、以前の資料も多く扱っている。分析する視点が異なれば、同じ資料でも異なる分析をされることがある。いずれにしても、以前見たことのある資料がときどき活用されている。そのことを重ねてお断りしておきたい。

4)　これは拙著『大相撲の行司と階級色』の第 3 章と第 4 章で「幕内上位行司」あるいは「本足袋幕内行司」に相当する。明治 43 年 5 月以降は、朱房行司に二つのタイプがあり、それぞれ別々の階級に分かれていた。つまり、一つは朱房草履格で、三役行司であり、もう一つは朱房本足袋格で、幕内行司である。

2.　二種の朱房行司

朱房行司には二つのタイプがある。一つは草履格であり、もう一つは本足袋格である。草履格が三役行司で、本足袋格は幕内行司である。まず初めに朱房本足袋格になり、その後で朱房草履格になる。明治10年代から大正末期までの朱房行司を何人か見てみよう。

国技館開館前は本場所春場所と冬場所が開催される月は一定でない。1月や2月は春場所、5月や6月は夏場所としたほうがより正確である。吉田司家から授与される軍配房の許可も一定でない。そのため、表の月名は必ずしも厳密ではない。この表を提示したのは、房色は紅白房から朱房に進み、その後で草履が許されるという順序を確認するためである。草履を許されない朱房の時期が必ずあったのである。紅白房からいきなり草履を許されるという順序はない。

これらの行司についてはこれまでの拙著でも扱っているが、主な行司の昇格年月と関係することを簡単に紹介しておく。

〈1〉 庄之助（元・誠道）：改正組から東京相撲に復帰した明治11年5月の別番付では地位が確定していない。翌12年春場所、誠道は改正組から東京相撲に復帰した明治11年5月の別番付では地位が確定していない。翌12年春場所の番付で「幕内格」として記載されている。明治11年5月の本場所でも、実際は、おそらく幕内格として扱われていたに違いない。『読売新聞』（明治30年12月18日）の「16代目庄之助の履歴」では18年1月に朱房、草履は28年5月となっている。『相撲新書』（明治32年、p.88）では、20年に朱房免許を受けたとある。

〈2〉 瀬平（6代）：1回目の紅白房は（15.1）であり[5)]、1回目の草履は（18.7）

5） 瀬平の最初の朱房を『時事新報』（明治38年2月6日）の「故木村瀬平の経歴」に基づいているが、明治17年3月とする文献（たとえば、『木村瀬平』、p.4）もある。

である。「K1.11」は慶應元年 11 月を表す。瀬平は行司を辞し、年寄専務となる（26.1）。その後、行司に復帰している（28.1）。そのため、

行司名	紅白房	朱　房	草　履	備　考
庄之助 16	12.1	18.1	29.3	庄之助（31.1、紫白房）、准紫房（32.1）、総紫房（43.5）。庄之助の前は誠道。
瀬平 6	K1.11	15.7	29.6	立行司・瀬平（31.1、朱房）、紫白房（32.5）、准紫房（34.4）。
伊之助 9	15.1	30.5	31.1	伊之助 9（31.5、朱房）、紫白房（37.5）、与太夫 4。
庄三郎 6	20.1	34.4	37.5	立行司（38.5、紫白房）、伊之助 10（44.5）、庄之助 17（45.5、総紫房）
庄太郎 12	18.1	34.4	38.5	亘り（理）から改名（20.5）。死亡（38.10）
進	32.1	34.5	39.1	伊之助 11（45.5、紫白房）
小市	29.5	34.5	39.1	立行司（T2.1、紫白房）、伊之助 12（T4.1）。誠道に改名（41.5）。
朝之助	31.1	38.5 ~	44.6	紫白房（T3.5）〈推定〉、庄之助 18（T11.1、総紫房）
与太夫 5	33.1	40.1	45.1	伊之助 13（T11.1、紫白房）、庄之助（T15.1、総紫房）。与太夫 5。
勘太夫 3	33.5	40.1	T2.1	伊之助 14（T15.1、紫白房）。場所前死亡（T14.12）。
錦太夫 3	35.1	42.5	T3.1	伊之助 15（T15.1、紫白房）。庄之助 20、松翁。与太夫 6。
大蔵	33.5	43.5	T3.1	死亡（T10.5）
錦太夫 4	T2.1	T7.5	T15.5	与太夫 7、伊之助 16。木村庄之助を襲名せず、年寄立田川となる。

席順が誠道の次になっている。紫房は『読売新聞』の「木村瀬平　紫総を免許せらる」（明治32年3月16日）に基づく。准紫房は『読売新聞』の「木村瀬平以下行司の名誉」（明治34年4月8日）に基づく。もしかすると、32年には仮の免許があり、34年には本免許だったかも知れない[6]。

〈3〉 伊之助（9代）：紅白房は『大相撲人物大事典』の「行司の代々―歴代行司名一覧」（p.694）に基づく。朱房は与太夫の独断で使い始めている。協会は不審に思ったが、結果的に黙認している。これに関しては、『読売新聞』（明治30年2月20日）の「相撲だより―式守与太夫緋房の事」に詳しい説明がある。

〈4〉 庄三郎（6代）：紅白房は『大相撲人物大事典』の「行司の代々―歴代行司名一覧」（p.689）に基づく。『国技』（大正6年1月号）の「木村庄之助」（p.27）に簡単な経歴の紹介があるが、房色の授与年月は記述されていない。

〈5〉 庄太郎（12代）：紅白房の年月は番付からの推定。正確な昇格年月はまだ確認できていない。なお、庄太郎と庄三郎の順位が入れ替わったのは明治33年春場所である。これは『読売新聞』（明治33年1月2日）の「相撲だより―行司の改良」で確認できる。なお、木村藤次郎と庄九郎が入れ替わったのも同年同場所である。

〈6〉 小市（のちの誠道）：紅白房授与の免許状（明治29年3月）の写しは枡岡智・花坂吉兵衛著『相撲講本』（p.657）に提示されている。『春場所相撲号』（大正12年1月号）の12代目式守伊之助談「四十六年間の土俵生活」で「（明治）44年の5月場所に紫白の総を用いることが許された」（p.111）とあるが、実際に免許が下りて使用した場所は「大正2年春場所」である。これに関しては、拙著『大相撲行司の伝

---

6) 拙著ではこれまで最初は紫白房、そのあとで「准紫房」を許されたとしている。それに、庄之助（16代）と瀬平（6代）は同じ「准紫房」を許されており、房色では差はなかったとしている。この指摘が正しいかどうかは、もちろん、検討する必要がある。

統と変化』の第8章でも述べてある。

〈7〉 朝之助：朱房昇格は明治38年5月から39年5月のあいだに違いない。[7]『時事新聞』（M38.1.22）の「行司の番付」によると、一枚上の小市は朱房で、朝之助は紅白房である。他方、『東京日日新聞』（M40.1.17）の「相撲雑俎」によると、一枚下の与太夫は40年1月に朱房へ昇格している。二つの記事から、朝之助は38年5月、39年1月、39年5月の3場所のうち、いずれかで朱房昇格していることになる。しかし、どの場所で昇格したかについては、それを裏付ける確かな証拠がまだ見つかっていない。

〈8〉 与太夫(5代)：大正10年5月場所中に紫白房を臨時に許されている。

〈9〉 勘太夫（3代）：勘太夫は春場所前に死亡（T14.12）したため、春場所番付の記載は死跡となる。

〈10〉 錦太夫（3代）：20代木村庄之助著『国技勧進相撲』（昭和17年）の藤島秀光筆「敍」では明治42年5月、緋房（三役格）とあるが、これは草履を履いた「三役格」ではない。また、『夏場所相撲号』（昭和10年5月）の20代木村庄之助筆「行司生活五十一年」（p.79）には明治42年5月、「紅白房」を許されたとある。これは、実際は「朱房」だった。明治35年1月に幕内格(本足袋)に昇進していたからである。

〈11〉 大蔵：大正10年5月、病気のため行司を辞職している。

〈12〉 錦太夫（4代）：大正15年夏場所に三役格になった。拙著『大相撲の朱房行司と階級色』の第3章を参照。ただし三役に昇格した確かな証拠（草履）は、番付以外にない。取組を裁いている写真があるが、足元が鮮明でない。そのため、草履を履いているのか、そうでないの

7） 朝之助より上位の進や小市（のちに誠道に改名）は、明治34年5月にはすでに朱房だったが、『朝日新聞』（明治36年5月9日）の「行司の格式等」では、不思議なことに、両行司とも紅白房となっている。もしかすると、『朝日新聞』（明治36年5月9日）の番付は、当時のものより1，2年前のものだったかも知れない。さらに、興味深いことに、朝之助は『時事新報』（明治38年1月22日）の「行司の番付」では「足袋朱白房」（つまり、本章の紅白房本足袋格または紅白房行司）となっている。

か、はっきりしない。[8]

3. 朱房行司と文献の記述

明治30年以降に文献をみると、朱房行司について異なる記述が見られる。それを見てみよう。

まず、朱房草履格は「三役行司」だとする文献をいくつか示す。[9]

(1) 『時事新報』明治38年10月11日）の「行司木村庄太郎死す」。
「本年5月場所より（中略）草履を許され、三役格に昇進した」[10]

---

8) 大正末期の三役格行司にははっきりしないことがある。たとえば、式守勘太夫（のちの21代庄之助）は自伝『ハッケヨイ人生』で三役格だったと書いてあるが、それを確認できる証拠がない。また、大正末期には草履を履かない三役格もいたのかどうか、はっきりしない。三役格はいつから草履を履かなくなったのだろうか。昭和2年春以降、三役格は草履を履いていない。それが大正末期からそうなっていたのか、昭和2年以降なのか、今のところ、不明である。もし大正末期に草履を履かなくなっていたのであれば、勘太夫も三役格だったかも知れない。しかし、錦太夫（4代）が大正15年5月、朱房で草履を履いていることが判明すれば、草履を履かない三役は昭和2年以降である。木村玉治郎（のちの19代伊之助）は自伝『軍配六十年』で大正末期に三役に昇進したと書いてあるが、これは紅白房が朱房になったことを指しているはずだ。つまり、勘太夫の「三役格」と玉治郎の「三役格」は異なる意味合いで使用している。このように、大正末期の三役格行司はもう少し細かく調べる必要がある。

9) 杉浦善三著『相撲鑑』（明治44年）に「草履免許に進級すれば（朱と：本章補足）白の交ぜ房を用い幕内力士に相当す。さらに進級すれば紅房を用い三役力士に相当す。」（p.34）とある。朱房行司は草履を履くことを想定しているので、この記述は「三役」を表している。しかし、紅白房が草履格となっていることから、全体としては事実に反する記述となっている。この『相撲鑑』でも朱房行司に二つのタイプがあることは認められない。

10) 本章では文献から引用する際、ときおり字句を少し変更してある。正確な引用が必要であれば、出典を直接参照することを勧める。

(2)『東京日日新聞』(明治43年1月9日)の「本日の台覧相撲」／『万朝報』(明治43年1月9日)の「今日の台覧相撲」
「三段構え」の言上行司は立行司の伊之助と庄三郎である。「三役力士」の言上行司は進と誠道である。この二人は「草履の朱房行司」で「三役行司」である。「幕内力士」の言上行司は朝之助、与太夫、勘太夫、錦太夫である。これらの行司は「無草履の朱房行司」である。

(3)『時事新報』(明治44年6月10日)の「相撲風俗(8)—行司」
「(前略)それから土俵上で草履を穿くことを許されるのは三役以上で、現在の行司では緋房(朱房:本章注)の誠道と紫白の進と紫房の庄之助、伊之助の二人である。草履の下が足袋で、それも本足袋に格足袋とがある。本足袋は緋白の総で幕内格、格足袋は青白の総で十両である。」

誠道は緋房で草履格であり、「三役行司」である。朝之助から庄吾までは朱房だが、草履を許されていないので、「幕内行司」である。清次郎から善明までは紅白房で「幕内」である。つまり、「幕内」には朱房本足袋行司と紅白房本足袋行司の二通りがある。

(4)『夏場所相撲号』(昭和10年5月号)の20代木村庄之助筆「行司生活五十一年」
「明治35年1月、本足袋として幕ノ内行司に昇進、同42年土俵上紅白の軍配の房を許されました[11]。更に大正3年1月、今の国技館が開館されました春場所に土俵上草履使用免状を授与され、三役行司に昇

11) 明治35年に紅白房になっているのに、42年にも「紅白の軍配の房」を許されたとある。42年には「朱房」を許されたはずだ。勘違いによるミスだと思っているが、自筆で書いた行司歴「行司生活五十一年」(『夏場所相撲号』、大正10年5月号)にも「紅白の軍配」(p.79)を許されたとある。朱房に無草履の幕内行司がいたことを認めれば、二度目の紅白房はこの無草履の朱房だと捉えることができる。なぜ同じ「紅白房」が二度許されたとあるのか、今のところ不明である。

進しました。(中略)大正15年1月、15代目式守伊之助を襲名して(後略)」(p.79)

文献には「朱房行司は草履を履き、木刀を帯する」という趣旨の記述をしてあるものが多く見られるが、それは事実を正しく記述していない。朱房行司には草履を履かず、木刀も帯しない者もいるからである。このような記述をしてある文献をいくつか示す。

(1)　三木貞一・山田伊之助編『相撲大観』(明治35年)

「行司の格式はその用いる団扇の房色によって区別す。その足袋免許となると同時に用いる房は青白の交ぜ房にして力士の幕下十枚に相当し、次に進級すれば紅白の交ぜ房を用い幕の内力士に相当し、次に進級すれば紅房を用い三役力士に相当す。」(pp.299-300)

(2)『角力画報』(大正3年1月号)の吐理天奇筆「ちゃんこ番から―行司の資格」

「紅白の房:幕内格に相当する。

緋房:三役に相当するもので、上草履と木刀を帯することを許される。

紫房:(前略)立行司の名称があり、横綱格である。」(p.35)

(3)　綾川五郎次著『一味清風』(大正3年)

「紅白の房(本足袋):足袋の行司がさらに出世すると、今度は団扇の房が紅白になる。力士の幕の内に相当する格式があって、(後略)。

緋房:本足袋行司がさらに出世して緋房となる。すなわち団扇の房が緋となるのである。これは力士の三役に相当する格式であって、上草履を履いて土俵へ上り、木刀を帯することが可能であるから、(後略)」(p.195)

(4)　水谷武(編)、出羽之海谷右衛門(述)『最近相撲図解』(大正7年)

「本足袋:軍扇は紅白の房で、足袋着用はもとより、その格式も力士の幕内に相当する。
上草履格：本足袋行司がさらに進めば、軍扇の房が緋色となり、上草履を履き、木刀を帯して土俵に上ることができる。すなわち力士の三役格である。」(p.140)

(5) 大ノ里萬助著『相撲の話』(誠文堂、昭和 5 年）の「16. 行司の階級」[12]
「本足袋の行司がもう一層出世すると緋房になる。言うまでもなく軍配の房が緋となるのである。これは力士の三役に相当する格式であって、上草履を履いて土俵に上り、腰に木刀を帯することができるのであるから、行司としての貫禄がはじめて完全するわけである。」(p.55)

(6) 『夏場所相撲号』(昭和 11 年 5 月号）の北江木筑筆「相撲通になるには」、項目「行司の資格」
「緋房—力士の三役に相当し、上草履を履き、木刀を許される。」(p.115)

なぜ多くの文献で朱房行司がすべて三役行司になり、木刀（短刀）を差すとなっているのかわからない。これに関してはこれまでの拙著で何度も指摘してきた[13]。

朱房行司が「三役」であり、「立行司」でもあるとする文献もある。これは明治 30 年代の頃まで見られる。立行司を「三役」とし、朱房行司も「三役」だとしている。しかし、「立行司」と「三役」には房色や草履は同

12) 昭和 2 年から 34 年 11 月まで三役行司は草履を履いていないので、この記述は事実を正しく反映していない。このような趣旨の文献は数多く見られる。昭和 5 年当時、三役（朱房）行司には式守与太夫、式守勘太夫、木村清之助がいたが、誰も草履を履いていない。

13) これに関しては、たとえば拙著『大相撲の神々と昭和前半の三役行司』(2021) の第 5 章「昭和前半の三役行司」や『大相撲行司と階級色』(2022) の第 4 章「大相撲行司の三役再訪」などでも詳しく扱っている。

じでも、短刀や行司装束に差があった。立行司は短刀や熨斗目麻上下を許されていたが、その下位の立行司（つまり三役）は許されていない。参考までに、いくつか示す。

(1)　大橋新太郎編『相撲と芝居』(明治 33 年、博文館)[14)]

「(前略) 足袋を穿いて土俵に上ることを許された行司は、力士の幕下十枚目までと同格で、これからもう一つ進むと土俵の上で草履を用いることを許される。これは力士の大関と同格で、熨斗目麻裃に緋房の軍扇あるいはもう一つ上の緋と紫を染め分けの房のついた軍扇を用いる。この中で一人木村庄之助だけは特別に紫房の軍扇を許される。紫房は行司の最高級で、ほとんど力士の横綱の如きものである。土俵の上で草履を許される行司は（中略）力士の大関と同格だから、大関の相撲でなければ出ない。これは昔から木村庄之助、式守伊之助の両人に決まっていたが、近年この高級行司が三人もあることがあって、現に今でも庄之助、伊之助の他に木村瀬平を合わせて三人ある。」(p.42)

(2)　山田伊之助（編述）『相撲大全』(明治 34 年)

「(前略) 本足袋はすなわち幕の内力士なれば総を紅白に改め、それより塁審して立行司に進めば、三役の位置と異ならず、行司役の最高位なるをもって、緋総の団扇及び上草履、木剣を免し、(中略) また吉田家の特許を得て、紫房を用いることもありと言えり。」(p.35)

(3)　三木愛花著『相撲史伝』(明治 34 年)

「行司の格　立行司は力士の三役に当たり、足袋格は幕下十枚目以上関取格に当たること各差あり。」(p.258)[15)]

---

14)　この引用文では、文章や語句を少し変えてある。正確な文章が必要であれば、出典で確認することを勧める。

15)　この記述は非常に簡略化されている。立行司と十両行司は対応する力士との関係でわかりやすいが、朱房行司と幕内行司がどの力士と対応するのかはっきりしない。

(4)　三木愛花・山田伊之助（編述）『相撲大観』（明治 35 年）

「行司の格式はその用いる団扇の房色によって区別す。その足袋免許となると同時に用いる房は青白の交ぜ房にして力士の幕下十枚に相当し、次に進級すれば紅白の交ぜ房を用い幕の内力士に相当し、次に進級すれば紅房を用い三役力士に相当す。紫房は先代木村庄之助(15 代：本章）が一代限り行司宗家、肥後熊本なる吉田氏よりしてと特免されたるものにて、現今の庄之助及び瀬平もまたこれを用いているといえども、そのうちに 1，2 本の白糸を混ぜている。」(pp.299-300)

本章では、草履を履く朱房行司を「立行司」として捉えていないので、この文献に記されている朱房の草履格を「立行司」としてみなしていない。確かに、9 代式守伊之助のように、朱房の立行司もいたが、それは例外的である。式守家に木村庄之助に対等する行司がいなかったために、朱房の式守与太夫が一家を代表して「立行司・式守伊之助」を襲名した。それ以外の朱房行司は明治 30 年代以降、朱房の三役行司と立行司が同じということはない。

本章では、基本的に、立行司とそれより下位の三役行司を区別している。すなわち、立行司と三役行司には、装束の着用や短刀の帯刀に関し、差別があったという立場である。

4.　朱房本足袋行司は幕内行司

紅白房行司は「幕内行司」だが、朱房本足袋行司も「幕内行司」である。それを明確に記述してある文献をいくつか示す。

たとえば、朱房行司は草履を履いた行司とそうでない行司がいるが、それぞれ、どの力士に対応しているのだろうか。『相撲史伝』には朱房行司と幕内行司に関し、もう少し詳しい記述があるかも知れないが、見つけることができなかった。

(1) 『東京日日新聞』(明治 44 年 6 月 11 日) の「相撲号」、項目：10 代式守伊之助談「行司の一代」[16)]

「横綱、大関と等しいものは紫の房を持った立行司で、朱房で福草履が三役同様で、朱房及び紅白房は幕内で、青白は格足袋と言って、力士ならば十枚目までの関取分というのと同様です。」

(2) 『都新聞』(明治 44 年 6 月 17 日) の 10 代式守伊之助談「行司になって 44 年」

「(前略) 横綱・大関と同格なのは立行司で、軍扇は紫房を持っております。朱房で福草履を履いているのが、三役と同格で、朱房と紅白房は幕の内、青白房は格足袋と言って、力士ならば十枚目までの関取分というのです。」

幕内の上は「三役」として捉えられている。草履を履く朱房行司は、力士の「三役」と同格となっている。草履を履かない朱房行司は、紅白房の行司と同様に、「幕内」と同格である。

(3) 『無名通信』(大正 4 年 5 月) の「行司の給料と呼出の修行―相撲の司吉田家の見識」

「(前略) 幕の内となると緋あるいは緋と白の染分け、大関格が紫と白の染分け、横綱格となると総紫である。それから、土俵の上で草履を穿くことを許されているのは、三役格以上の行司に限られているので、三役格以下の行司は足袋である。足袋にも本足袋と格足袋の区別があって、本足袋を穿くのは、軍扇の緋白染分けの房と同様、幕の内の

---

16) 10 代式守伊之助は木村家から式守伊之助になった最初の行司だが、名跡の交換が討議され決まったのは明治 39 年 5 月場所の頃だったようだ。これは『相撲画報』(春場所号、大正 1 年 1 月号) の 17 代目木村庄之助談「五十三ヶ年の土俵生活」(pp.29-35) に言及されている。この年月が正しいかどうかの確認はまだやっていない。本章の趣旨と関係ないが、木村家と式守家の名跡変更に関する年月なので、ここに指摘しておきたい。

資格がある。格足袋となると青白染分け格の十両である。（中略）この行司の資格というものは、いくら協会の権式をもってしても、勝手に定めることはできない。格足袋以上になると房の色でも脇差でも協会が上申して、相撲の司家吉田追風の免許を仰がなければならないことになっている。」（p.69）

草履を許された行司は「三役格」で、そうでないものは足袋である。したがって、朱房で無草履は「幕内格」となる。そのように推測できる。

(4)　水谷武編・出羽（之）海谷右衛門述『最近相撲図解』（大正 7 年）
「上草履格：緋房。力士の三役格。
紫房格：立行司。」（p.140）

朱房で草履格に限定すれば、これは正しい。草履の朱房は「力士の三役格」とある。行司としては「三役格」である。しかし、朱房がすべて草履格になるとすれば、これは正しくない。残念なのは、朱房本足袋格（つまり幕内行司）についての記述がないことである。

(5)『春場所相撲号』（昭和 4 年 1 月号）の「速成大相撲通」（pp.42-5）
「（前略）紫と紫白と朱房の上位とが草履を履いて土俵に上ることが許され、帯刀御免です。朱房で草履を履いているのは三役格です。草履の履けない朱房と紅白房は幕内格、（後略）」（p.44）

朱房草履格と朱房本足袋格に明確に二分され、朱房本足袋格が幕内となったのは、立行司が紫房になってからのようだ。それ以前は、朱房で草履を履かない行司が、「三役格」として記述されているからである。

5.　短刀の遠慮

明治 43 年 5 月に十両以上の行司は脇差（短刀）を許されている。当時のほとんどの新聞には、改正された装束姿で行司の独り立ち写真が掲載されている。格足袋行司から立行司までそれぞれ脇差を差している[17)]。たとえば『読売新聞』では、脇差に関し、次のように記述されている。

・『読売新聞』（明治43年5月31日）の「直垂姿の行司」
「(前略) 以前は立行司だけが小刀を帯したが、今度は足袋以上は鎧通しは左前半に帯することになる。」

この明治43年5月以降、ずっと脇差を差していたかとなると、実は差していない。立行司は現在でも常に短刀を差しているが、三役格から十両格の行司の場合、取組では短刀を差していない。もちろん、三役は現在でも横綱土俵入りを引くときは差している。それでは、三役以下の行司はいつから短刀を差さなくなったのだろうか。

明治44年6月頃には、十両格以上の行司は短刀を差している。これは新聞記事で確認できる。

・『時事新報』(明治44年6月10日)の「相撲風俗 (8) 一行司」
「(前略) 脇差であるが、これはもと紫白以上でなければ許されなかったものであるが、最近その服装を鎧下の直垂に改めてからは足袋以上に穿かせることとなった。」

大正時代に入っても、いつ短刀を差さなくなったかを確認できる文献がない[18)]。大正10年になって、それを記述した文献が見つかった。

---

17)　たとえば『やまと新聞』(明治43年5月31日）の「直垂に折烏帽子」には5名の写真が掲載されているが、幕内の木村庄吾と十両格の木村鶴之助も脇差を差している。当時の新聞では、十両以上の行司がなぜ脇差を許されたのか、記述されていない。おそらく行司の権威や威厳を表すためだと思われるが、それは推測にしか過ぎない。

18)　大正時代の文献にも十両格以上が帯刀すると記述してあるもがある。そのような文献は、たとえば拙著『大相撲の神々と昭和前半の三役行司』の第5章「昭和

・『夏場所相撲号』（大正10年5月号）の「行司さん物語—紫総を許される迄」
「関脇格になりますといよいよ土俵で草履が許され、軍扇には朱総を用いますが格式は一段上って来まして本来なれば土俵で帯刀するのが正当なのでありますが、いろいろの都合上略しております。現在ではこの位置におりますのが、不肖等三名（与太夫、勘太夫、錦太夫）と大蔵でありますが、（後略）」（p.105）

どういう理由かはわからないが、大正10年5月には三役格は短刀を差していない。差さないように規則で決まったわけではないが、申し合わせで差さないようにしたらしい。この申し合わせが、三役以下行司すべてに同時に行われたのか、階級に応じて別々の時期に行われたのか、不明である。

大正期に入り、大正10年5月までのあいだで、短刀を差さなくなっていたことがわかる[19)]。まず初めに、三役行司の帯刀の有無を示す資料を示す。

(1)　『角力画報（大正2年5月号）の口絵。与太夫、勘太夫、錦太夫が独り立ち姿で、帯剣している。
(2)　『国技』（大正3年4月号）の口絵。式守与太夫の帯剣が覗いている。

前半の三役行司」にもいくつか提示されている。新たに、『角力雑誌』（大正9年5月号）の一味生筆『行司の階級』（p.65）も追加しておく。これらの文献が事実を正しく記述しているか、検証する必要がある。というのは、大正7年ごろには帯刀していない写真があるし、大正4年以降もそれを示す証拠がないからである。

19)　明治44年の新聞で十両以上にも脇差が許されているという趣旨の記述があるので、明治末期には脇差を差していたに違いない。行司の中には脇差を差さないものもいたかも知れないが、差しているものもいたはずだ。実は、立行司以外の行司が脇差を差さなくなったのは、単にそのような申し合わせをしただけかも知れない。そういう禁止令があったなら、大正10年5月の「行司さん物語」（『夏場所相撲号』）で「遠慮」という言葉が使われるはずがないからである。

これと同じ写真が『角力世界』（大正6年5月号）の口絵にも掲載されている。

(3)　『角力世界』(大正3年9月号)の口絵。式守与太夫が帯刀している。

(4)　『角力世界』（大正4年10月号）の口絵。式守錦太夫、式守与太夫、木村朝之助が帯刀している。木村大蔵の帯刀は不明で、式守勘太夫は帯刀していない。

(5)　『角力世界』（大正4年10月号）の口絵。木村大蔵は独り立ち姿で、帯刀しているようだ。写真は不鮮明。

(6)　『角力世界』(大正4年10月号)の口絵。式守錦太夫は帯刀している。しかし、式守勘太夫は帯刀していない。勘太夫がなぜ帯刀していないのか、わからない。

(7)　大正9年1月場所の写真番付。与太夫と錦太夫は帯刀している。同じ三役の勘太夫と大蔵は帯刀していない。なぜなのか、その理由がわからない[20]。

(8)　大正9年5月場所の写真番付。勘太夫と錦太夫は帯刀している。この写真番付は基本的に先場所の番付と同じである。先場所かそれ以前の行司を掲載してあるようだ。

(9)　『武侠世界相撲画報』（大正10年1月号）の口絵。大鳴門と駒泉、釈迦ヶ嶽と大鳴門の取組があり、二組とも裁いている行司は錦太夫で、帯刀していない。このことから、大正9年5月場所の写真番付に掲載されている行司は、9年5月場所で撮影したのではなく、それ以前のものを使用しているようだ。

これらの資料から判断する限り、三役格は大正9年夏場所以降帯刀しなくなっている[21]。三役行司が写った写真はたくさんあるが、横綱土俵入り

20)　推測にしか過ぎないが、三役の帯刀は望ましいけど、しなくてもよいという程度のものだったかも知れない。それは単なる推測であって、実際はどうだったのだろうか。

21)　大正末期の三役行司については、たとえば拙著『大相撲の行司と階級色』に詳

を裁いているものがほとんどである。その場合は、もちろん、帯刀している。三役力士が普通の取組を裁き、帯刀が確認できる写真は、極端に少ない。まして幕内行司や十両行司となると、取組を裁いている写真は皆無に近い。しかし、帯刀が確認できる写真がほんのわずかばかりある。それをいくつか示す。

(1) 『国技』(大正3年4月号）の口絵。「大阪相撲協会の少年足袋行司」のキャプションがあり、木村正直の胸像に短刀らしきものが覗いている[22]。東京相撲でも当時、格足袋行司は帯刀していたかも知れない。
(2) 『国技』(大正5年10月号)。大阪相撲の格足袋行司の独り立ち写真があるが、帯刀していない。「行司木村は、二十歳頃にはきっと入幕する前途有望の怪力青年（後略)」(p.19)。不思議なことに、行司名は記されていない。
(3) 『角力世界』(大正6年8月号)。大阪相撲の木村正直の独り立ち姿があり（p.17)、帯刀していない。写真のキャプションは「大阪名行司」とある。
(4) 『国技』(大正7年1月号）の口絵、十両格行司の木村延司は帯刀していない。同誌の15頁にも木村延司の写真があり、帯刀していない。

明治末期から大正初期には幕内力士の取組写真は皆無に近い。数少ない資料から判断する限り、三役行司以下の行司、つまり幕内行司と十両行司はともに、大正4年頃には帯刀していない。大正初期の文献では三役以

しく扱っている。その本では、式守錦太夫（4代、のちの7代与太夫、16代伊之助）は大正15年夏場所、三役に昇格したとし、勘太夫（のちの21代庄之助）は三役に昇格していないとしている。それは事実を正しく反映しているだろうか。

22) 大阪相撲でも東京相撲と同様に、当時、十両格行司は短刀を差していたに違いない。そうでなければ、大阪相撲では十両格行司でも伝統的に短刀を差していたことになる。明治43年5月の服装改正の影響を受け、同時に差し始めたか、少し遅れて差すようになったかに違いない。正直は直垂に烏帽子を着用している。これは明らかに、東京相撲の服装改正の影響を受けていることを示している。

下の行司も帯刀しているが、それが事実を正しく記述しているかどうかがはっきりしない。明治末期の新聞記事を参照し、それに基づいて書いてあるかも知れないのである。相撲の本では、行司の実態とかけ離れている記述が往々に見られる。文字資料ではなく、真実を確認できるもっとも頼もしい資料は写真である。ところが、そのような写真は極端に少なく、帯刀の有無がなかなか確認できない。見落としている写真の中に大正4年以降、帯刀を確認できるものがあるかも知れない。そういう写真があれば、今後、帯刀の時期を修正しなければならない。

大正9年5月場所以降、三役格は帯刀を遠慮しているが、それは大正15年5月場所まで続いている。朱房草履格は大正末期まで帯刀していない。大正末期の朱房草履格と朱房本足袋行司については、拙著『大相撲の行司と階級色』でも詳しく扱っている。

昭和2年5月から昭和34年11月までの三役格は、草履を履いていない。したがって、この期間は三役格の資格である草履を履いていない。三役格はすべて、足袋だけだからである。草履を履いていないので、帯刀もしていない。なぜ三役格が草履を履かなくなったかについては、拙著『大相撲の行司と階級色』でも少し言及している。東京相撲と大阪相撲が合併し、立行司が3名になったからである。横綱土俵入りには草履を履くことがしきたりだが、3名の立行司で十分だという判断があったに違いない。実際、立行司が2名になった昭和35年1月以降は、三役行司に草履を履かせている。草履の朱房行司は、先にも触れたように、横綱土俵入りのときだけ、帯刀を許されている。

昭和22年5月場所に三役格の木村庄三郎と木村正直が草履を許されている[23]。それはあくまでも例外的であった。その他の三役行司は、昭和34

23) 厳密には5月26日新番付発表と同時に二人の行司は「副草履」に昇進している。副草履は副立行司と三役格のあいだの地位である。この地位を三役格でないとすれば、新しい階級とみなすこともできる。しかし、本章では副立行司の下は新しい階級というより特別な「三役格」として扱うことにする。すなわち、「副草履」は例外的に草履を許された三役格である。この副草履の房色は朱色のままであり、昭和35年以降の三役格は朱房で、しかも草履を許されている。現在でも三役格

年11月まで足袋だけだった。木村庄三郎は昭和26年5月に副立行司になり、半々紫白房だった。庄三郎は同年9月に式守伊之助（19代）となり、紫白房になった。他方、木村正直は昭和26年9月に副立行司になった。34年11月まで副立行司のままだったが、35年1月に木村庄之助（23代）となり、総紫房になっている。木村正直は式守伊之助を飛び越えて、いきなり木村庄之助になっている。

6.　草履を履かない三役格

三役行司は原則として草履が一つの条件だが、例外がある。それを示す事例を見てみよう。たとえば、『東京朝日新聞』（明治36年5月29日）に行司の階級について述べてある記事がある。三役格がポイントだが、他の階級も示す。

・紫房、帯刀、土俵上草履御免
　木村庄之助と式守伊之助
・朱房、帯刀、土俵上草履御免
　式守伊之助
・朱房、三役[24)]
　木村庄三郎、木村庄太郎
・紅白、幕内格
　木村進、木村小市、木村朝之助、木村藤次郎、式守与太夫、式守勘太夫、式守宗四郎、木村大蔵、式守錦太夫、式守錦之助

は朱房で、草履を履いている。

24)　この新聞記事で立行司の下位行司を「三役」と記述しているが、その意味で「三役」という語がいつ頃使われ出し、定着したのかははっきりしない。それに、「三役」でない朱房行司、つまり草履を履かない朱房行司を階級としていつ頃から「幕内行司」と呼び、それがいつ頃定着したのかもはっきりしない。そういうあいまいさを認めながら、本章では立行司の下の行司を「三役」とし、その下の行司を「幕内」としている。「三役」を巡る定義については、実際はもっと検討する必要がある。

・青白房、足袋、幕下十両格
木村角次郎、木村左門、木村吉之助、木村庄吾、木村留吉

・幕下格から序ノ口格までは省略する。

この番付で注目するのは、木村庄三郎と木村庄太郎である。この二人は当時､朱房だったが､草履を許されていなかった。にもかかわらず､「三役格」となっている。これをどう理解すれば、よいだろうか。本来なら、草履を許された朱房行司が三役格だが、事情によっては朱房行司であれば、三役格として処遇されたらしい。これを確認できる記事がある。

・『毎日新聞』(明治36年5月16日)の「行司軍配の事」
「(前略) 先ず土俵の上足袋を許されてより青白打交紐の軍配を執ることとなり、それより昇れば紅白打交紐の軍配、なお進めば緋房の軍配となり、最早これまで昇れば立行司の代理を勤め得らるるなり。その上はすなわち吉田家の允許に依りて紫白打交紐を執り得る順序にて、現に庄之助、瀬平の両人これを執りつつあり(後略)」

この記事によれば、朱房行司は立行司の代理になれる。草履に関する記述がないことから、房色が重要な要素となる。それゆえ、本章ではあえて、次のような解釈をしている。[25)]

・三役格代理
草履を許された朱房行司が欠員の場合、朱房だけの行司を臨時に「三

---

25) 明治36年当時、朱房はすべて「三役行司」であったなら、本章の「三役格代理」は間違った前提の上で解釈していることになる。実際、朱房は三役行司だとする文献も多いが、本章ではその記述は事実を正しく反映していないと捉えている。草履を履いた朱房とそうでない朱房には区別があったというのが本章の立場である。

役格代理」として処遇することもある。

朱房行司の上位を必要なだけ、協会が臨時に「三役格代理」を定めるのである。実際、庄三郎と庄太郎は草履を許されていなかったので、本来の「三役格」とは異なるはずだ。それは、次の新聞記事で確認できる。

・『時事新報』（明治38年10月11日）の「行司木村庄太郎死す」。
「本年5月場所より（中略）草履を許され、三役格に昇進した」

木村庄太郎は明治38年5月に草履を授与されている。この5月の時点で、おそらく、正式な「三役格」に昇進しているはずだ。2年前（明治36年5月）の「朱房、三役格」は正式な「三役格」ではなかったはずである。臨時の「三役格代理」だったに違いない。同様に、木村庄三郎は木村庄太郎より1年早く（つまり、明治37年5月）、草履を許されている。この5月の時点で、正式な「三役格」になったはずだ。庄三郎は草履を許され、正式な「三役格」になってから1年後（明治38年5月）、紫白房を許されている[26)]。

また、木村進と木村小市（のちの誠道）も朱房行司だったが、「三役格」となっていない。不思議なことに、両行司とも「紅白房の幕内格」として記述されている。これはどう解釈すれば、よいのだろうか。二つのことが考えられる。

(1)　幕内としての階級扱いだったので、間違って紅白房と記述した。
(2)　朱房の三役に二つのタイプがあることを理解していなかった。

---

26)　木村庄三郎は第三席の立行司である。上位に木村庄之助と式守伊之助がいたからである。当時の新聞記事によれば、木村庄三郎の軍配房は式守伊之助と同じ「紫白房」となっている。拙著でもこれまで木村庄三郎は第三席であるにもかかわらず「紫白房」を許されたとしているが、これが正しい見方なのかどうかは検討の余地がある。

どれが本当だったかは不明だが、三役格以外の朱房行司を正しく理解していなかったと推測している。その階級についても理解をしていなかったかも知れない。幕内は紅白であり、三役は朱である。三役でもないし、幕内でもない行司がいる。三役でなければ、階級としては幕内である。草履を履かない朱房行司をあえて「幕内」として扱ったのかも知れない。実際、どういう基準で朱房本足袋行司を「幕内」として分類したのかは、わからない。この問題の解明は今後の課題として残しておきたい。

いずれにしても、朱房の中で木村庄三郎と木村庄太郎は「三役格」となっている。二人の三役格について、本章では次のように解釈している[27]。

・臨時の三役格

三役格行司は本来草履を履くが、三役格が空位の場合、草履を履かない上位の朱房行司が「三役格代理」として処遇されることもある。

木村進と木村小市も朱房本足袋だが、上位の木村庄三郎と木村庄太郎が臨時の「三役格」として処遇されたに違いない。三役の人数に何らかの制限があったかどうかも不明である。「三役格代理」を認めるケースは、実際は、非常にまれである[28]。

---

27) 臨時の三役格はもちろん、横綱土俵入りのとき草履を履き、木刀を差すが、通常の取組を裁いたとき、草履を履いていたかどうかは不明である。木村庄三郎は明治37年5月、木村庄太郎は明治38年5月だからである。その間は、非公式に草履を許されていたかも知れない。これについては、今のところ、不明である。

28) これに類するケースは、もしかすると、大正末期にもあったかも知れない。錦太夫（3代、6代与太夫、20代庄之助）が大正15年1月、15代式守伊之助になったとき、草履を履いた朱房行司がいなくなったことがある。そのとき、4代錦太夫（のちの16代伊之助）が特別に「三役格代理」として処遇されたかも知れない。これは推測であって、事実としては確認されていない。この4代錦太夫は大正15年5月場所に草履を許され、正式な「三役格」になっている。これに関しては、拙著『大相撲の行司と階級色』でも扱っている。

なお、木村庄三郎は『社会新報』(第232号、明治34年）の写真番付「東京大相撲力士肖像」(p.19）に木村庄之助と木村瀬平とともに独り立ち姿で掲載されている[29)]。木村庄之助と木村瀬平は木刀を差しているが、木村庄三郎は差していない。当時、立行司だけが木刀を差し、それ以外の行司は差せなかった。この写真はそれを示す事例である。

明治37年5月、朱房の立行司・式守伊之助（9代）が紫白房を許されている。また、三役格の木村庄三郎もその翌年（明治38年）の5月、立行司（第三席）に昇格し、紫白房を許されている。明治43年5月に立行司は「紫房」となったが、実質的には明治37年5月を境にその階級色は決まっている。明治37年5月以降、立行司が「朱房」ということはないのである。木村庄三郎は明治38年5月に立行司になり、紫白を許されたが、それまでは三役で朱房だった。つまり、立行司はすべて、「紫房」となっている。草履を履いた朱房は「三役」だが、その「三役」が「紫房」ということはない。

草履を履いた朱房行司と草履を履かない朱房行司の階級が明確になったのも、明治30年代末期かも知れない。それまでは、行司の階級は房色と履物で表す傾向があったため[30)]、草履を履かない朱房行司（つまり、本足袋朱房行司）の階級がどの力士に対応するか、あいまいだった。当時の文献を見ても、草履を履いた朱房行司は「三役」で、力士の三役に対応すると述べているが、草履を履かない朱房行司がどの階級に対応するか、まったく述べられてないのである。すなわち、三役に対応するのか、幕内に対応

29)　この写真番付は景山忠弘著『大相撲』(p.19）に掲載されている。『社会時報』(第232号）の付録らしい。景山氏はこの写真番付を「明治34年」としているが、正確には「明治34年5月」のようだ。「梅の谷改め梅ケ谷」また「横綱大関大砲」とあるからである。「梅ノ谷」は35年1月場所に「梅ケ谷」に改名し、「大砲」は「横綱大関大砲」だった。

30)　以前は、行司の階級は房の色、足袋の種類、草履の有無、装束の種類、帯刀の有無などで表していたので、朱房行司の二つのタイプも単に「朱房」で済ますこともあった。そのため、二つのタイプがどの行司に対応するかをあまり区別していなかった。

するのか、まったくわからない。

明治40年代になると、朱房に二つのタイプがあり、草履を履かない朱房が徐々に増えてくるようになり、その階級を決めざるを得なくなった。草履を履いた朱房は力士の三役に対応するが、草履を履かない朱房行司はどの力士に対応するだろうか。実は、これを明確に説明しているのは、明治末期である。たとえば、『時事新報』(明治44年6月10日)の「相撲風俗(8)一行司」や『東京日日新聞』(明治44年6月11日)の「相撲号」、項目:10代式守伊之助談「行司の一代」などである。それ以前となると、草履を履かない朱房行司の階級について明確に述べてある文献は非常に少ない。

7. 木村瀬平の帯刀

立行司だけが常に短刀を差すことが許され、三役格は横綱土俵入りを引くときだけ、特別に短刀を許される。力士の取組を裁くとき、三役格は短刀を差さない。本章ではそのことを幾度か指摘してあるが、これに違反する行司がいた。6代木村瀬平である。そのことを確認できる新聞記事を見てみよう。

・『読売新聞』(明治30年2月15日)の「木村瀬平の土俵上麻上下及び木刀帯用の事」
「行司木村瀬平は今春大場所より突然土俵上木刀を帯用し始めたるを以って、取締雷権太夫初め検査役等大いにこれを怪しみ、古来木刀を帯用することは庄之助、伊之助と言えども、肥後の司家吉田追風の允許を経るにあらざれば、濫りに帯用すること能わざる例規なるに、瀬平のふるまいこそ心得ねと、協議の上、彼にその故を詰問したりしに、更に恐るる気色もなく、拙者義は昨29年の夏場所土俵上福草履を用いることをすでに協会より許されたれば、これに伴い麻上下縮熨斗目着用、木刀帯用するは、当然のことにして旧来のしきたりなり。もっとも木村誠道が麻上下、木刀等を帯用せざるは本人の都合なるべし。

もし拙者が木刀帯用の一事について司家より故障あるときは、瀬平一身に引き受けていかようにも申し開き致すべければ、心配ご無用たるべしとの答えに、協会においても瀬平の言をもっともなりと思いしにや、そのまま黙許することになりしと言う。」

木村瀬平は江戸末期から行司を務めているので、経験上、自分の主張が正しいと思っていたに違いない。すなわち、草履を許されると同時に、短刀を差し、熨斗目麻上下も着用できると[31]。行司本人が主張しているのだから、筆者のような第三者がその主張に異を唱えるのは身の程知らずとしか言いようがないが、やはり瀬平の言い分は当時として正しくなかったと異を唱えておきたい。理由は、3つほどある。

(1)　明治9年の廃刀令後、1、2年経ってから立行司のみが短刀を差すことを許された。おそらく、三役格は立行司に事故などがあった場合、横綱土俵入りのときだけ、特例として短刀を許されている。協会が瀬平の短刀や熨斗目麻上下を不審の思うのは当然である。また、誠道は草履格だったので、短刀や熨斗目麻上下を許されていなかった。

(2)　吉田司家との契約で、立行司のみが熨斗目麻上下の着用を許されていた[32]。当時は、房の色は朱でも紫でもよかった。実際、9代伊之助は明治37年5月に紫白房になったが、それまで朱房だった。明治31

31)　瀬平を支持するような表現が塩入太輔著『相撲秘鑑』(明治19年)に見られる。すなわち、「土俵上草履を用いることを許されるようになると、熨斗目麻上下を着用する」(p.29)とある。これが明治19年当時、事実だったかどうか、検証する必要がある。本章では、明治9年の廃刀令後、立行司のみに熨斗目麻上下の着用は許されていたという立場である。

32)　木村瀬平自身にも明治34年4月に熨斗目麻上下の着用を吉田司家より許されている。これは、たとえば『読売新聞』(明治34年4月8日)の「木村瀬平以下行司の名誉」で確認できる。『東京朝日新聞』(明治36年5月29日)でも立行司・木村庄之助、木村瀬平、式守伊之助だけに「紫房帯刀土俵上草履御免」とある。

年5月に立行司になっているので、草履はもちろん、熨斗目麻上下、短刀を許されている。

(3) 明治15年の「御請書」にも吉田司家と協会の契約にあるように、草履と熨斗目麻上下は吉田司家の許しが必要だった。しかも、草履にしろ、熨斗目麻上下にしろ、別々の許可が必要だった。瀬平の一存で短刀を差したり、熨斗目麻上下を着用したりできるものではなかった。

瀬平は他の行司より経験が豊富だし、年齢も誠道よりも上だったし、それに押しの強さも顕著だったので、当時の行司界では一目おかれる存在だったのかも知れない。しかし、明治9年の廃刀令後[33]、立行司にだけ帯刀が許され、三役格は横綱の代理を執行するときにのみ帯刀できることを勘違いしていたようだ。熨斗目麻上下に至っては、間違って理解していている。それは立行司だけに許された着用だったからである。

8. 今後の課題

今後の課題をいくつか、提示しておきたい。

(1) 明治43年に十両以上の行司は脇差（短刀）を許されているが、現在は立行司しか許されていない。いつから、三役以下の行司は短刀を差さなくなったのだろうか。本章では、三役は大正9年ごろ、幕内以下は大正4年から7年のあいだと指摘しているが、それは正しいのだろうか。

(2) 朱房行司には二つのタイプがある。一つは草履を許された行司で、本来の「三役」である。もう一つは草履を許されない行司で、階級と

33) 廃刀令以前は、明治時代でも立行司だけでなく、三役行司も帯刀していた。それは錦絵で確認できる。

しては「幕内」である。その区別は明治20年代以降、正しいだろうか。草履を許されない行司も「三役」であり、「幕内」ではなかったという見方もあったのだろうか。

(3)　草履を許されない木村庄三郎と木村庄太郎は臨時の「三役格」となっている。本章では草履を履いた朱房行司が空位になっている場合、草履を履かない朱房行司も臨時に三役格として処遇されたとしている。この見方は正しいだろうか。

(4)　多くの文献で朱房に二つのタイプを認めず、朱房行司は草履を履き、木刀を帯するという趣旨の記述をしている。本章では、これは事実を正しく反映した記述ではないとしている。本章の主張は正しいのだろうか。なぜ多くの文献は事実の即しない記述をしているのだろうか。

(5)　明治37年5月に朱房の立行司・8代式守伊之助が紫白房を許されてから、立行司はすべて「紫房」になっている。木村庄三郎は明治38年5月に紫房を許され、立行司になっている。当時、朱房が最高色であり、「紫房」は名誉色だった。しかし、実質的に紫房は立行司のシンボルになっている。その頃を境に、三役行司は草履を履いた朱房行司として定着している。本章では、そのように分析している。それ以降、紫房は立行司の色になっているからである。そのような見方は、事実を正しく捉えているのだろうか。逆に言えば、紫房の三役行司はいたのだろうか。

(6)　木村瀬平は草履を許されたとき、同時に帯刀と熨斗目麻上下も許されると語っているが、本章ではそれは当時のしきたりに反すると指摘している。本章の指摘は正しいのだろうか。なぜ木村瀬平はそのような主張をしたのだろうか。また、なぜ吉田司家は明治34年4月に木村瀬平にわざわざ熨斗目麻上下を許したのだろうか。

本章では、どちらかというと、明治末期から大正10年頃の朱房行司を扱ってきた[34)]。明治末期以前の朱房行司については、深く立ち入った分析をしていない。朱房行司に二つのタイプがあることは認められるが、その扱い方が明治末期以降と異なるからである。どのように異なるかの詳細な分析となると、今後の研究を俟たなければならない。

34) 大正末期の雑誌の口絵には取組の写真が多く掲載されている。四股名は記されているが、裁いている行司名は記されていないことが多い。大正14年5月以降であれば取組表があるので、その四股名を頼りに行司名を確定できる。行司の左腰あたりが鮮明に写っていれば、帯刀の有無が確認できる。同様に、足元も鮮明に写っていれば、足袋や草履も確認できる。当時の取組表は、両国の相撲博物館で閲覧できる。この稿を書いているときは、相撲博物館の資料を閲覧できなかった。コロナ禍の自粛ムードや資料のデジタル化のために相撲博物館が通常の状態でなかったからである。

第2章　幕下以下行司の房色―青か黒

1.　本章の目的[1)]

本章の目的は、昭和以降、幕下以下行司の房色は、黒か青であったと主張する。すなわち、階級に関係なく、黒房と青房の中から自由に選択し、いずれかを使っていた。それを裏づけるのに、行司の「自伝」や行司の雑誌対談などで、どの房色を実際に使っていたかを調べる。ときには、協会員がかかわっている文献で房色について述べていることも活用する。つまり、当事者が直接語っている房色を主な資料としている。これまでの研究では、行司以外の人々が書いた文献も活用したため、その真偽が必ずしもわからなかった。混在する記述のうち、どれが事実に即しているのか、判断が難しかった。軍配を直に使用していた行司が直接語っている房色であれば、それが真実に近いことは確かである。

ついでに、昭和以前の軍配房についても、次のことを主張する。

(1)　大正10年1月年以降も黒房か青房であった。すなわち、「自由選択」だった。その証拠は『大相撲夏場所号』(大正10年5月)の式守与太夫・他筆「行司さん物語―紫総になる迄」である。

(2)　明治43年5月から大正9年までも黒房か青房だった可能性がある。「区分け」をする文献と「自由選択」(「黒房のみ」)とする文献が混在するが、大正10年1月以降の「自由選択」の使用から、それ以前も「自

1)　本書をまとめる段階で29代木村庄之助には幕下時代の房色に教えてもらった。現役行司・木村元基(幕内)には行司部屋にある門外不出の資料でお世話になった。また、相撲談話会の多田真行さんに原稿を読んでいただき、貴重なご意見を頂いた。ここに、お世話になった方々に改めて、感謝の意を表したい。

由選択」だったと推測する。しかし、どちらかを裏づける確実な証拠がないことも確かである。

(3)　明治44年6月10日の『時事新報』に幕下以下は階級によって房色の使い分けがあると記述されているが、それは事実に合致しない可能性がある。「区分け」をする文献と「自由選択」をする文献が混在するが、どちらかを裏づける確実な証拠はない。たとえ新聞記事が事実に即していたとしても、その実施は短期間だったことは間違いない。少なくとも大正10年1月以前には「自由選択」になっている。

なお、幕下以下の房色に関しては、以前にも拙著で扱っている。

(1)『大相撲行司の伝統と変化』(2010)の第5章「幕下格以下行司の階級色」
(2)『大相撲行司の房色と賞罰』(2016)の第4章「行司の黒房と青房」

本章との関わりで言えば、(1)では階級によって房色の使い分けが決まっていたとしているが、(2)では(1)と異なり、階級による房の色の使い分けはなかったとしている。詳しいことは、それぞれの拙著に当たることを勧める。本章はその延長線上にある。大きく異なるのは、本章では行司の視点から幕下以下の房色を見直していることである。その視点から調べると、房色は階級に関係なく、黒房と青房の中からいずれかを自由に選択していたという結論に至る。

説明の便宜上、幕下行司の房色に関し、次の三つに分けることにする。これは『大相撲行司の房色と賞罰』(2016)に提示されているものとほとんど同じである。少し違うのは、「黒房のみ」をさらに補足説明してある。

(1)　区分け：階級によって青房と黒房の使用が決まっていた。

区分けには二通りある。一つは、幕下は青房で、三段目以下は黒房とするものである。これは大正10年頃までの文献でよく見られる[2)]。もう一つは、幕下と三段目は青房で、序二段以下は黒房とするものである。これは昭和期の文献でよく見られる。

(2)　自由選択：階級に関係なく青房と黒房のいずれかを使用した。
現在は自由選択である。すなわち、黒房と青房のいずれかを使用する。現在、行司はほとんどすべて青房である。

(3)　黒房のみ：階級に関係なく黒房を使用した。これは二つに再区分される。

(a) 明治43年5月まで房色は黒だけだった。それ以前の文献で「黒房」とあれば、文字通り「黒房」である。

(b) 明治43年5月に青房が導入され、黒房とともに、いずれかを使用できたが、青房も含み「黒房」で代表する。したがって、明治43年5月以降であれば、「黒房」は黒房だけでなく、「青房」も含むことになる。

青色の導入は明治43年5月に明確になっているが、それ以前は黒房が使用されていた。そのため、青房が導入され、黒房と青房のいずれかであっても、「黒房」を使用するというのがよく文献では記されている[3)]。実際は、青房が優勢であったが、「黒房」として記述する文献も少なくない。そのため、明治43年5月以降の文献で「黒房のみ」と記述したある場合、事実上は「自由選択」であったと解釈してよい。実際、大正10年以降、青房が圧倒的に多く使用されている。しかも明治44年以降、「黒のみ」は「区

2)　大正10年頃とか昭和以降という区切りは、厳密な境界ではない。大正10年ごろから昭和4年頃までに「区分け」をした文献が見当たらないので、そのあいだどういう「区分け」があったかは不明である。いずれにしても、区分けが途中で変わっている。なお、幕下以下の軍配房に関して明確に述べている文献はいくつか、拙著『大相撲行司の房色と賞罰』(pp.99-101) でも提示されている。

3)　現在でも行司はほとんどすべて青房を使用しているが、文献によっては「青房」を省略し、「黒房」とだけ記述してあることもある。また、たとえば29代木村庄之助著『以一貫之』(p.189) のように、「青房」とだけ記述してあることもある。

分け」と共にいつも混在している。しかし、本章では行司以外の人が「黒のみ」としてある文献は、基本的に検討の対象外にしている。行司が直にかかわっている文献に焦点を当て、その文献で房色についてどのように語られているかを調べている。

2. 元・行司の軍配房

(1) 昭和5年5月、三木愛花著『国技角力通』(四六書院)[4)]

「(本足袋の：本章補足) 次を足袋格と言い、十両力士に当たり、青白の交じり房を用い、その以下は黒房を用いるのである。」(p.138)

幕下以下は階級に関係なく、「黒房のみ」である。この「黒房」は、実際は「青房」も含んでいる。

(2) 昭和5年12月、大ノ里萬助著『相撲の話』(誠文堂)

「黒糸格式　これは所謂行司の1年生であって、力士の前角力、本中、序の口、序二段、三段目、十両を除いた幕下に相当するもので、黒糸の総を軍配につけてある。」(p.54)

大ノ里は元力士（大関）である。行司ではなかったが、行司の房色については直に見ていることから、その記述は正しいに違いない。著書は口述筆記によるものかも知れない[5)]。

(3) 昭和7年、上田元胤著・出羽海梶之助校閲『相撲早わかり』(大日

---

4) 三木愛花には、のちに触れるように、『相撲』(斯文館、大正4年) があり、その中では青を青白より上位に位置付けている。しかし、幕下以下がどの房を使用するかについてはわからない。明確な記述がないからである。

5) 行司の自伝や力士の自伝は口述筆記の場合が多く、中には筆記者が補足説明を加えてあることもある。その場合、内容に変化が生ずることもある。しかし、どの箇所が補足説明なのか、見極めることがかなり難しい。

本素襖協会公認・国技書院）の「三。行司」
「黒糸格　力士の幕下以下に相当し、行司としては練習期に属する。」(p.40)

著者は行司でないが、見開きに「財団法人大日本相撲協会　出羽海梶之助校閲」とある。本の内容に関し、出羽海梶之助本人が直に関与したかは不明だが、校閲したことは確かであろう。

(4)　昭和10年4月、小泉葵南著『昭和相撲便覧』(野崎書房)
「これは所謂行司の1年生であって、力士の前角力、本中、序ノ口、序二段、三段目、すなわち十両を除いた幕下に相当するもので、黒糸の総を軍配につけている。」(p.39)

この表現は大ノ里萬助著『相撲の話』とよく似ている。どちらかの著者がそのまま活用しているかも知れない。小泉葵南著『お相撲さん物語』(泰山堂、大正7年1月、p.227）では房色は「区分け」だとしていることから[6]、同一著者で考えが変わったに違いない。これに関しては、のちほど扱う。

(5)　昭和14年、『国技相撲』(大日本相撲協会編）の「軍配の紐色と階級」
「(紐の色と衣装の菊綴の色は同一）黒は、前相撲から、幕下（十両を除く。)まで相当する。跣足である。青白は十両に相当し、(後略)」(p.40)

相撲協会が直接かかわっていることから、公式な見解とみなして差し支えない。つまり、房色は「自由選択」だった。「黒糸」となっているが、それは「青房」も含意する記述法である。

(6)　昭和16年、藤島秀光著『力士時代の思い出』(国民体力協会）の「行

6)　ちなみに、小泉葵南著『お相撲さん物語』(大正7年）では、序の口から三段目までが黒房、幕下格が青、(後略)」(p.227）として「区分け」している。

司の規制」(pp.86-90)

「(前略) 幕下以下は何色を使用してもいいが、前述した房の色 (十両以上の房色:本章補足) は留色と言って使用することを禁止されている。」(p.87)[7]

十両以上 (つまり有資格者) が使用する房色以外であれば、どの色でもよいことになっているが、それが事実に即していたのかどうか不明。実際には、伝統的に黒房か青色だった[8]。有資格者の房色を「留色」とし、幕下以下の房色はそれ以外であればよいとする文献は他に見たことがない。たとえあったとしても、ほんのわずかであろう。

(7) 昭和17年、『国技勧進相撲』(言霊書房) の「行司の階級」(pp.54-5)

「序ノ口、序二段、三段目、幕下の行司は土俵上素足で、青色と黒色の房を使用いたします。」(p.55)

松翁は昭和15年3月に亡くなっているが、昭和15年以前の軍配房の状況を正確に述べている。その頃まで、幕下以下行司の房色は「区分け」ではなく、青か黒の「自由選択」であった。

(8) 昭和18年12月、『相撲と野球』の「行司の階級」

「序ノ口、序二段、三段目、幕下格の行司は土俵上素足で、青色と黒色の房を使用している。」(p.40)

青色と黒色が「自由選択」なのか、「区分け」なのか、明確でないが、

---

7) 木村玉之助を「准立行司」とし、房色は式守伊之助と同じ「紫白」だが、紫と白が半々だと述べている。式守伊之助と木村玉之助では紫と白の割合に差があったのである。

8) たとえば、同じ昭和16年1月発行の『春場所相撲号』の「春場所相撲観戦手引—行司」には「(格足袋以下:本章補足) 一様に素足で軍配には黒房を用いる」(p.167) とある。この「黒房」はもちろん、「青色」を含んでいる。

文脈から「自由選択」だと捉えるのが自然である。「区分け」であったなら、その区別を明確にしていたはずだ。十両格以上の房色や履物などは正確に記してある。

(9)　昭和19年11月、『体育週報』の「鍛える豆行司対談」(pp.16-8)
この記事では、序二段格の式守松男と式守良太郎が司会者と対談している。
「松男　行司は全体で50人くらいいますが、幕下以下みんな緑房（青房：本章注）です。」(p.17)[9)]

幕下以下は階級に関係なく、緑房と語っている。「緑房」は実質的に「青房」と同じである。[10)] 当時、「黒房」でもよかったが、それを使用する行司はいなかったかも知れない。いずれにしても、「青房」と「黒房」から「自由選択」していた。

(10)　昭和19年1月号、『大相撲春場所読物号』（体育週報）の「行司道―よもやま話」(pp.16-8)
「木村善太郎（幕内格）―行司の階級についてちょっと説明すると、五階級に分かれていて、豆行司すなわち取的連中の行司（幕下以下の行司：本章補足）は黒糸格式と言って、黒房の軍配で素足です。その上が、青白の房と称して青と白との糸で織り交ぜた軍配を持ち、土俵上初めて足袋を許されるので一名格足袋という。(後略)」(p.16)

9)　この行司・松男はのちの28代木村庄之助である。初土俵が昭和13年5月であることから、当時、すでに「青房」を使用していたことがわかる。行司部屋にある資料には十両格以上の房色は記されているが、幕下以下は房色が記されていない。したがって、現役行司の語っている房色は非常に貴重である。

10)　文献によって、「青色」を「緑色」として記述することがある。一般的には、「青色」が使われている。幕内格の「朱房」も「緋房」、「紅房」、「赤房」として表されることがある。

『体育週報』の発行は19年1月だが、18年末のことを語っていると言って差し支えない。式守伊之助（のちの22代木村庄之助も対談に加わっているので、善太郎が語っている房色に賛同しているに違いない。もし賛同していなければ、直ちに訂正するはずだ。22代木村庄之助（対談の式守伊之助）はのちに、『行司と呼出し』（昭和32年）を著し、その中で幕下以下の房色には「区分け」があったと述べている[11]。

3. 27代木村庄之助

昭和25年9月、27代木村庄之助が十両に昇格したときの話。岩崎友太郎著『土俵の周辺』（白水社、2015）に言及されている。

> 「十両になれば、装束は変わる。（中略）軍配の房もそれまでの単なる黒い房から青白房に変わる。それに何より、これまで十数年も素足で土俵上で上がっていたのが、白足袋を履くことを許された。（後略）」（p.41）

27代木村庄之助は昭和11年1月に初土俵を踏んでいるので、当時も「区分け」はなかったと推測できる。本人が初土俵から黒房を使っていないことから、昭和11年当時も区分けはなかったことになる。

自叙伝『ハッケヨイ残った』（東京出版局、1994）の「幕下から十両へ」（pp.72-4）に「（前略）幕下以下は青か黒房で、素足で土俵にあがることから“はだし行司”とも呼ばれています。」（p.53）とある。これは本の出版当時のことを述べているのか、それまでもそうだったのか、必ずしも確

11） この『体育週報』（昭和19年1月）の「鍛える豆行司対談」の中に、同じ雑誌の『大阪場所読物号』（528号）で「立行司の対談を載せた」とある。この立行司は21代木村庄之助である。幕下以下の房色について語っているかも知れないが、528号にはその記事が掲載されていない。なお、21代木村庄之助は自伝『ハッケヨイ人生』を著しているが、幕下時代の房色には何も触れていない。

かでない。

24代・25代・26代木村庄之助が幕下時代、どの房色を使用していたかを知りたくて、資料を探したが、残念ながら見つからなかった[12)]。これらの行司が初土俵を踏んだのが、明治44年5月から大正11年1月になっている。幕下以下の房色が階級によって「区分け」されていると記述した「時事新報」は明治44年6月10日である。その真偽を見きわめるには、これらの行司が初土俵の頃、どの房色だったかがわかれば、解決は簡単である。もし三段目までに青色を使っていたならば、「区分け」はなかったことになる。「黒房」だったなら、幕下に昇進したとき、「青房」に変わったかを調べればよい。

4.　29代木村庄之助

29代木村庄之助は初土俵を昭和20年1月に踏み、昭和38年1月に十両に昇進している。幕下時代、どの房色を使用していたか、手紙でお尋ねした。親方は体調を崩していたため、あえてお手紙で次のような質問をした[13)]。

親方が十両になる前の房色について教えてください。次のうち、どれだっ

---

12)　これらの3名の行司は最高位の木村庄之助になっているので、相撲関連の雑誌などにもよく登場している。幕下時代の房色についてどこかで語っているかも知れない。もし三段目以下だったとき、房色が青だったなら、『時事新報』（明治44年6月10日）の記事は事実を正しく伝えていないことがはっきりする。そうなると、それ以降「区分け」を記述した多くの文献はすべて「孫引き」のミスと犯していたことになる。

13)　私は行司に関することでわからないことがあったときは、29代木村庄之助に直接電話し、教えてもらっている。今回は、体調を崩しているのを奥様から聞いていたので、あえて手紙で尋ねることにした。私は日ごろから「親方」と呼んでいるので、本章でも「親方」としている。

たでしょうか。

(1)　入門から序二段まで黒房、三段目と幕下は青房だったでしょうか。
(2)　それとも、階級に関係なく、黒房か青房を使っていたでしょうか。

親方：「私は入門から青房を使っていた。私の時代は全員幕下以下は青房です。」

当時、黒房は序二段まで、三段目と幕下は青房というように、区分けがありましたか。それとも、そのような区別なく、黒でも青でも自由に使っていましたか。

実は、文献によって意見が二つに分かれています。

(1)　序ノ口までは黒房、三段目と幕下は青房だった。

親方：「そのような区別はなかった。」

(2)　幕下以下は階級に関係なく、黒でも青でもよかった。

親方：「黒は使っていません。」

親方のお手紙にあるように、親方は初土俵から十両に昇進するまでずっと青房を使用している。このことから「区分け」がなかったことは明確である。

5.　22代木村庄之助著『行司と呼出し』

昭和32年、22代木村庄之助著『行司と呼出し』（ベースボール・マガジン社、昭和32年）の「行司の格と型」（pp.66-8）

「幕下までは土俵上素足で、序ノ口、序二段は黒房、三段目、幕下は青房で区別されるが、現在は黒房はほとんど使われていない。」(p.66)

これにはいくつか問題がある。先にも触れたように、昭和 19 年式守伊之助（のちの 22 代木村庄之助）は雑誌対談で、幕下以下行司の房色は「自由選択」だと語っている。ところが、昭和 32 年の自伝『行司と呼出し』では「区分け」をしていると語っている。これをどう解釈すればよいだろうか。これに関して、本章では次のように解釈している。

他の資料などを考慮すれば、前者が正しい。つまり、「区分け」はなかった。では、後者はどうなのか。これは、22 代木村庄之助が直に語ったものでなく、口述筆記者が補足説明を加えたに違いない[14)]。昭和 30 年 5 月には、相撲規則の中で幕下行司の房色は、「自由選択」として明記されている。それを、最高位の木村庄之助が無視するはずがない[15)]。

昭和以前から、文献によって「区分け」だったとする文献が「自由選択」と共に混在していた。口述筆記者は「区分け」が正しいと思っていたに違いない。その知識を生かして、行司の房色をまとめていたとき、補足したに違いない。22 代木村庄之助は階級によって行司の房色が違うことは語ったが、筆記者は幕下以下の房色に関して新たに説明を加えたのである。本章では、そのように解釈している。

---

14)「あとがき」から筆記者は小島貞二氏であることがわかる。小島氏は相撲に精通しており、文献に行司と房色の関係にも、もちろん、精通していた。知識がありすぎて、22 代木村庄之助が語ってことに少し説明を加えたかも知れない。もし、この推測が間違っていたなら、22 代木村庄之助はときどき事実と違うことを語ったことになる。行司が房の色で間違うことなどありえないのではないか。

15)　これと同じようなケースが軍配の握り方にも見られる。22 代木村庄之助は軍配の握り方に二通りを認めないにもかかわらず、『行司と呼出し』では木村流と式守流を認めている。弟弟子の 30 代木村庄之助も二通りの握り方を兄弟子の 22 代庄之助が認めているのは、絶対あり得ないと語っていた。これに関しては、拙著『大相撲行司の伝統と変化』の第 1 章「軍配の握り方」でも詳しく扱っている。

これまで昭和30年以前の文献で、行司が直接かかわっている文献を中心に取り扱ってきたが、昭和以降、幕下以下の房色は階級に関係なく「自由選択」だったことがわかった。行司が「自由選択」だと語っているにもかかわらず、行司以外の人物が著した文献では「区分け」がよく見られる。これはすべて、事実を確認せずに間違った思い込みで著したものである。

6.　区分けによる文献

昭和に入っても、軍配房は青か黒の「自由選択」だったにもかかわらず、「区分け」があったとする文献がいくつかある。その文献は拙著にも提示してあるが、昭和30年までの文献の中からいくつかを提示しておく。

(1)　昭和4年1月、『春場所相撲号』の「行司の資格」(p.97)
(2)　昭和16年、彦山光三著『相撲美開眼』(六興商会出版部、p.75)
(3)　昭和17年12月、加藤進著『相撲』(愛国新聞社出版部、p.173)
(4)　昭和23年3月、『読売スポーツ』の「相撲鑑賞手引き」(p.60)
(5)　昭和27年、彦山光三著『相撲読本』(河出書房、p.170)
(6)　昭和29年10月、『相撲』の「行司の見分け方」(p.37)

昭和30年までに限定したのは、その年の5月に「審判規定第20条」で行司の房色と階級が明記されているからである。

この相撲規定が明記されてからも、「区分け」をしてある文献がいくつかある。そのような文献はすべて、房色に関し、事実に反することになる。

(1)　昭和31年9月、『大相撲』の「相撲界の成り立ち」(pp.28-9)
(2)　昭和40年9月、『大相撲』の「行司」(p.139)
(3)　昭和52年、彦山光三著『相撲道綜鑑』(日本図書センター、pp.504-5)
(4)　平成4年、窪寺紘一著『日本相撲大鑑』(新人物往来社、p.98)
(5)　平成6年、新田一郎著『相撲の歴史』(山川出版社、p.231)

このような文献があることは驚きだが、幕下以下の房色に関しては以前出された本を参考に知識を得たからであろう。行司に直接確認することを怠ると、間違った記述がまかり通る危険性がある。私は自戒の念を込めて、実は、これを指摘している。[16)]

7.　大正10年の「自由選択」

大正10年に行司自身が幕下以下の房色について述べた雑誌記事が出ている。これは「区分け」をしていないことから、少なくとも当時「区分け」はなかったことになる。それが正しいのであれば、それ以降もずっと「区分け」はなかった。これまで述べて来たように、昭和時代には「区分け」はなかった。

・大正10年5月号、『夏場所相撲号』の式守与太夫・他筆「行司さん物語―紫総を許される迄」(pp.103-5)
「(前略) 幕下までが緑房なのです、そうしてまた二、三年辛抱していますと幕下十五枚目と同じ資格の格足袋を許され、初めて土俵で足袋を穿くのです (後略)」

三段目以下の房色が明記されていないが、文脈から「青」だと推測できる。階級に区分けした房色があったなら、たぶんそれについてもきっと言及したに違いない。その頃までには青房が圧倒的に使用されていたに違いない。行司自身が房色について語っていることから、当時、幕下以下は「区

16)　私ももちろん、これまで書いてきたことすべてを確認してきたわけではない。調べたいことが書いてある文献などを読み、それを参考にしたことがしばしばあった。また、ときには資料を間違って解釈していたり、間違って記憶していたこともある。その結果、事実に反する記述をしたこともある。本章でも、思わぬ過ちをしていないとも限らない。そういう間違いがあとでわかれば、素直にお詫びをし、修正していきたい。

分け」しない房色だったに違いない。

拙著『大相撲行司の伝統と変化』の第5章「幕下以下行司の階級色」では「区分け」を認めているが、これは間違った解釈だった。確かに三段目以下の房色については明確に述べられていないが、「幕下までが緑房なのです」はその階級まではすべて「緑房」であることを示唆している。これについては、拙著『大相撲行司の松翁と四本柱の四色』の第4章「行司の黒房と青房」で修正してある。

8. 大正10年以前

大正10年以前には、行司自身が幕下以下の房色について直に語っている文献が非常に少ない。もし「区分け」が確かにあったとすれば、「自由選択」になったのは明治43年5月から大正10年までのあいだであることは確かだ。それでは、いつ頃、「自由選択」になったのだろうか。大正10年以前の文献を調べたところ、大正7年に「区分け」について述べたものがある。これから推測すると、「自由選択」は、大正6年以前ということになる[17)]。大正7年1月発行であれば、その前年までに原稿はまとめてあったに違いない。

・大正7年1月、水谷武編・出羽海谷右衛門述『最近相撲図解』(岡崎屋書店、p.135)

「黒糸格　これが最も初歩の格で、軍扇にはすべて黒糸の総が付いている。前相撲、本中、序の口、序二段、三段目、幕下に相当するもので、内輪にはその順序がちゃんとある。しかしいずれも素足で黒総だ

17) 青房や黒房が階級によって使い分けが決まっていたなら、これはまったく問題にならない。しかし、青房と黒房が階級によらず、自由に選択してよかったならば、青房がいつ頃よく使われるようになったかは検討しなければならない。最初は「区分け」があったが、のちに「自由選択」になったのなら、まずいつそれが始まったかを見つけなければならない。その後で、青房がいつごろ圧倒的に優勢になったかを調べることになる。

から、この内での区別は一見したところではわからない。」(p.139)

この書は明らかに口述筆記によるが、出羽海右谷衛門は理事長を務めた元・力士である。幕下以下が一様に「黒房」としているのは、間違いないはずだ。それが正しい判断だとすれば、少なくとも大正６年頃にはすでに幕下以下行司の房色は「自由選択」だったことになる。したがって、その後、「区分け」があったとする文献は、事実を正しく記述していないことになる。そのような文献をいくつか示す。

(1)　大正７年１月、小泉葵南著『お相撲さん物語』(泰山堂、p.227)
(2)　大正９年１月、『春場所相撲号』の「行司になるには、呼出しになるには―行司の階級」(p.48)
(3)　大正10年５月、『春場所相撲号』(武侠世界) の「行司の階級」(p.98)[18]
(4)　昭和４年１月、『春場所相撲号』の「行司の資格」(p.97)

小泉葵南著『お相撲さん物語』(泰山堂、大正７年１月、p.227) では「区分け」だとしているが、同一著者の『昭和相撲便覧』(野崎書房、昭和10年５月、p.39) では「自由選択」だとしている。これに関しては、次のように解釈している。

同一著者でも考え方は研究を進めているうちに変化することがある。小泉氏も最初は「区分け」だと思っていたが、のちに「自由選択」だということに気がついたに違いない。最初は、おそらく、先人の著書などを読み、実際の行司の軍配房を確認せず、そのまま受け入れていたかも知れない。ところが、他にも「自由選択」の記述した文献があることから、事実確認をし、考えを変えたのであろう。なぜ考えを変えるようになったかは、も

18)　『夏場所相撲号』(大正10年５月) の式守与太夫・他筆「行司さん物語」は「自由選択」であり、その頃には「区分け」はなかったに違いない。本章ではそうか解釈している。

ちろん、本人しかわからないが、事実の確認をしたことは確かなはずだ。この変化は、軍配房の事実確認にとっては貴重である。

もちろん、大正7年から昭和10年のあいだに房の使用に変化があったとする見方もありうるが、その見方は正しくないであろう。大正10年以降、「自由選択」だったことを示す証拠があるし、それ以前でも「自由選択」だった可能性が大いにありうるからである。このことから、大正7年当時、房色は「自由選択」だったとしてよい。

9. 明治43年5月から大正7年まで

明治43年5月に行司装束の改正が行われたが、そのとき装束の飾り紐と房色は一致することになった。

(1) 明治43年5月31日、『中央新聞』の「行司の服装改正」

「(前略)(服装の:本章補足)名称は鎧下直垂と言い、地質は横麻龍門(足袋以上の行司)、または綿織竪縞(足袋以下行司)、露紐(全体の飾り紐)は紫色、緋色、紅白色、青白色(足袋以上)、または黒色(足袋以下)にて、軍扇の総の色と同じ、(中略)。要するに、今までのごとく色にて階級を付け、紫色を第一位として緋、紅白、青白、黒と順次に格が下がるのなり。」

他の新聞もほとんど同じ内容である。

(2) 『読売新聞』の「直垂姿の行司」/『二六新聞』の「行司服装の改正」/『時事新報』の「行司服装の改正」/『東京朝日新聞』の「行司の改正服」/『国民新聞』の「行司の服装更る」/『萬新聞』の「相撲だより」/『横浜貿易新聞』の「相撲行司鎧下直垂の改正服」

幕下以下の房色はどの新聞記事も「黒色」となっているが、『都新聞』(明治43年5月31日)には黒に加えて、「青色」の記述が見られる。

(3)　『都新聞』の「改正された行司の服装」

「(前略) 菊綴と綴紐の色で階級を分かち、紫は立行司、緋が草履、紅白と青白はともに足袋、行司足袋以下は黒、青である。(後略)。」

行司足袋以下の房は「黒、青」とあり、階級によって「使い分け」があるとは記述していない。文脈から「黒か青」と解釈するのが自然な読みである。すなわち、少なくとも明治43年5月の装束改正時には、幕下以下は階級に関係なく、黒房か青房のいずれかであった。

ところが、その翌年、階級による房色の使い分けがあるとする新聞記事がある。

(4)　明治44年6月10日、『時事新報』の「相撲風俗 (8) ―行司」

「序ノ口から三段目までは一様に黒い房を用い、幕下は青、十両は青白、幕内は紅白と緋、大関格は紫白、横綱格は紫というように分類されている。」

この記事によれば、幕下は青房、三段目以下は黒房である[19)]。明らかに、使い分けがされている。そのような「区分け」があったことを確実にするために、当時の他の新聞などを調べてみたが見つからなかった。43年5月の行司装束改正のとき、その菊綴や露紐などは軍配の房色と同一とするという決まりがあった。その翌年（つまり明治44年）に、それを変える規則なり申し合わせがあったとするのは不自然である。もしそのような変更があったなら、他の新聞記事でもそれについて言及する記事があっても

19)　本章では幕下の房色が「区分け」にされたのはこの新聞記事に端を発しているとしているが、これは必ずしも確かな年月ではない。実は、前年の行司装束改正時（つまり43年5月）に始まっており、たまたま44年の記事の中に記述されているのかも知れない。少なくとも明治43年5月の行司装束改正時の新聞記事には、幕下以下の房が階級によって「区分け」されていない。

おかしくない[20]、ところが、それを示唆する記事は、まったく見つからないのである。

(5) 明治44年6月17日、『都新聞』の「行司になって四十四年〈十代目式守伊之助談〉」
「行司にも力士と同じく、見習いから前相撲、本中、序の口、序二段それから三段目、幕下、十枚目、幕内、三役という段階がありまして、(中略)。横綱大関と同格なのは立行司で軍扇は紫房を持っております。朱房で福草履を履いているのが、三役と同様で、朱房と紅白房は幕の内、青白房は格足袋と言って力士ならば十枚目までの関取分をというのです。(後略)」

幕下格以下の房色については語っていないし、階級によって房色がどうなっているかについても語っていない。

(6) 明治44年、杉浦善三著『相撲鑑』(昇進堂)の「相撲の話」
「行司の格式はその団扇の房色によって区別す。すなわち前、中、序の口、序の二段、三段目、幕下までは黒糸の房を使用し、足袋免許となるや同時に用いる房は青白の交ぜ房にして力士幕下十枚に相当し、(後略)」(p.34)

幕下以下は階級に関係なく、黒房になっている。明治44年当時、青房がどの程度使用されていたのかは不明である。

(7) 大正初期の新聞では十両以上の昇進では、階級名、履物の有無、房色を記してあるが、幕下以下では階級名だけで、房色はまったく記していない。そのため、幕下以下の階級の房色はわからない。たとえば、

---

20) 当時の新聞では相撲に関することや行司の昇進などをよく取り上げている。『時事新報』だけが幕下以下の房色に言及しているのも奇異である。

次の新聞では行司の昇進について書いてあるが、房色については何も書いてない[21)]。

(a) 大正2年1月17日、『やまと新聞』の「行司の出世」／『東京朝日新聞』の「出世した行司」／『読売新聞』の「相撲だより—行司の出世」／『日本』の「出世行司」
(b) 大正3年1月18日、『東京毎日新聞』の「行司の出世」
(c) 大正7年5月14日、『報知新聞』の「行司の昇格」

大正初期の文献で「区分け」をしているものをいくつか示す。

(1)　大正4年5月、『無名通信』の「行司の給料と呼出の修行—相撲の司吉田家の権式」(p.69)
(2)　大正5年5月、『野球界』の「行司と呼出し」(p.54)
(3)　大正7年1月、小泉葵南著『お相撲さん物語』(泰山堂、pp.226-7)

三木愛花著『相撲』(斯文館、大正4年)の「行司」にも行司の房色について書いているが、幕下以下の房色については何も触れていない。

・「(前略) その資格を分け、立行司、足袋、足袋格および無格の行司となし、立行司は力士の三役に、足袋は幕内に、足袋格は幕下十両力士に相当し、団扇の房の色もまた階級を分かち、紫、朱、朱白まじり、青、青白まじりとなし、立行司は土俵上に草履を穿くことを許さる。」(p.41)

これを見るかぎり、「青」が青白より上位の色になっている。幕下以下

21)　当時の新聞をすべて調べたわけではないので、見落としの可能性もある。幕下以下行司の房色があれば、当時の房色が「区分け」だったのか「自由選択」だったのか、間違いなく判断できるはずだ。

の房色が「青白」になってしまう。これは、明らかに事実に反する。なぜそのような記述をしたのか、不明である。相撲の専門家である三木氏が青を青白より上位に位置付けているので、白が混ざらない青が上位に来るものと捉えたのだろうか。確かに色の順序としては青が上位だが、軍配房に関するかぎり、青白房は十両格、青は幕下以下の色である。

10. まとめ

行司が著した自伝、雑誌対談、幕下時代に実際に使用した房色、元力士が著した相撲の本や校閲した本などを中心に調べ、次のようなことがわかった。

(1) 幕下以下の房色は明治 43 年 5 月以降、階級に関係なく青と赤のいずれかである。すなわち、房色は「自由選択」だった。それが現在も続いている。

本章では、明治 44 年 6 月 10 日の『時事新報』記事は正しくないと解釈している。大正 7 年以降、「区分け」はなかったにもかかわらず、それがあたかもあったかのような記述がたくさん見られる。そのような事実があることから、明治 44 年 6 月から大正 7 年のあいだも「区分け」はなかったに違いないと推測している[22)]。しかし、もし明治 44 年 6 月 10 日の『時事新報』記事が正しく、実際に「区分け」があったのなら、本章の結論は間違っていることになる。その場合は、次のような補足説明を加えればよい。

22) 繰り返しになるが、大正 7 年以前の房色の使用に関しては、「区分け」だったのか、「自由選択」だったのか、実は、確かな裏付けがない。大正 7 年以降、「自由選択」だったことから、それ以前も「自由選択」だったに違いないと推測している。これが間違った推測かどうかは、今後の研究に俟たなければならない。

(2)　幕下以下の房色は明治43年5月以降、階級に関係なく青と赤のいずれかである。すなわち、房色は「自由選択」だった。もし明治44年6月10日の『時事新報』記事が正しく、実際に「区分け」があったなら、その「区分け」はわずかの期間だけ行われた。

明治44年6月から大正7年までのあいだ、「区分け」があったのか、「自由選択」だったのか、いずれが正しいのかを裏付ける確かな証拠はない。文献にはいずれの記述もある。しかし、その記述は行司や力士によるものではない。行司に関連する記述には事実に合致しないものが非常に多い。著者は自ら事実を確認することなく、先人の文献をそのまま活用したかも知れない。

本章では、昭和30年から時代をさかのぼって文献を調べている。川を下流から上流へさかのぼるように、文献を適当に時代区分し調べていくという手法を取っている。その結果、次のようなことがわかった。

(1)　昭和時代には、幕下以下の房色は「自由選択」だったと行司は語っている。

(2)　大正10年には、幕下以下はすべて「緑」だとする文献がある。

(3)　大正7年には、幕下以下は「黒のみ」だとする文献がある。この「黒」は「青」を含む「自由選択」を意味する。

(4)　大正2年から大正6年までは「区分け」があったのか、「自由選択」だったのかを判断する確かな資料はない。しかし、大正7年以降、「自由選択」だったにもかかわらず、「区分け」があったとする文献がたくさんある。このことから、大正6年以前もやはり「自由選択」だったと推測する。

(5)　明治44年6月10日の『時事新報』に、幕下は青房、三段目以降は黒房とあるが、それは事実に即しない記事である。それ以降、あたかも事実であったかのように、取り入れられている可能性がある。

(6) 明治43年5月に行司装束改正を行い、同時に房色が決まったのに、わずか1年で幕下以下の房色を階級によって「区分け」するのは不自然である。しかも、そのことを記述してある新聞は『時事新報』だけである。その後の房色に関する文献を調べていくと、この新聞記事は間違っているかも知れない。

(7) 明治44年6月から大正6年のあいだ、「区分け」があったとしても、それはわずかの期間だったに違いない。その当時でも「自由選択」だったとする本や雑誌がる。残念なことに、それらの文献は行司や力士以外の人物がかかわっている。

(8) 「区分け」があったとする文献は、『時事新報』(明治44年6月10日)の記事をそのまま活用したかも知れない。事実を確認しなければ、青色とすることに不自然さはまったくないからである。色の階級を考慮すれば、青は黒より上位である。「区分け」があったとしても、違和感はまったくない。実際、昭和30年以降も「区分け」を認める文献さえある。

(9) 昭和の文献では青房を幕下と三段目、黒房を序二段以下とする記述になっているが、それは事実に反するものである。もともと「区分け」はなかったからである。たとえあったとしても青房は幕下、黒房は三段目以下だった。いつ元の「区分け」に変更が加えられたのか、なぜ変更されたのか、不明である。

11. 今後の課題

昭和から大正7年までは「自由選択」だったことから、大正7年以前も「自由選択」に違いないと結論している。しかし、明治44年6月から大正7年以前は房色の使用に関し、決定的な証拠はない。今後の課題は、もちろん、この結論が正しいかどうかを検討することである。そのためには、少なくとも次のことを検討する必要がある。

(1)　明治43年5月には幕下以下の房色は青、赤の自由選択だったか。それとも階級によって、青が幕下、黒が三段目以下だったか。

(2)　明治44年6月10日の『時事新報』に幕下は青房、三段目以下は黒房とあるが、それは事実に合致する記述だろうか。前年の行司装束改正から1年後に新たに決められたのだろうか。

(3)　本章では明治44年6月10日の『時事新報』の記事は真実を正しく記述していないと主張しているが、どうだろうか。

(4)　幕下以下に房色が真実だったとしても、わずかのあいだだけ実施されたはずだと本章では主張しているが、どうだろうか。

(5)　大正7年以前には「自由選択」になっていたと主張しているが、実際はどうだろうか。その後はずっと「自由選択」だったと主張しているが、それは正しいだろうか。

(6)　大正以降、「自由選択」だったことを裏づけるために、証拠をたくさん提示しているが、その資料は正しく提示されているだろうか。

(7)　22代木村庄之助は昭和19年の雑誌対談では「自由選択」に同意しているが、昭和32年の自伝『行司と呼出し』では「区分け」があると語っている。それをどのように解釈すれば、よいだろうか。

(8)　行司はほとんどすべて、「自由選択」だったと語っている。そうでない人が本や雑誌記事では「区分け」を認めていることが多い。それをどう解釈すれば、よいだろうか。

(9) たとえ「区分け」を認めたとしても、最初は、幕下が青房、三段目以下が黒房だった。ところが、のちには、幕下と三段目が黒房、序二段以下が黒房となっている。このような「区分け」の変更が本当にあったのだろうか。変更する理由は何だったのだろうか。

視点の置き方によって、吟味したいことがいくらでも出てくるに違いない。どのような問題点があるかは、各自の問題意識にかかっている。視点の置き方によって、本章の問題点もおのずから浮かび上がるはずだ。

第3章　役相撲の行司の口上

1.　本章の目的[1)]

千秋楽の結びの取組3番を「役相撲」という。本章では、その役相撲に見られる行司の口上に焦点を当て、その変化を調べる。たとえば、現在、行司の口上は「同一口上」だが、以前は「個別口上」だった。いつ、その変更が行われたのだろうか。

行司が勝者へ唱える口上と授与される賞品を同時に記述してある文献は意外と少ない[2)]。賞品を渡す意義を記述してあるが、行司がどんな口上を唱えながら、賞品を授与したのかを記述してある文献が実に少ないのである。

本章では、便宜上、取組や行司の口上を次のように細分化する。

A.　取組

(1)　小結相撲：役相撲の最初の取組。小結格相撲とも呼ぶ。

(2)　関脇相撲：役相撲の二番目の取組。関脇格相撲とも呼ぶ。

(3)　大関相撲：役相撲の最後の取組。大関格相撲とも呼ぶ。

B.　行司の口上

(1)　同一口上：どの取組の勝者にも「役相撲に適う、(勝者の）四股名」と唱える口上[3)]。

---

1)　この原稿をまとめている段階で、役相撲の表現について特に元・木村庄之助（29代・33代・35代）にお世話になった。ここに改めて、感謝の意を表しておきたい。

2)　今では賞金といってもよいが、それに加えて矢（以前は扇子や扇)、弦、弓なども含むので、「賞品」と記述してある。

3)　文献によって「役相撲に叶う」となっていたり「役相撲に適う」となっていたりする。どちらも使われているので、本章でもいずれかに統一せず、いずれも適当に使っている。なお、本章では文献を活用し、よく引用しているが、その引用

(2)　個別口上：取組ごとの勝者によって異なる口上。つまり、「小結に適う、四股名」、「関脇に適う、四股名」、「大関に適う、四股名」と唱える口上。

千秋楽では大関相撲の後、弓取り式があるが、その際には「大関に適う、四股名」という口上の後、行司は四股名の後に「代」をつけ、弓取りをする力士の四股名を呼び上げる。たとえば、大関相撲の勝者が貴景勝、弓取り式を行う力士が聡ノ富士であれば、「貴景勝代、聡ノ富士」という呼び上げとなる。なお、千秋楽の結びの大関相撲の勝者は、もちろん、必ずしもその場所の優勝者ではない[4)]。同様に、結びの大関相撲を取る力士も、必ずしも横綱二人とは限らない。

2.　行司の口上

現在、役相撲ではどの取組の勝者であっても、行司は同じ口上を唱える。すなわち、「役相撲に適う、四股名」を唱える。以前は、取組ごとに唱える口上は違っていた。すなわち、小結相撲の勝者には「(本日の) 小結相撲に適う、四股名」、関脇相撲の勝者には「(本日の) 関脇相撲に適う、四股名」、大関相撲の勝者には「(本日の) 大関に適う、四股名」だった。

それでは、以前の「個別口上」から現在の「同一口上」に変更されたのは、いつだったのだろうか。それに興味を持ったときは、答えは簡単に見つかると思っていた、ところが、文献を丹念に調べても、答えがなかなか見つからない。好角家たちに尋ねても、わからないという。実は、現在でも見つかっていない。数年にわたる一定期間内だということまではわかっ

は必ずしも正確ではない。もし「正確さ」を求めるなら、直接出典に当たることを勧める。

4)　優勝決定戦が行われる場合はその決定戦を行う前に弓取り式を行う。決定戦は本割の取組と異なるからである。令和4年11月場所でも久しぶりに3名(貴景勝、阿炎、高安) による決定戦があり、阿炎が優勝した。

たが、正確な変更年月は確認できないのである。

本章では、一定期間内を絞り込むに至った文献の調査過程を披露している。その一定期間とは、昭和 17 年から昭和 27 年である。調査した文献の記述が正しければ、口上はその期間内で変更されているに違いない。

3.　寛政以前

(1)　吉田司家の文書

いつ頃、役相撲が始まり、いつ頃、勝者に矢（のちに扇子、またのちに矢）が授与され、いつ頃、勝者への行司の口上が始まったのか、必ずしも明確でない。が、慶長年間には勝者のそれぞれに扇子、弦、弓が授与されていたことを示す文献がある。

・大正 3 年、『本朝相撲之司吉田家』（著作兼発行者・肥後相撲協会）[5)]
「慶長年中、徳川家康公ヨリ招カレテ江戸ニ下リ、将軍上覧相撲ノ規式ヲ定メテ一番勝負トシ、関ニハ弓、脇ニハ弦、結ニハ矢ノ勝賞ヲアタフルコトトシタリ」（pp.6-7）

勝者に賞品を授与するとき、どのような口上を唱えたかは記述されていない。しかし、何らかの口上が唱えられたかも知れない。勝負事の場合、勝者に賞品を授与するときは、昔も今もそれを讃える言葉を発することがある。

いつの時代でも、役相撲の意義や勝者に授与する賞品を記述した本はた

5)　同じ文面は、たとえば、荒木精之著『相撲道と吉田司家』（相撲司会、昭和 34 年、p.193）や吉田長孝著『原点に還れ』（熊本出版文化会館、2010 年、p.125）にも見られる。これが事実を正しく記述しているかの裏付けは取っていないが、その頃にはそれに相当する相撲があったに違いない。

くさんある[6]。しかし、賞品を授与するときに、行司がどんな口上を唱えているかを記述してある本は意外と少ない。そのような記述を二つ示そう。

(1)　二子山勝治監修・新潮社編著『大相撲の世界』(新潮社、昭和59年)
「三役揃い踏みに登場した最初の勝ち力士には行司から、『小結にかなう』と矢が、二番目の勝ち力士には『関脇にかなう』と弦（つる）が、結びの勝ち力士には『関脇にかなう』と弓が授けられる。」(p.23)

この記述には「小結・関脇・大関に適う」とあるが、それは行司の口上ではない。どのような口上が唱えられたかは不明である。

(2)　窪寺紘一著『日本相撲大鑑』(新人物往来社、平成4年〈1992〉)
「結びからしまい三番は、それぞれ小結・関脇・大関の三役に適う（相当する）相撲として『役相撲』といわれる。(中略) 小結に適う取組の勝ち力士には矢が、関脇に適う取組の勝ち力士には弦が、大関にかなう取組の勝ち力士には弓がそれぞれ授けられる（後略）」(p.238)

役相撲のそれぞれに勝った力士が「小結・関脇・大関に適う」として賞品を授けられることは明確だが、行司がどんな口上を唱えているかは不明である。

(3)　南部相撲

南部相撲の文献には三役土俵入り（揃い踏み）の並び方や勝者への賞品に関する記述がある。

---

6)　本章では役相撲の意義についてはまったく触れない。それについては遠い江戸時代の文献でも見られるし、いつの時代の本でも見られる。しかし、行司が唱えている口上が明確に記述してある文献はきわめて少ない。

・『相撲極伝之書』の「大関並ビニ関脇、小結ヘ弓並ビニ弦渡ス傳」[7)]
「大関ヘハ弓ナリ、（中略）関脇・小結ヘハ弓ノ弦ヲ勝チタル方ヘ遣ワスナリ。」

興味深いことに、関脇相撲と小結相撲ではいずれの勝者へも「弦」を授与している。「賞品を授与する際、行司がどのような口上を唱えたかは記述されていない。延宝期あるいはそれ以前から、南部相撲では「役相撲」があり、勝者に個別に賞品が授与されていたことは確かである。

なお、真偽のほどはわからないが、南部相撲でも関脇相撲の勝者には「矢」、小結相撲の勝者には「弦」が授与されたとする雑誌記事がある。

・『野球界』（昭和17年7月号）の白圭逸人筆「南部相撲雑考」（pp.30-7）
「三役の勝ち力士に対しての賞については大関には弓（藤無きもの）、関脇には矢、小結には弦を渡すことに変りはない（後略）」（p.34）

この記事が、南部相撲のどの文献に基づいているのかはわからない。また、「矢」が関脇相撲の勝者に、小結相撲の勝者に「弦」となっている。残念なことに、出典が提示されていない。本章では、関脇相撲と小結相撲ではどちらにも「弦」が授与されたとしておきたい。

4.　上覧相撲

江戸時代には上覧相撲が何回か（寛政３年６月、寛政６年５月、享保２年12月、文政６年４月、文政13年３月、天保14年９月、嘉永２年４月）行われているが、役相撲の勝者には扇子、弦、弓が賞品として授与されて

7）『相撲極伝之書』が出現した時期は明確でないが、本の内容は延宝期頃である。延宝期頃の相撲を江戸中期にまとめたかも知れない。なお、木梨雅子著『鶴の守る地に祈りは満ちて』（発行・旧盛岡藩士桑田、平成16年、p.198）では「江戸中後期」としている。

いる。行司は賞品を授与する際、四股名を名乗りながら口上を唱えたに違いない。それぞれの上覧相撲でどのような口上が唱えられたかは必ずしも明らかでないが、明確な口上が明らかなものもある。上覧相撲の進行はほとんど同じ形式だったと推測できることから、口上も同じだったかも知れない。[8)]

(1) 寛政3年6月の上覧相撲

この上覧相撲の模様を著した文書はいくつかあるが、その一つを見てみよう。

・成島峰雄著『相撲私記』

「是より三役と称せり。(中略) 庄之助、柏戸の方へ団扇をささげ、小結の職にたえたりと賞して、扇をさずける。(中略) きょうの関脇に叶えりとて、弦を陣幕に与える。追風、谷風に団扇をあげ、きょうの関に叶えりとて、弓を授ける」(pp.47-8)

(a) 小結相撲の勝者への口上とそれに続く二つの相撲の勝者への口上は少し異なる。「職に堪える」と「叶える」はほとんど同じ内容だと

---

8) 本章では、役相撲の口上はどの上覧相撲でも「個別口上」だったと推測しているが、それは正しくないかも知れない。これは検討しなければならない。もちろん、前例すべてが何でも常に踏襲されたわけではない。たとえば、寛政3年6月の四本柱は「紫紅色」だった、文政3年6月の四本柱は「四色」である。これまで、拙著では天保14年9月の四本柱は「四色」だったと指摘しているが、文政3年6月の四本柱の色については不明としてきた。実は、その上覧相撲のことを記している古文書(『十三間御門外相撲上覧記』)に絵図があり、それぞれの四本柱がどの色だったか、文字で明確に記されている。実は、「四色」だったのである。寛政6年3月の上覧相撲の四本柱の色は「紫紅」だったことから、享保2年12月の上覧相撲の四本柱がどの色だったかは気になる。それがわかれば、いつから上覧相撲の四本柱で四色が使われたか、明確な答えが得られる。このように、すべてのしきたりがそのまま伝統として受け継がれているわけではない。

捉えているが、どうだろうか。いずれにしても、「個別口上」となっている。「今日の（関脇、関）」とあるように、その後も「今日の」あるいは「本日の」は使われていることがある。それがあれば、位階が違う力士でも「役相撲」で通用することになる。

(b) 小結相撲の勝者への口上と関脇・大関相撲の勝者への口上は少し異なるが、その後の上覧相撲でも同様の口上が続いていたかどうかは不明である。推定に過ぎないが、その後のいずれかの上覧相撲で「個別口上」が唱えられるようになったかも知れない。そもそも寛政３年６月の上覧相撲の「口上」が本当に事実を記述したのかどうかも定かでない。その上覧相撲を記録していた筆者がたまたま異なる表現にしたかも知れない。今となっては、それを確認する術はないが、小結相撲と他の関脇・大関相撲をあえて区別する理由などなかったはずである。いずれにしても、役相撲すべてに「個別口上」を確認できるのは、寛政３年６月の上覧相撲である。

(c) 寛政３年６月にも行司は同じ内容の口上を唱えながら、賞品を授けたに違いない。『寛政六年甲寅六月、於浜御庭相撲上覧一件』に「弓　壱帳、弦　壱掛、上扇子　壱対」とあり[9]、役相撲の勝者に賞品が授けられている[10]。その口上が寛政３年６月の上覧相撲とまったく同じだったのか、少し異なっていたのかは定かでない。文献で確認できない。しかし、「個別口上」だったことは確かなようだ。

(2)　天保14年９月の上覧相撲

---

9)　吉田長善編『ちから草』（発行・吉田司家、昭和42年、pp.79-81）。『寛政六年三月　相撲上覧記』（内閣文庫所蔵）には個々の取組について記述されているが、賞品授与や行司の口上については記述がない。

10)　勝者に賞品が授与されている。寛政３年６月の上覧相撲で「個別口上」が唱えられていることから、それを踏襲したに違いないという判断である。

酒井忠正著『日本相撲史（上）』の「天保 14 年・吹上御殿上覧相撲」（p.314）によると、勝者に「個別口上」が唱えられている[11]。

・酒井忠正著『日本相撲史（上）』

「（前略）勝負相始まり五十六番にて、三役と唱ふ候相撲取ども、別段に出て力足を踏みたり、（中略）三役のもの勝負始まる。その時、行司のもの出候て、御柱に結い付けてある弓並びに扇子を取り持ち居、さて相生と柏戸の勝負にて、相生勝ち候ところ、右の行司扇子を取り、土俵のうちに居候行司へ渡す、左へ候えば、行司のもの、恐れながら小結に扇を賜い候と言いて戴かせ相渡す、猪名川と友綱は友綱の勝ちなれば、恐れながら弦を関脇に賜い候とてこれを相渡す、剣山と不知火は不知火勝ちければまた前のごとき口上を以て弓を取りと不知火に渡さんとして、行司はなお手を離さず、不知火は行司と弓を引き合いながら土俵の真ん中に出て、不知火一人にて弓を以て勝ち相撲の式をなせり、（後略）」（p.314）

(a)「別段に出て力足を踏みたり」は、現在の「三役揃い踏み」と同じ意味である。東西別々に登場して、揃い踏みをしたに違いない。

(b) 行司の口上として、小結相撲の勝者へは「恐れながら小結に扇を賜い候」、関脇相撲の勝者へ「恐れながら関脇に弦を賜い候」、大関相撲の勝者へはおそらく「恐れながら大関（または関）に弓を賜い候（本章補足：推測）」とそれぞれ唱えながら授けている[12]。この口上は「個

11) これは『遊芸園随筆抄』（巻 11）からの引用であることが記されている。同じ文は『武技部 20　相撲下』（p.1244）にもある。さらに、もっと詳細な記述が『日本随筆大成〈第一期〉23』（吉川弘文館、昭和 51 年、pp.201-12）にある。

12) 古河三樹著『江戸の大相撲』（国民体力協会、昭和 17 年、pp.348-51）にも天保 14 年 9 月の上覧相撲についての記述がある。勝者へ扇子、弦、弓が授けられたことは記述されているが、行司の口上については何の言及もない。

別口上」だが、寛政3年の6月の上覧相撲の口上と異なっている。

(3)　他の上覧相撲

江戸時代には他にも上覧相撲が行われている。役相撲の行司の口上は、寛政3年6月の口上と同様に「個別口上」だったに違いない。たとえば、文政13年3月の上覧相撲では、役相撲の勝者にそれぞれ扇子、弦、弓が授与されていることから[13]、「個別口上」が唱えられていたと推測できる。どのような口上だったかは不明である。文政6年4月の上覧相撲を記した古文書には木村庄之助が最後の三組を裁いているが、「役相撲」でどのような口上が唱えられたかは不明である[14]。

江戸時代に「小結・関脇・大関に適う、四股名」という口上が唱えられたかどうかは、不明である[15]。確かなのは「個別口上」があったこと、口上が必ずしも固定した表現ではなかったことである。

5.　明治時代

明治16年2月の新聞に、役相撲のことが記事になっている。それを見てみよう。

13)　これは「上田氏より出候相撲吉田一件」(熊本大学中央図書館の永青文庫所蔵)という古文書資料で確認できる。古文書を閲覧するには、少し面倒な手続きを踏む必要がある。なお、その中では行司に紅白房や足袋が授与されたことも記されている。

14)　この上覧相撲は「十三間門外相撲上覧記」(国立公文書館所蔵)に比較的詳しく記されているが、どのような口上だったかは記されていない。「役相撲」は上覧相撲では慣例化されており、賞品として扇子、弦、弓が授与されていたに違いない。

15)　天保14年9月以降、上覧相撲は嘉永2年4月に行われている。その時の口上は不明である。天保14年9月の口上を踏襲したのか、それとも新しく表現を変えたのかさえ、まったくわからない。そのため、たとえば、「小結・関脇・大関に適う、四股名」という口上があったのかもわからない。

・『東京横浜毎日新聞』(明治16年2月21日)
「(前略) 弓取りの役は日下山これを勤め、今日の大関に叶う日下山と名乗りを受け、(後略)」

小結相撲(一ノ矢と黒緘)、関脇相撲(出釈迦山と菊ケ浜)、大関相撲(伊勢ノ海と日下山)だったが、行司は大関相撲の勝者へ「今日の大関に叶う、日下山」と口上を唱えている。明治16年以前には、間違いなくこの口上はすでに唱えられている。しかし、いつからその口上が始まったかとなると、答えが得られない。明治16年までの文献を調べれば、それを確認できるかも知れないが、現段階ではそのような文献をまだ見ていない。

(1) 明治17年3月の天覧相撲

この天覧相撲を詳しく著している松木平吉著『角觝秘事解』によると、結びの一番、つまり大関相撲で行司の口上が唱えられている。

・松木平吉編『角觝秘事解』(松壽堂、明治17年)
「(前略) 梅ケ谷の勝ち。依って中昔の例に倣い、『今日の角觝(相撲:本章注)、最手役に適う、梅ケ谷』と名乗って、御花弓を渡す(後略)」(p.17)

(a) 大関相撲で梅ケ谷と楯山が取り組み、梅ケ谷が勝ったので、行司はこの口上を唱えている。最手(ほて:本章注)は「最強者」で、おそらく節会相撲を念頭に置いて表現したのであろう。当時、勧進相撲では最強者は「横綱」と呼んでいたし、役相撲の大関相撲では「大関」と名乗っていた。

(b) この天覧相撲の小結相撲(剣山と大達は引き分け)と関脇相撲(大鳴門と西ノ海は預かり)では勝敗が決まらなかった。したがって、賞品の矢と弦は授与されていない。それに伴い、行司の口上も唱えられていない。大関相撲では梅ケ谷が勝っているので、「個別口上」が唱えられている。これから察すれば、小結相撲と関脇相撲でも勝者がいたならば、その勝者へ「個別口上」が唱えられていたことは確かだ。

(c) 当時の新聞によると、天覧相撲は大相撲の本場所と同じしきたりで行うことになっていた。

・『朝野新聞』(明治17年2月24日)／『朝日新聞』(明治17年2月28日)
「此度相撲天覧あらせらるるに付き、その筋にて古式を取り調べらるる由なるが、相撲節会は久しく絶えけるより旧記等も急に纏まり兼ぬるゆえ、此度は年寄よりの願いに依り、すべて回向院勧進相撲の式を用いる事になりたりとか聞けり。」

この記事によると、天覧相撲は大相撲の本場所をそのまま踏襲することになっていた。役相撲の勝者にも本場所の表現がそのまま適用されたなら、「最手」ではなく「大関」を使っても、何ら不思議ではない。やはり天覧相撲の特殊性を意識して、本場所のしきたりを少し変えたのだろうか。この疑問は検討してみる必要があるかも知れない。この天覧相撲を最も詳しく記述してある文献は松木平吉編『角觝秘事解』しかないので、今のところ、それをそのまま受け入れるしか術はない[16)]。

(2)　国技館開館と役相撲

16)　明治14年5月の天覧相撲（島津邸）の小結相撲では勝者（武蔵潟）に扇が授与されている。この天覧相撲の模様は『東京日日新聞』（明治14年5月14日）の「相撲天覧の記」に詳しく書かれている。催行の規模が違うので、扇と矢の違いがあったかも知れない。17年の天覧相撲を描いた錦絵では、「矢」らしきものが柱に括られている。

明治42年6月の国技館開館時を境に役相撲の登場力士の「格」が変わっている。国技館開館時までは千秋楽に幕内力士は登場しなかった。十両力士以下の力士だけが登場した。もちろん、千秋楽に登場しなければ、幕内力士は役相撲にも登場しない。幕内力士が千秋楽に登場すれば、自然に幕内力士も登場する。

幕内力士が登場することになっても、役相撲で取組む力士は必ずしも「三役以上の力士」とは限らない。というのは、幕内力士の取組を「中入り」を境に前半と後半に二分したからである。そうなると、三役以上の力士が中入りの前に相撲を取ることもあった。それは大正末期まで続いている。

役相撲で「三役以上の力士」が間違いなく登場するのは、いわゆる御前相撲の場合である。上覧相撲は将軍がご覧になる御前相撲の一つである。おそらく大名がご覧になる御前相撲でも、三役力士が東西に揃っていたなら、役相撲でもその伝統が守られていたに違いない。寛政3年6月以降であれば、基本的に、上覧相撲の役相撲では三役以上の力士が取り組んでいたに違いない。幕内力士が登場するからである。

ところが、いわゆる勧進相撲の役相撲では、上覧相撲の伝統がそもそも踏襲できない。幕内力士は千秋楽に登場しないからである。それにもかかわらず、「役相撲」という伝統は取り入れられている。そうなると、取組む力士の「格」がおのずと異なる。それが御前相撲と勧進相撲の大きな違いとなる。そのことには、もちろん、当時の相撲協会も力士たちも熟知していた。それは次の新聞記事でも明確に表れていた。

・『時事新報』(明治24年12月23日)の「十日間の立會」[17)]

「旧来幕の内力士は毎年両度の本場相撲に於いて九日間出勤するの例にて、十日目は二段目の力士の位置高くて勝ち越し多き者より三役を務めさせることなるが、それにては定まれる三役の名に反し相応しか

17) 『都新聞』(明治35年1月28日)に「大相撲(千秋楽)」に勝負付けがあり、「是より三役」とし、対戦力士と勝敗が書いてある。これは本場所で「役相撲」があったことを示唆している。

らざるのみならず、十日目に幕力士の顔が見えざれば、見物の数も頓に減じて第一勧進元の収入上に大関係御あれば、今度いよいよ幕力士を十日間出勤せしむることと為したるよし」

できれば、御前相撲の役相撲のように、勧進相撲の本場所でも「役力士」が登場したかったが、それは簡単に実現しなかった。千秋楽に幕内格の力士が登場しないという伝統があったからである。実現するためには、幕内力士が千秋楽にも登場するように変えなければならない。実際に、それが実現したのは明治42年6月の国技館開館時である[18)]。

幕内力士が千秋楽に登場しても、役相撲に登場する力士は「三役力士だけ」とは限らない。勝負事には常に上位が勝ち残るとは限らないし、千秋楽に常に十分な役力士が登場するとも限らない[19)]。小結相撲にしても、関脇相撲にしても、大関相撲にしても、欠員が生じる可能性があるし、取組編成上、「前頭」の力士が登場する可能性がある。それは現在も同じである。御前相撲の「役相撲」の伝統を勧進相撲の本場所にそのまま踏襲しようとすれば、これは必ず生じる問題である。御前相撲は1日や2日くらいしか相撲を取らないが、本場所はそれより長く相撲をとる。

いずれにしても、いわゆる勧進相撲の本場所における「役相撲」には明治42年6月を境に変化したものがあるし、大正末期を境に変化したものもある。さらに追加すれば、明治23年を境に「横綱」が誕生したことがある。初代西ノ海が「横綱」を認められ、番付では張出だが、「横綱」として記載されている。その後も何人かの「横綱」が誕生している。正式に「横綱」

---

18)　これについては、風見明著『相撲、国技となる』(大修館、平成14年)の「幕内力士の千秋楽出場」(pp.192-5)にも詳しく述べられている。明治の新聞をくまなく調べれば、他の本場所でも「是より三役」の相撲が行われていたことは確認できるかも知れない。本章では散発的な「役相撲」の記述から江戸時代はもちろん、その後も継続して行われていたと推定している。

19)　勝負の勝敗数にかかわらず、番付表の地位を重視し、「三役」だけで役相撲の取組を組み合わず可能性はある。その組み合わせを伝統として持続したかは不明である。現在は、臨機応変に対処している。

が大関より上位であると認められたのは、明治42年2月の「大角力協会申合追加」である。

「役相撲」の大関相撲の「大関」は、実際は、「横綱」も含んでいるが、昔は「大関」が最高位だったことから、それを踏襲しているにすぎない。現在でも、「大関」は必ずいなければならないが、「横綱」はいなくてもよいことになっている。

行司の口上を「個別口上」から「同一口上」に変更したのは、役相撲で取組む力士の「格」を包摂することと大きな関係がある。実態と口上を近づけるためである。以前の口上には「本日の（または当日の）」という言葉が入ることがあったが、それによって取り組む力士の「格」に関係なく、「役相撲」という取組の伝統が維持されていたのかも知れない。現在の「個別口上」では「本日の（または当日の）」という言葉は「役相撲に適う」の上には付けていない。

6.　大正時代

明治42年6月の国技館開館時より幕内行司は千秋楽にも出場することになったが、依然として行司の口上は以前のままである。つまり、「個別口上」が踏襲されていた。それを確認できる文献をいくつか見てみよう。

(1)　栗島狭衣著『相撲通』（実業之日本社、大正3年）

「弓取りという式法がある。これは千秋楽の番組に、最後の立合い三番を選んで、三役角力の立合いとする。昔は大関、関脇、小結の立合いであったのだが、近年の興行角力には、その力士にその格式が無くても切りの三番に当たる者は、当日の大関または関脇と称して、三役をつとめさせるのである。そこで初めての勝ち力士に対しては『当日の小結に叶う何々』と称して、褒美に扇子を与える。昔は矢を与えたのだそうだ。次に勝った力士へは『当日の関脇に叶う何々』と称して、褒美に弓弦を与える。最後に勝った力士には『当日の大関に叶う何々』と称して弓を与えるのだ。そこでこの弓を取って弓取りの式を行うのが順序であるが、今日でも昔でも、大関自身が弓取りの作法をやるのは稀で、たいてい代理の幕下力士が、これを勤めて引き下がるのが例である。」(pp.173-4)

この記事にあるように、大正3年までには「個別口上」だった。「何々」は四股名を指している。小結の勝者には「扇子」が授与されていることもわかる。指摘されているように、文献によっては「矢の代りに」という文言がついていることがある。「弓、弦、矢」が武具の一式であり、本来は「矢」を授与するのが自然だと捉えているからでる。「扇子」が本来の「矢」に変わったのは、昭和27年秋場所である。その時、四本柱も撤廃された。その代わりとして屋根から「四房」を垂らしている。

(2)　出羽（之）海谷右衛門述・水谷武編『最近相撲図解』(岡崎屋書店、大正7年)

「力士の儀式としては、土俵の外に弓取というものがある。千秋楽の最後の一番に勝った力士が『今日の大関に叶う何某』と言って行司から授けられるものである。」(pp.37-38)

また、勝者への賞品授与について、次のように述べている。

「なお、この千秋楽には最終の三番を三役と称し、小結に叶う勝ち力士に扇子、関脇に叶う勝ち力士には弓弦を授けることになっている。」(p.40)

大関に「今日の大関に叶う何某」と唱えていることから、関脇と小結にも同様の「個別口上」が唱えられていたに違いない。すなわち、勝ち名乗りを上げながら、それぞれの勝者に賞品を授与している。

出羽海谷右衛門述『相撲必勝独学書』(三版、三友堂書店、大正12年)にもまた、初版と同じ記述になっている。大正12年になっても、口上に変更がなかったことを示唆している。

大正時代には「役相撲」のことについて書いている本は何冊かあるが、どのような口上だったかを明確に記述してあるものは非常に少ない。「小結・関脇・大関に適う」として、賞品を授与するという述べ方になっている[20]。役相撲の勝者はそれぞれ「小結・関脇・大関に適う」のであって、それは行司の口上とは別物である。現在でも、「小結・関脇・大関に適う」を祝して、「役相撲に適う」という口上を唱えている。

7. 昭和時代（1）

昭和になると、それ以降も、取組む力士を二分することはない。最初から最後まで一貫して全体的に取り組むように編成している。そのため、三役相撲では文字通り「三役力士」の登場が多くなる。前頭力士でも勝ち星数などにより役相撲に登場することもあるが、それは例外である。相撲は基本的に「番付」がモノを言う。つまり、番付の上位が下位より強い。原則はそうなっているが、勝負事は必ずしも「番付通り」にはならない。いずれにしても、昭和時代には取組編成がそれまでの「二分法式」とは異なり、「一貫方式」となった。行司の口上は従来通りそのまま継続していたが、ある時点でその口上が変わっている。それがいつなのかを調べているが、いまだにはっきりしない。それを解決するために、文献をいくつか調べてみよう。

(1)　三木愛花著『角力通』（四六書院、昭和5年）

「(弓は：本章注）千秋楽の日に、その日の大関にかなった勝ち力士に与えるためのものである（中略)。今では弦は千秋楽の日に関脇にか

---

20)　もちろん、「小結・関脇・大関に適う」という表現は勝ち名乗りを上げた時にも使用された可能性があるが、「小結・関脇・大関に適う」はもともとその「格」に値することを祝したものである。名乗りを上げるときは、別の表現を使用してもよいのである。現在の「役相撲に適う」はそれぞれの「格」に適うことを含意している。

なった勝ち力士に、扇は小結にかなった勝ち力士に与えるのである。」（pp.88-9）

これには、どのような行司の口上だったかは述べられていない。それぞれの相撲に「適った勝ち力士」に別々の賞品が授与されていると述べてあるだけである。

(2)　小泉葵南著『昭和相撲便覧』（野崎書房、昭和 10 年）

「（弓は：本章注）千秋楽に日に、その日の大関にかなった勝ち力士に与えるものであるし、（中略）弦は（中略）関脇にかなった勝ち力士に、扇子は小結にかなった勝ち力士に与えるものであるが、何れもこれ等は若干の金圓に替える例になっている。」（pp.11-2）

この記述ではそれぞれの勝者に弓、弦、扇子が授与されていることはわかるが、行司の口上がどうなっていたかは不明である。

これとほとんど同じ記述が大ノ里萬助著『相撲の話』（誠文堂、昭和 5 年／昭和 7 年、pp.15-6）にも見られる。

(3)　鍵冨寿吉著『相撲読本』（天泉社、昭和 17 年）

「千秋楽の日、いよいよ三役の取組となり、その優者に対しては、『大関に叶う』と勝ち名乗りと共に弓（大関）、弦（関脇）、扇（小結）が与えられる。」（p.33）

関脇相撲と小結相撲にどのような口上が唱えられたかは不明だが、「弓取り式」を扱っている箇所なので、あえて省略したのであろう。大関相撲の勝者へ「大関に叶う」と勝ち名乗りを上げていることから、関脇相撲と小結相撲の勝者へも同様の「個別口上」を唱えたに違いない。

実は、本章を執筆している段階で、「個別口上」を確認できた最後の文献は、この鍵冨寿吉著『相撲読本』である。最後であるが、「個別口上」

が昭和17年で終わり、昭和18年から「同一口上」が始まったというわけではない。

8. 昭和時代（2）

ここで、昭和時代（2）として区分してあるのは、鍵冨寿吉著『相撲読本』（天泉社、昭和17年）が「個別口上」を唱えた最後の本であり、他方、酒井忠正著『相撲随筆』（昭和28年）が「同一口上」を唱えた最初の本だからである[21)]。非常に便宜的な分け方である。

（1） 昭和28年、酒井忠正著『相撲随筆』（復刻版、1995年）の「三役と弓取式」（pp.82-8）
「三役の勝ち力士に弓や弦が渡される時、行司が『役相撲に適う何々』と名乗りをあげるが、（後略）」（p.83）

なお、次のようにも記述してある。

「三役に勝ち力士には、扇、弓弦、弓の三品が次々に与えられるが、この三品は本場所中四本柱にくくり付け、毎日柱をかえて飾られていたものだが、昨年四本柱を撤去して代わりに四色の房を下げたので、

21） 昭和17年から昭和27年まで相撲雑誌は細々と発行されているが、相撲関連の本はあまり出版されていない。雑誌にしても本にしても三役揃い踏みや行司の口上についての記述は見当たらない。そのため、口上が以前のままだったのか、そのあいだに変更があったのかさえ、まったくわからない。29代木村庄之助が昭和20年に初土俵を踏んでいるので、若いころの口上について記憶していないか、直接尋ねたが、記憶にないということだった。そうなると、やはり何とかして文献を探さなければならない。何かの文献に記述されているのに、それをたまたま見落としているかも知れない。そういう気がしてならない。揃い踏みを映した映像があり、口上も聞き取れると、確実な証拠が得られるが、そのような映像までは確認することができなかった。

弓をかける場所がなくなってしまった。その弓を三役最後の結びの勝者に授けられると、代役の力士がこれを行司から受け取って、弓を打ちふり四股を踏む。これが弓取りの式である。」(pp.83-4)

(a) この記事に「昨年四本柱を撤去して代わりに四色の房を下げた」とあることから、「役相撲に適う、何々」という口上は昭和27年には存在していたことになる。

(b) これが「同一口上」を確認できた最初の文献である。しかし、それが「同一口上」の始まりであるとは断言できない。なぜなら、鍵冨寿吉著『相撲読本』(昭和17年)と酒井忠正著『相撲随筆』(実質的には昭和27年)のあいだには約10年の期間があるからである。そのあいだに「個別口上」から「同一口上」への変更があったはずだ。

(c) この『相撲随筆』には行司の口上が「役相撲に適う何々」であることは確認できるが、それがいつ始まったかは何も述べられていない。もしそれが四本柱の撤廃と同時に始まったなら、きっとそのことは随筆の中でも言及されていたはずだ。むしろ、その年にはすでに存在していたような印象さえ受ける。そうなると、行司の口上の変更は昭和27年以前となる。

(d) 昭和17年から27年のあいだの文献で、どちらかの口上を確認できれば、その変更年月をある程度絞り込むことができる。しかし、残念ながら、そのような文献を見つけることができなかった。[22]

22) 今後、どちらかの年月を確認できる文献が見つかるかも知れない。その場合は、口上の変更をかなり絞り込むことができる。文献の中に具体的な変更時期を記してあれば、それを境に変更があったことも確認できる。しかし、現段階では10年間のブランクの中で、状況証拠などから変更年月の可能性を推測するしかない。

本章では「個別口上」から「同一口上」への変更は昭和17年から27年のあいだとしておきたい。その10年のあいだで可能性を探るとすれば、昭和27年秋場所ではないかと推測している。その年月で土俵上に大きな変化が起きているからである。まず四本柱を撤廃し、屋根から四房を下げている。大関相撲の勝者に授ける弓もそれまで土俵の親柱に飾ってあったが、土俵外に置かざるを得なくなっている。そのような土俵上の変化があったとき、同時に行司の口上も変えたかも知れない。「個別口上」の矛盾を取り払い、三つの相撲を一つの「役相撲」として捉えるようにしたのである。もちろん、これは推測であり、実際は別の時期になされたかも知れない。これを確認するには、変更の年月を記した文献を見つけることである。

(2)　奥村忠雄著『土俵』(早川書房、昭和39年〈1964〉)

「本場所中の千秋楽、地方巡業では毎日ある取組の終わりの三番を、三役と言っている。この三役は大関、関脇、小結を言っているので、たとえ横綱の称号が地位化してしまった現在でも横綱を含めて四役とは言わず、大鵬と柏戸の横綱同士の対戦でも行司は勝ち力士に対して“大関にかなう柏戸(大鵬)”と言って、代理の弓取り力士に弓を渡している。」(p.45)

この本では行司は「個別口上」を唱えているが、昭和39年当時、本当にその口上だったのか、疑問である。昭和27年以降は、「同一口上」になっているはずだ。もしそれが真実でなかったとしたら、二つのことが想定できる。一つは、昭和27年以降の「同一口上」は踏襲されていなかった。もう一つは、たまたまある時期、「個別口上」が復活した。そのいずれかだと思われるが、どちらも正しくないようだ。なぜなら、二つの理由による。一つは、いったん決まった「同一口上」は変えないのが普通である。もう一つは、当時の別の文献では「同一口上」になっている。これらの理由を考慮すれば、奥村忠雄著『土俵』は事実に反する記述をしている。

(3)　河原武雄・神風正一著『土俵のうちそと』(家の光協会、昭和40

年〈1965〉)
「これらの賞（弓、弦、矢：本章注）を授けるとき、行司は勝ち名乗りとともに『役相撲にかのう』という口上をいうが、これは役相撲にかなう、つまり役相撲にふさわしいという意味のものである。」(p.14)

この本では、昭和40年当時、行司は「同一口上」を唱えている。奥村忠雄著『土俵』(昭和39年）より1年後に出版されているが、口上の扱いで違いがある。いずれかが正しいはずだ。

(4)『国技相撲のすべて』(別冊『相撲』夏季号、昭和49年7月、ベースボール・マガジン社)
「三役の相撲（勝ち力士へ）　役相撲に叶う　○○山」(p.144)

昭和49年当時、行司の「同一口上」を唱えている。

9.　平成以降

平成時代に出版された本では、間違いなく行司は「同一口上」を唱えている。参考までに、いくつか示す。

(1)　佐藤孔亮著『大相撲のことが何でもわかる本』(廣済堂出版、平成4年〈1992〉)
「千秋楽には結びの三番を『是より三役』として特別扱いをする習慣が現在でも残っている。この三番に勝った者は『役相撲にかなう』として、それぞれ弓矢に関するものが与えられる。このとき、結びの一番に勝った者には『大関にかなう』として弓が授けられる。」(p.138)

結びの一番で「大関に適う」として行司が「役相撲に適う、四股名」と口上を唱えるなら、「個別口上」として何も問題ない。しかし、行司が「大関に適う、四股名」と口上を唱えるとすれば、問題になる。同じ著者による（2）では3組の相撲で「役相撲に適う、四股名」となっていることから、「大関に適う」は口上でないことがわかる。

（2）平成7年（1995）、佐藤孔亮著『大相撲のことが何でもわかる本』（廣済堂文庫）
「行司は、勝ち名乗りを上げる際に『役相撲にかなう、貴乃花』などといって、懸賞金と同じような形でこれを（矢、弓弦、弓：本章注）授けるのである。」（p.25）

（3）　新山善一『大相撲ミニ事典』、東京新聞出版局、1997（平成9年）。
「是より三役の勝ち力士には行司から『三役に叶う』として小結に矢（昔は白扇）、関脇には弓弦がそれぞれ渡され、結びの一番の勝者は『大関に叶う』と高らかに勝ち名乗りがあげられます。」（p.104）

この本の記述は、厳密さにおいて問題がある。「三役に叶う」とか「大関に適う」という表現を用いることはないからである。つまり、「役相撲に適う」は一定の表現で、それと同じ意味で「三役に叶う」という表現をすることはない。また。結びの一番は大関相撲だが、勝者へはやはり「役相撲に叶う、四股名」と名乗りを上げる。「三役に叶う」は「役相撲に叶う」の意味だと理解できるが、結びの一番で「大関に叶う」と名乗りを上げることはない。「大関に叶う」ので、その意味を含めて「役相撲に叶う」と名乗りを上げるのである。

多くの本で「小結に適う」として勝者に「矢」を授けるという表現が見られるが、それは誤解を招く表現である。たとえば、『国技相撲のすべて』（平成8年11月）の「本場所の歴史と一日」（pp.68-70）に若乃花が矢を授与されている写真があるが、そのキャプションに「“小結にかなう”矢をもらう若乃花」とある。この「小結にかなう」が口上であれば、明らかに間違いである。しかし、小結相撲の勝者として格を讃えているのであれば、何も問題ない。「小結・関脇・大関に適う」とはそれぞれの相撲を取り、それを称賛する意味である。口上とは別物である。

ちょっとしたエピソードを記しておく。

令和4年5月場所千秋楽の役相撲で、41代式守伊之助は関脇相撲の勝ち力士へ勝ち名乗りを上げたとき、「役相撲に叶う」という口上を言い忘れている[23)]。そのようなミスを犯したとき、勝負審判部長にお詫びでもするのかと現役行司の一人に尋ねたところ、それには及ばないということだった。行司名を忘れたときは、勝負審判部長にお詫びを申し入れることがあるが、それは必ずしも必要ないそうだ。

10. 勝者への扇子授与

本章では、昭和27年まで小結相撲の勝者へは扇子が授与されていたとしている。矢になったのは、昭和27年秋場所である。勝者へ扇子が授与されることは、拙著『大相撲行司の松翁と四本柱の四色』の第4章「役相撲の矢と扇子」に詳しく扱ってある。行司の口上と扇子には直接的な結びつきはないが、扇子が授与されていることを記述してある文献をいくつか提示しておきたい。

(1)　文政6年4月の上覧相撲を記述してある「十三間御門外相撲上覧記」(国立公文書内閣文庫蔵)。寛政3年、寛政6年、天保14年の上覧相

23)　41代式守伊之助は令和4年11月場所千秋楽（25日）の大関相撲でも勝った貴景勝に賞品を授けるとき、「役相撲に適う」という口上を唱えず、「貴景勝」と四股名だけを名乗った。令和5年5月場所千秋楽の大関相撲でも勝った照ノ富士に懸賞金を渡すとき、「照ノ富士」とだけ唱えていた。弓取り式に移るとき、「役相撲に叶う」という口上を唱えている。かつてはそのように唱えることもあったようだ。しかし、この唱え方は最近ではあまり見かけない。41代伊之助にはいつもお世話になっているし、単なるうっかりミスかも知れないが、あえて記しておくことにした。本場所での出来事だし、テレビでも全国に放映されているからである。

撲では扇子が授与されている。

(2)　三木愛花著『角力通』(四六書院、昭和5年、pp.88-9)
(3)　大ノ里萬助著『相撲の話』(誠文堂、昭和5年、pp.15-6)
(4)　松翁木村庄之助著『国技勧進相撲』(言霊書房、昭和7年、p.44)
(5)　『夏場所相撲号』(昭和11年5月号、p.110)の石原漣筆「弓取雑話」
(6)　清水健児・清水晶著著『昭和相撲大観』(文政社、昭和12年、p.66)
(7)　『夏場所相撲号』(昭和16年5月号)の「夏場所相撲観戦」(pp.133-6)
(8)　『相撲と野球』昭和18年1月号)の花坂吉兵衛筆「相撲事典一土俵の知識」(pp.51-2)
(9)　『相撲と野球』(昭和18年1月号)の花坂吉兵衛筆「土俵の知識」(p.53)
(10)「『相撲』昭和21年9月号)の「弓取・太刀もち・横綱の型」(p.54)

明治以降の本場所でも「矢」が授与されたとする文献がいくつかある。

(1)　『国技』(昭和6年6月)の「三役の故事　弓一弦一矢」(p.5)
(2)　『夏場所相撲号』(昭和11年5月号)の「相撲通になるには」((p.114)
(3)　『春場所相撲号』(昭和14年1月号)の「三役と弓弦矢」(p.170)
(4)　『春場所相撲号』(昭和16年12月号)の「三役と弓・弦・矢」(p.93)
(5)　『春場所相撲号』(昭和17年4月号)の「三役相撲の歴史」(p.77)
(6)　『春場所相撲号』(昭和17年12月号)の「三役と弓弦矢」(p.92)
(7)　鈴木要吾著『相撲史観』(昭和18年)』(p.107)

明治17年3月の天覧相撲では特別に「矢」が使用されたかも知れない。小結相撲では勝者がいなかったので、「矢」は授与されていない。

本章では小結相撲の勝者へは扇子が授与されるとしている。役相撲の行司の口上に焦点を当てているので、賞品としての「扇子」そのものに注意を払ってこなかった。しかし、文献によっては「矢」が授与されたとするものもあることから、本当に「扇子」だけとしてよいのかを検討してもよいかも知れない。何らかの条件下では「矢」も使用されていたのだろうか。

それとも、「矢」としているのが、事実を正しく反映しているのだろうか。

11. 今後の課題

本章では主として行司の口上にテーマを絞り、それを文献で調べてきたが、細かいことになると、どうしてもわからないことがあった。裏付ける証拠を提示できないこともあった。今後、注意して検討すべき問題点をいくつか提示しておきたい。

(1)　「個別口上」から「同一口上」への変更は昭和17年から27年のあいだである。どちらかと言えば、昭和27年である。これは正しい推論だろうか。それを確認するには証拠が必要である。その証拠を探す必要がある。

(2)　寛政3年6月の上覧相撲では、「個別口上」が唱えられている。その口上はどの上覧相撲にも適用されていたのだろうか。他の上覧相撲にはどんな口上が唱えられたのだろうか。その口上を丹念に調べ、比較する必要がある。

(3)　本章では寛政3年6月以前、御前相撲であれ、勧進相撲であれ、どのような口上が唱えられたのか、その証拠らしいものをまったく提示していない。しかし、そのような口上はあったはずである。それを調べる必要がある。

(4)　明治17年6月の天覧相撲では、大関相撲の勝者へ「最手役に適う、梅ケ谷」と名乗りを上げている。当時、勧進相撲では「最手」という言葉を使っていない。「大関」を使っている。実際に、「最手」が使われたのだろうか。それを裏づける資料は松木平吉編『相撲秘事解』の他にないだろうか。

(5)　明治の勧進相撲の場合、いつ頃から、役相撲の勝者へ「小結･関脇･大関に適う」という個別口上を使い始めただろうか。それとも、それは江戸時代の勧進相撲でも使われており、明治時代になってもそのまま受け継いだのだろうか。

(6)　本章では、昭和 27 年に「個別口上」になっていて、その後はずっと変わっていないとしている。それは正しい考えだろうか。27 年以降にも「個別口上」を認める文献がいくつかある。その文献はやはり事実を正しく記述していないだろうか。それともときどき「個別口上」が唱えられることもあっただろうか。

(7)　本章では昭和 27 年まで小結相撲の勝者へは扇子が授与されたとしているが、これも検討してみる必要がある。「矢」が授与されたとする文献もある。「扇子」と「矢」は比較的自由に使われていたのだろうか。

追記：個別口上の復活

再校ゲラ修正の段階で、相撲雑誌を読んでいると、偶然にも役相撲の口上に関連する貴重な記事を見つけた。そこには昭和 27 年以降にも以前の個別口上があったことが書いてある。つまり、個別口上が復活している。その記事を次に示す。

・『大相撲画報』（朝日出版社、昭和 35 年 2 月）の「行司生活五十年―23 代庄之助・20 代伊之助にきく」（p.18）

「(記者：本章補足）―千秋楽に三役力士の勝ち力士に渡すものはなんです？

庄之助　小結に叶うといって誰々と呼び最初に矢、次が関脇に叶うでツルを渡し、最後は昔は弓を渡したこともありますが、今は勝ち名乗りだけで､代わって弓取りの儀が行われるわけです。弓取りのときは、例えば結びに栃錦関が勝てば、栃錦代十三ノ浦といって弓を渡すわけです。」

この記事では、小結相撲の勝ち力士に「小結に叶うといって誰々」を唱えている。これは個別口上である。関脇相撲の勝ち力士にどのような口上が唱えられたかははっきりしないが、文脈からすれば個別口上である。少なくとも「三役に叶う」という口上ではない。

昭和 35 年当時、役相撲で個別口上が唱えられたとすると、その個別口上が復活していたことになる。昭和 27 年当時、同一口上があったことは確認できるからである。そうなると、昭和 27 年から 35 年のあいだに同一口上から個別口上に変わったことになる。しかし、それがいつなのか、不明である。現在は個別口上を唱えていることから、昭和 35 年後のある時点で現在の口上に変わっている。ところが、これもいつなのか、不明である。このように、唱える口上の変更が何度かあり、しかもその変更年月が不明であることから、本章は昭和 27 年以降の記述を修正しなければならない。昭和 27 年以降はずっと同一口上だったという前提のもとに論考を進めていたが、昭和 35 年にはすでに以前の個別口上が復活していたからである。口上が何回か変更しているのであれば、それがいつなのかを確定しない限り、取り上げた文献の是非は論じられない。そのことを特に強調しておきたい。

もう一つ、この記事には本章と異なる記述がある。それは大関相撲の勝ち力士に唱える口上である。本章では「役相撲に叶う、誰々」と唱えてから、弓取りに移るときは「勝ち力士代、誰々」と唱えるとしているが、雑誌記事では「勝ち力士」には名乗りだけを呼び上げ、その後弓取り力士に向かって、「勝ち力士代、誰々」と呼び上げている。昭和 35 年当時は、たとえば「大関に叶う」という口上を唱えていないようだ。そのような相違が見られるが、現在の作法にいつ変更がなされたのかは不明である。これもやはり解明する必要がある。(本章では、現式守伊之助（41 代）が大関相撲の勝ち力士に「役相撲に叶う」を唱えなかったとしているが、これもまったく問題ないのかも知れない。元立行司たちは全員、「役相撲に叶う」を唱えるのが普通だと語っていた。)

ここに追加した雑誌対談の記事は昭和35年当時の立行司に聞いたことを雑誌記者が書いたもので、実際にそのように行われていたことは確かだ。その記事を読んだとき、昭和27年以降ではいくつか修正や再吟味する必要があることがわかった。しかし、本章に新たに手を加えるとなると、かなり修正する必要がある。そのため、あえて「追記」として補足することにした。本章はこの記事も参考にして、読んでいただくようお願いしたい。

さらに、昭和27年以降、以前の個別口上が復活したり、さらに同一口上に変更になったりしているが、それがいつの時点で変更になったかも追究してくれればありがたい。本章は役相撲の口上変更の経緯を調べているが、それがいつ変更になったか、はっきりしないことがある。昭和27年以降であれば、文字資料はもちろん、映像などの資料も調べれば、口上の経緯はもっと理解が深まるかも知れない。

第４章　三役揃い踏みの並び方

1.　本章の目的[1)]

役相撲では登場力士が独特の揃い踏み（土俵入りともいう）をする。本章では、その役相撲について、主として、次のことを調べる。

(1)　役相撲の並び方はいつ頃から始まったのか。それは文献で確認できるか。
(2)　寛政３年６月の上覧相撲以降、役相撲は途絶えることなく続いていたのだろうか。
(3)　寛政３年６月の上覧相撲以降、役相撲の並び方は同じだろうか。並び方が変わったことがあるだろうか。
(4)　南部相撲の役相撲の並び方は江戸相撲の並び方と同じではない。吉田司家は独自の並び方を持っていたのだろうか。

本章では、課題に対して特定の主張をしていない。目標とする課題に対して答えを提示するというより答えに至る道を模索している。目標とする到達点が山の向こうにぼやけて見え隠れしているが、前途には山あり谷ありで、なかなかたどりつけない。実際、本章は研究の中途段階にある。誰かが今後、光を灯してくれることを願いながら、あえて公表している。

本章では、説明の便宜上、最初の取組を小結相撲または小結取組、二番

1)　いつ頃から役相撲が始まり、現在の並び方になったのがいつ頃かを相撲に精通している知人の何人かに尋ねたが、はっきりしたことはわからないということだった。取組編成に変化があったし、横綱が明治23年の番付に記載されるようになったからである。本章をまとめるに際しては、知人たちにご迷惑をおかけしたが、温かいご協力があった。感謝の意を表しておきたい。

目を関脇相撲または関脇取組、最後の取組を大関相撲または大関取組と呼ぶことにする[2)]。

現在行われている役相撲の並び方を図で示すと、次のようになる。

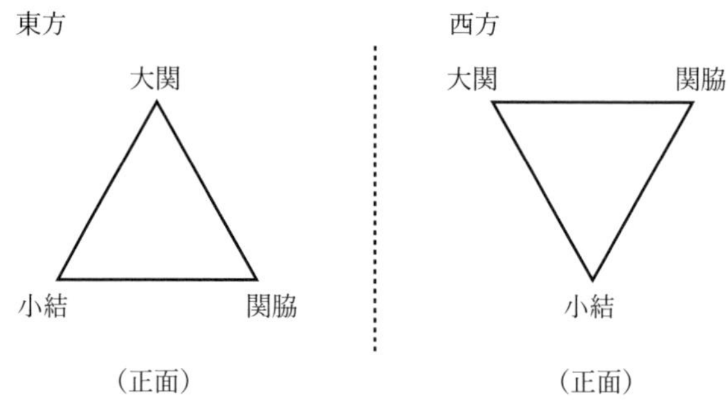

東方の場合、正面から見て、正三角形となる。後方の要に大関、前方左に小結、右に関脇となる。西方の場合、正面から見て、逆三角形となる。前方の要に小結、後方右に関脇、左に大関となる。登場前の並び順は、起点を小結とすれば、東西とも小結、関脇、大関である。なぜそのような並び方を創出したのだろうか。

土俵に上がって四股踏みを開始するとき、東方の場合は後方の中央に位置する大関格が警蹕を発する。同様に、西方の場合は正面から見て後方の左側（つまり東方）に立つ大関格が警蹕を発する[3)]。どちらも最高位の大関

---

2) 役相撲に登場する力士は、最初の頃は小結、関脇、大関だったが、寛政の頃から地位と関係なくなっている。幕内が千秋楽に登場しなくなったり、上位に複数の力士がいたり、横綱が番付に誕生したりしたからである。明治 42 年 6 月の国技館開館までは十両力士だったし、幕内力士が千秋楽に登場するようになっても横綱と関脇だけの取組になることもあった。最近でも、極端な例だが、令和 2 年(2020)1 月場所は、平幕力士だけが登場している。登場力士の地位と関係なく、「役相撲」は結びから三番の取組として生き残っている。

3) この警蹕に関しては行司（幕内格）の木村元基さんにお願いし、若者頭に確認してもらった。若者頭は並び方だけでなく、警蹕のことも力士に伝達しているとのことである。私自身は揃い踏みで警蹕の「シッー」という声に気づいたことがない。若者頭がお伝えしているように、力士が常に警蹕を発しているのか、ビデ

格が警蹕を発することになる。そうすることで、四股踏みの所作が揃うことになる。この伝統は昔から続いているようだ[4]。たとえば、『相撲と野球』（昭和 18 年 1 月号）の花坂吉兵衛筆「土俵の知識」（pp.47-54）によると、最上位者（つまり役相撲の大関格）が警蹕の合図で四股踏みを始めている（p.52)。なお、役相撲や幕内土俵入りでは立行司（や三役行司）は警蹕を発しないが、横綱土俵入りでは行司が発する。

揃い踏みでは土俵に上がる際、順序があるとする文献がある[5]。以前はあったかも知れないが、現在は、土俵に上がる順序はない[6]。以前、順序があったとしても、東西とも同じだったのか、どのような順序で上がったのかはっきりしない。東西では力士の並び方が異なるので、上がる順序は異なるかも知れない。

たとえば、令和 2 年 7 月場所では、次のように登場していた。行司は木村容堂（三役）だった。

オを確認しても、定かでない。

4) いつの時代から続いているのかは不明だが、御前相撲が行われたころから続いているのかも知れない。

5) 花道から土俵下の控えまでは取組順序である。東西の小結相撲の力士はすでに控えており、あとで関脇相撲と大関相撲の力士がその順序で花道を入場し、控えに座る。東西とも控えの力士は小結相撲の力士、大関相撲の力士、関脇相撲の力士となっている。大関相撲の力士を中心に、左右に二人が控える

6) 行司の木村基樹さんにお願いし、若者頭にお尋ねしたところ、立つ位置や警蹕についてはお伝えするが、土俵に上る順序については何も伝えないという。すなわち、力士が流れに沿って判断しているとのことである。順序は決まっていなくても、瞬間的なことだし、力士も 3 名なので、並び方はほぼ同時に揃っている。

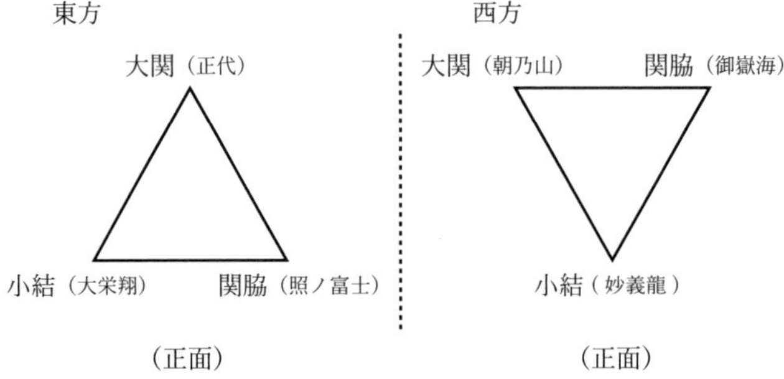

(1) 令和 2 年 7 月場所（名古屋場所）の登場順位。数字は登場順位を示す。

(a) 東方：大栄翔①、照ノ富士②、正代③[7)]

(b) 西方：朝乃山①、妙義龍②、御嶽海③

東方では小結格、関脇格、大関格の順だったが、西方では大関格、小結格、関脇格の順だった。[8)] つまり、東方では順番通りだったが、西方でそうではなかった。

また、平成 28 年 11 月場所（九州場所）では、次のような順序で上がった。

(2) 平成 28 年 11 月場所（九州場所）の登場順位。

(a) 東方：白鵬①、宝富士②、日馬富士③

(b) 西方：稀勢の里①、鶴竜②、豪栄道③

並び方を図で示す。

---

7) 正代が照国より先に上がり段に足をかけているが、照国が土俵に先に上がっている印象を受ける。ほぼ同時に上りかけているといってよいかも知れない。

8) 東方と西方の並び方が違うことから、以前は登壇する順序も決まっていたかも知れない。立つ位置が格によって決まっているからである。

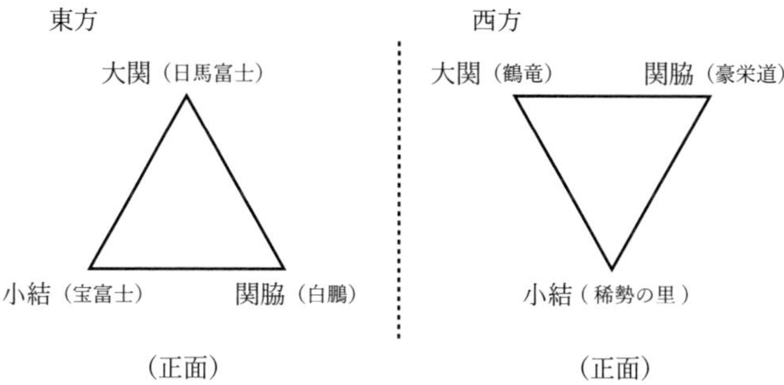

令和4年11月場所（九州場所）の揃い踏みでは、この順序で上がっていた。

(3)　平成28年11月場所（九州場所）の登場順位。

(a) 東方：霧馬山①、貴景勝②、北勝富士③

(b) 西方：豊昇龍①、正代②、若隆景③

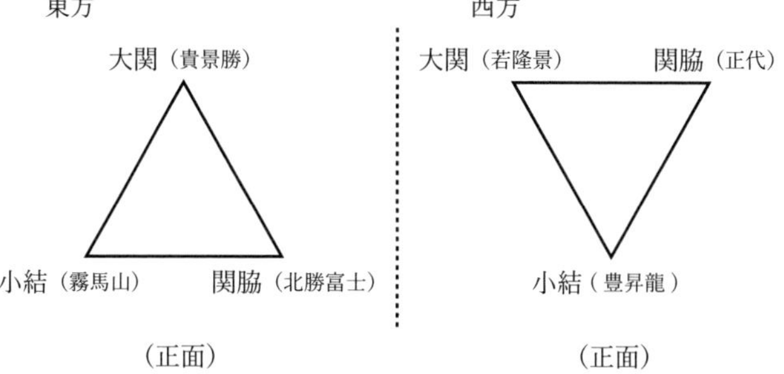

このように、土俵に上る順序は決まっていない。このことから、土俵に上がる順序に関しては、次のことが言える。

(a) もともとは登場順位があったが、現在は無くなっている。

(b) ある時期、登場順序があったが、現在は無くなっている。

(c) もともと登場順位はなかった。そのような順序が定められたこともなかった。

いずれが正しいかは不明である。その有無を判断するのは、難しいに違いない。もともと登場順位があったとしても、それを確認できる資料を見つけなければならないし、またあったとしても、それがいつ無くなったかを確認しなければならないからである。

2. 昭和以降の三役揃い踏み

昭和以前にも役相撲の揃い踏みはあったが、ここでは、主として昭和20年代までの役相撲に絞り、その並び方がはっきり確認できるものをいくつか示す[9)]。東西の並び方は一定だったので、一方の四股名と地位がわかれば、取組表や勝負付けなどを参考にし、他方の四股名や階級も間違いなく判断できる。

(1) 『春場所相撲号』(昭和8年1月号) の口絵／『玉錦三右衛門』(昭和の名横綱シリーズ6、ベースボール・マガジン社、昭和55年5月、pp.90-1) ／『近世日本相撲史 (1)』の口絵／『相撲講本』(p.472)[10)]。

これは、昭和7年5月場所 (10月) の揃い踏みである。『春場所相撲号』(昭和8年1月号) の口絵にはキャプション「三役の土俵入り」とある。現在では「三役揃い踏み」と呼ぶのが一般的だが、以前は「三役の土俵入

9) 明治以降の雑誌や書籍などを調べても、役相撲の写真や絵図は見たことがない。力士の並び方を説明している絵図や文字記述も似たり寄ったりである。昭和27年以降はビデオの時代になり、役相撲の並び方は比較的容易に調べることができる。数少ない並び方の資料であっても、どのような並び方をしていたかはかなり正確に把握できる。

10) 『相撲講本』(p.473) には西方の揃い踏みの写真だけがある。東方の力士は勝負付けや番付などから判断できる。勝負付けでは勝敗だけでなく、力士の地位がわかる。

り」が使われていた。もちろん、現在でも「三役土俵入り」はときどき用いられている。どちらの表現が先に使われたのか、いつ頃名称の変化が現れたのかに関しては、本章では調べてない。本章では「三役揃い踏み」を多用しているが、「三役（の）土俵入り」もいくらか使用している。

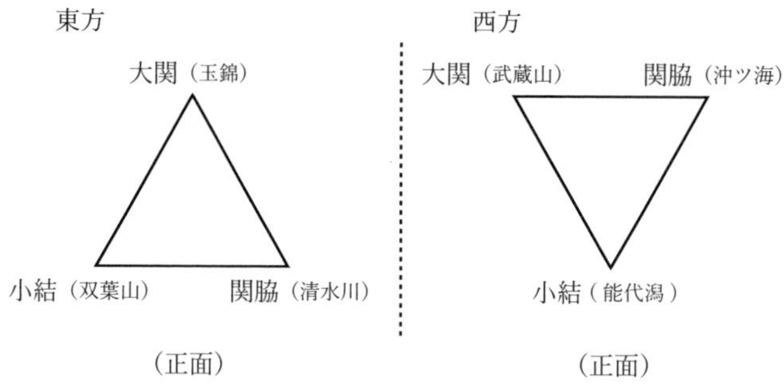

・取組の力士。○印は勝者を表す。

(a) ○双葉山（前頭 1）と能代潟（小結）

(b) ○清水川（張出大関）と沖ツ海（関脇）

(c) ○玉錦（大関）と武蔵山（大関）（大関）

(2)　『激動の昭和スポーツ⑪　相撲（上）』（平成元年、p.69）

昭和 10 年春場所千秋楽の西方力士の三役揃い踏みの写真がある。

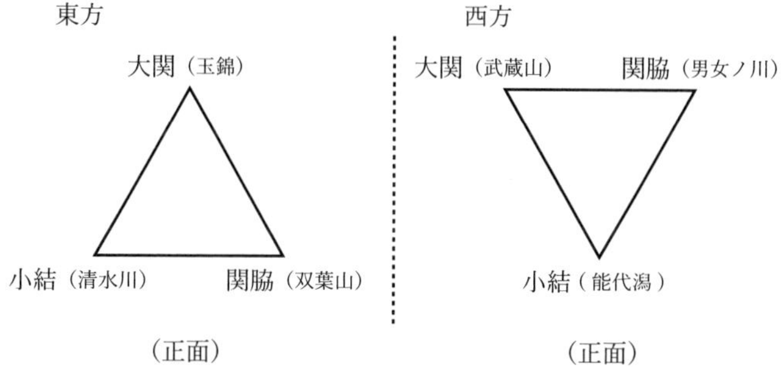

・取組の力士。東方の力士は星取表や勝負付けなどから推測。

(a) 能代潟（前頭 1）と○清水川（大関）

(b) ○男女ノ川（張出大関）と双葉山（小結）

(c) ○武蔵山（大関）と玉錦（横綱）

(3) 昭和 13 年 5 月場所千秋楽。これは、田中弥寿雄編著『玉錦・双葉山とその時代』（発行所：田中工・彩、平成 7 年、p.264）を参考にした。

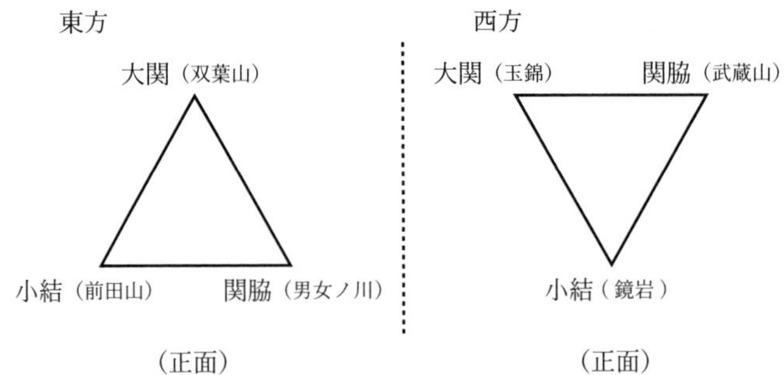

・取組の力士。東方力士は取組表や勝負付けを参考にして推測した。

(a) 鏡岩（大関）と○前田山（大関）

(b) ○武蔵山（張出大関）と男女ノ川（張出横綱）

(c) 玉錦（横綱）と○双葉山（横綱）

(4) 『大相撲夏場所号』（昭和 15 年 5 月）の口絵。

春場所千秋楽の揃い踏み（西方）の写真がある。東方の揃い踏みは「割り」や勝負付けなどから推測した。

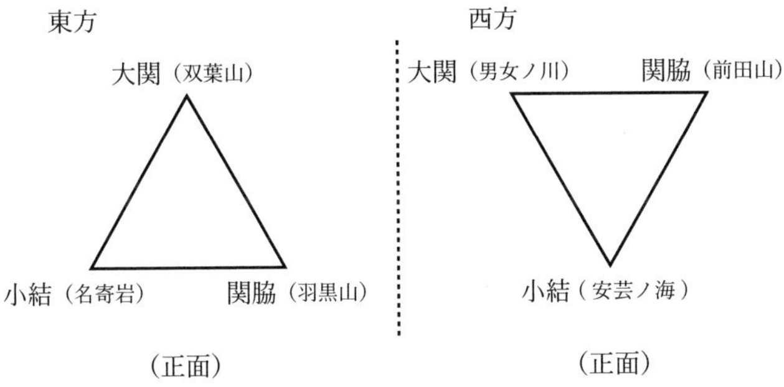

・取組の力士
　(a) ○名寄岩と安芸ノ海
　(b) ○羽黒山と前田山
　(c) ○双葉山と男女ノ川

(5) 『大相撲春場所号』（昭和 16 年 1 月）の口絵。
　昭和 15 年夏場所千秋楽の揃い踏みの写真がある。

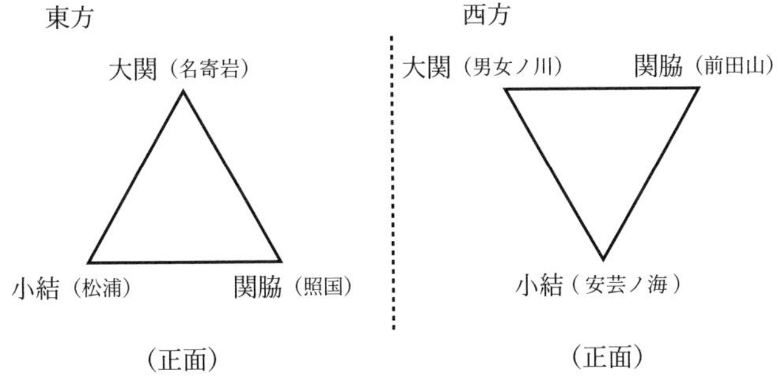

・取組の力士。○は勝者を表わす。
　(a) ○安芸ノ島と松浦
　(b) 前田山と○照国
　(c) 男女ノ川と○名寄岩

（6） 田中弥寿雄編著『玉錦・双葉山とその時代』（発行所：田中工・彩、平成 7 年、p.333）／『昭和の名横綱シリーズ 1―双葉山定次』（p.198）。昭和 16 年 5 月場所千秋楽の三役揃い踏みの写真（西方）がある。

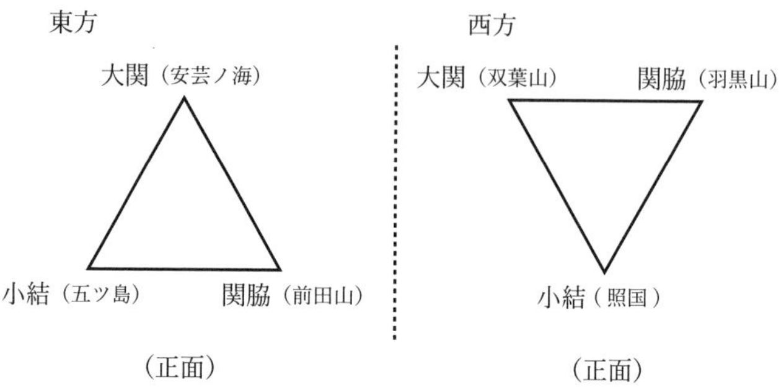

・ 取組の力士

(a) ○照国（関脇）と五ツ島（張出大関）

(b) ○羽黒山（大関）と前田山（張出大関）

(c) ○双葉山（横綱）と安芸ノ海（大関）

『夏場所相撲号』（昭和 16 年 1 月号、p.166）には、これと違った並び方が図示されている。東方で、小結と関脇の立つ位置が入れ替わっている。写真のほうが事実に即している。

（7） 『野球界（春場所相撲画法）』（昭和 17 年 2 月号）の口絵（p.12）／『昭和の名横綱シリーズ 9―照国万歳』、p.72）

両書に昭和 17 年春場所の揃い踏みの写真がある。

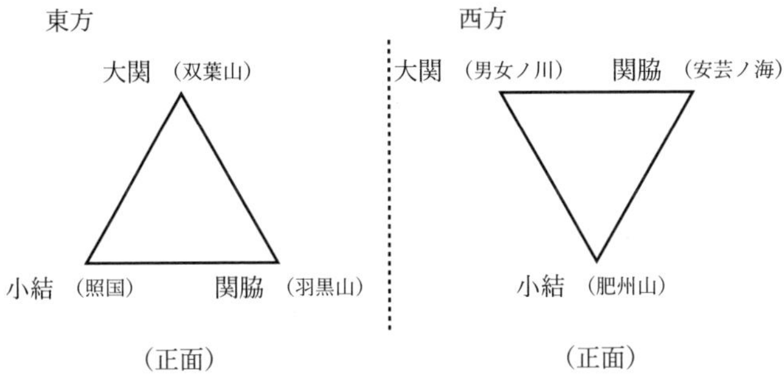

・取組の力士
　(a) 照国と○安芸ノ海
　(b) ○羽黒山と肥州山
　(c) ○双葉山と男女ノ川

西方の並び方も許されていたのだろうか。伝統的な並び方と違っている。写真のキャプションに基づくと、西方の安芸ノ海と肥州山の立つ位置が違っている。つまり、入れ替わっている。取組では照国と安芸ノ海（小結相撲）、羽黒山と肥州山（関脇相撲）となっている。しかし、当時、そのような異形も許されていたのかどうか不明なので、「異形」の並び方があったことを指摘しておきたい。

(8)　『相撲と野球』（昭和18年1月号）の花坂吉兵衛筆「土俵の知識」(pp.47-54)
同一著者の『相撲講本』（昭和10年）にも役相撲の並び方についての詳しい記述がある。

「御前掛りの登場礼式とは団体的に揃踏みをやる方法であります。東西対称の位置をとり、例えば東方が三角形の底辺を前にしたように居並びて揃踏みもやれば、次に西方は頂点を前にして居並びて揃踏みをするのであります。（後略）」(pp.51-2)

この雑誌には図も示してあるが、現在の並び方とまったく同じである。並び方について、詳しく説明しているので、参考のために、取り上げることにした。なお、『相撲講本』（昭和 10 年）の記述については、のちほど詳しく取り上げる。

(9)『相撲と野球』（昭和 18 年 2 月号）／『昭和の名横綱シリーズ 7 —羽黒山』、p.66）

これは、昭和 18 年 1 月場所の千秋楽である。[11)]

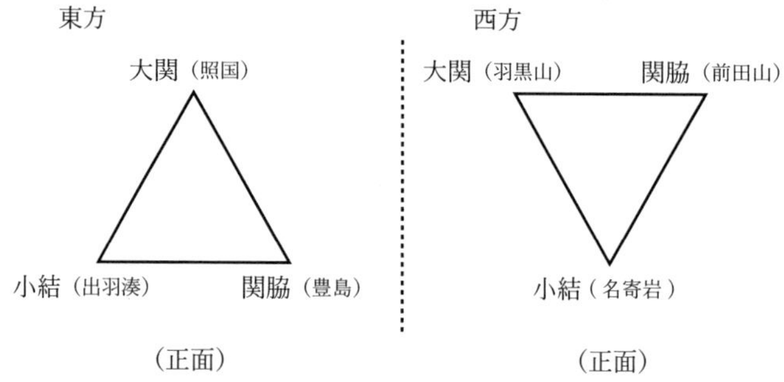

・取組の力士。西方力士の並び方は推測である。

(a) ○出羽湊と名寄岩

(b) ○豊島と前田山

(c) ○照国と羽黒山

これらの並び方を見るかぎり、昭和時代は現在と同じだったことがわかる。

3. 異なる雑誌記述

昭和時代にも現在と異なる並び方がいくつか見られる。それはすべて文

11) 双葉山は不戦勝のため登場していない。

字による記述である。写真ではそのような並び方をしたものはない。これは、おそらく、勘違いか誤植によるものに違いない。絵図の場合、左右の位置を取り違えたに違いない。本章では、そのような記述は事実に反していると判断しているが、もしかすると、その判断は間違っているかも知れない。すべての揃い踏みを丹念に調べたわけでないし、場所によっては並び方が変わっていたのかも知れないからである。いずれにしても、異なる記述があることは確かである。

(1)　『夏場所相撲号』(野球界増刊、昭和16年1月号)の「春場所相撲観戦手引―力士の階級」

この記事には次のような記述がある。[12)]

「千秋楽に三役力士は、呼出しの声に応じて一度に三人揃って土俵に上って四股を踏むが、その並び方は左(以下:本章注)の如くである。」(p.166)

そして、並び方を図で示すと、次のようになる。

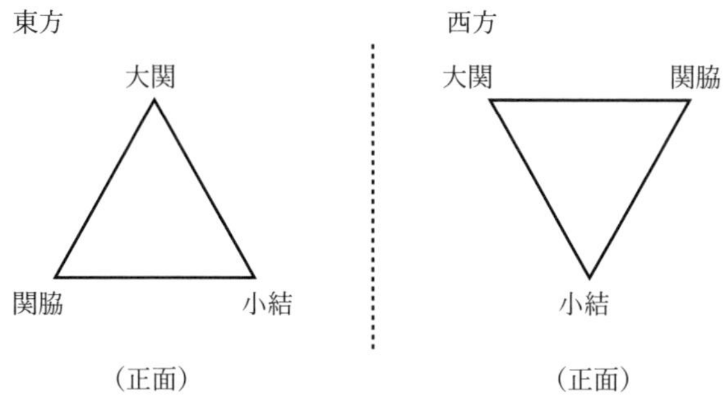

西方の並び方は現在の並び方と同じだが、東方では小結と関脇の並び方

12)『夏場所相撲号』(野球界、昭和16年5月号)の「夏場所相撲観戦手引―力士の階級」(pp.133-4)にも全く同じ記事がある。

が変わっている。現在は、正面から見て、左側が小結、右側は関脇だが、この図では左に関脇、右に小結となっている。

昭和 15 年 5 月場所や 16 年 5 月場所の並び方を映した写真では、並び方は現在と同じである。そのあいだの一場所だけ、異なる並び方をしたのは不自然である。間違った原因は、並び方を図式化したとき、左右の位置をたまたま取り違えたに違いない。

『夏場所相撲号』（昭和 16 年 5 月号）の「夏場所相撲観戦」（p.134）にも並び方を示してあるが、昭和 16 年 1 月号(p.166)とまったく同じである。これも前号の記事を注意深く検討せず、そのまま掲載したことによるミスに違いない[13)]。揃い踏みではないが、行司の階級でもまったく同じ記事が「号」の違う同じ雑誌で繰り返し掲載されていることがある。

(2) 『大相撲夏場所号』（サンデー毎日別冊、昭和 38 年 3 月号）の池田雅雄筆「お相撲教室―三役そろい踏み」（p.94）

この短い記事には「役相撲」に関して簡潔な説明と共に並び方も図で示されている。昭和 38 年 1 月場所千秋楽の東方の揃い踏みの写真も掲載されている。

「並び方は、別図のように三角形の底辺を前、あるいは後ろにしたように居並ぶ。」（p.94）

この別図を示すと、次のようになっている。

13) 類似のケースは他にいくつか見られる。たとえば、行司の階級を扱った雑誌では「号」が違っても同じ記事が繰り返し掲載されていることがある。これを単なる誤植として扱うには無理があるが、揃い踏みの並び方に関しては左右の位置をたまたま取り違えたような気がする。文字の記述は正しいことが多いからである。

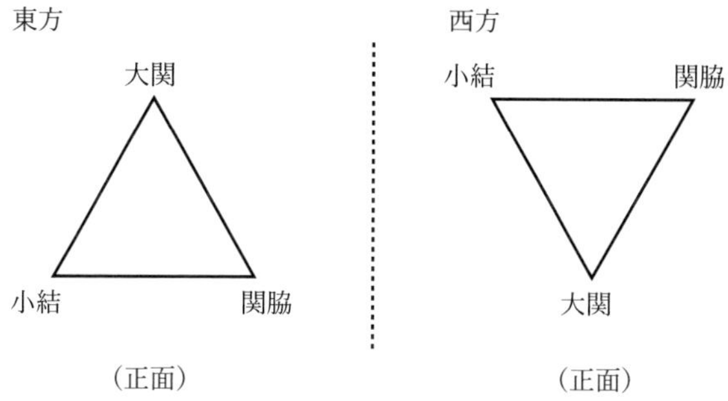

東方の並び方は現在と同じだが、西方の並び方は現在と異なる。異なるのは、大関、関脇、小結の位置である。この図では、小結の位置に大関が来ているし、大関の位置に小結が来ている。

当時、そのような配置ではなかったはずだ。当時でも、伝統的な配置は維持されていたからである。池田氏がこのような単純なミスを犯すはずがない。これは、おそらく、図の校正をしなかったことによるミスである。

東方の揃い踏みの写真は、提示されている図の並び方と一致する。大関相撲の大鵬が後方で、関脇相撲の北葉山が前方の右側で、小結相撲が左側で、それぞれ四股を踏んでいる。三力士がわかっているので、対戦力士も勝負付けや取組表などを参考にし、西方力士も推定できる。

・取組の力士
(a)　○北葉山と栃光
(b)　○栃ノ海と豊山
(c)　○大鵬と佐田の山

(3)　二子山勝治監修・新潮社編著『大相撲の世界』（新潮社、昭和59年）
「東方は前に二人（向かって右が小結に該当する者、左が関脇に該当する者）、後ろに一人（大関に該当する者）の逆三角形をつくり、西方は前に一人（小結該当者）、後ろに二人（右が関脇該当者、左が大

関該当者）と正三角形をつくる。」（p.23）[14]

図で示すと、次のようになる。

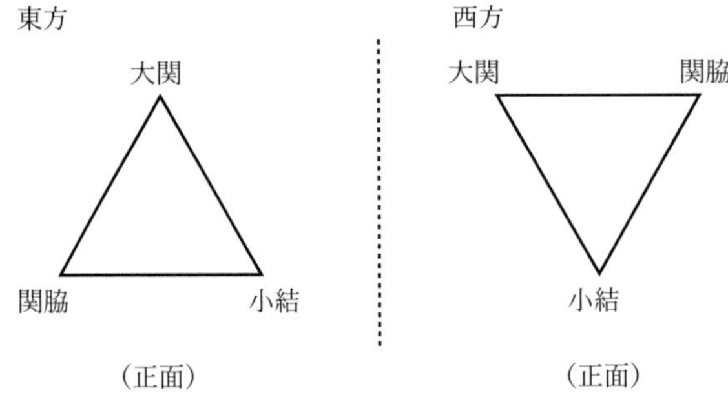

これは、先に見た（1）『夏場所相撲号』（野球界増刊、昭和16年1月号）の「春場所相撲観戦手引―力士の階級」と同じである。東方の小結と関脇の立ち位置が逆になっている。それは「しきたり」に反するはずだ。昭和59年当時、そのような並び方も許されていたのだろうか。

4.　間違った並び方

現在の揃い踏みには長い伝統がある。並び方で単純なミスが一つや二つなかったか、相撲好きの何人かに尋ねてみた。やはりあった。いくつか事例をエピソードとして記しておく。[15]

（1）　昭和44年3月場所千秋楽

14)　この引用文の「向かって」は、「正面から見て」と同じと本章では捉えている。たとえ力士が見ている位置から方位を定めているとしても、東方と西方のいずれかで並び方が異なる。

15)　これに関しては、相撲の歴史や錦絵に精通している杉浦弘氏に教えてもらった。その並び方を確認できる文献は、相撲博物館にお世話になった。

昭和44年3月場所の役相撲の組み合わせは、次のようになっていた。〇印は勝者を表す。

・取組の力士
(a) 〇長谷川（関脇）と竜虎（前頭9）
(b) 北の富士（大関）と〇琴桜（張出大関）
(c) 〇玉乃島（大関）と柏戸（横綱）

東方力士の並び方で、問題があった。結果的に、西方力士の並び方と同じ逆三角形になってしまった。

・『大相撲』（昭和44年4月号）の囲み記事「東西東西」
「結びの三番前に“そろい踏み”が行われるが、東方が間違ってやった。本当なら東前は琴桜、西前は長谷川。後方中央に玉乃島が立つのが本当なのに、長谷川一人が前に立ってしまった。相撲が終わって東支度部屋で顔を合わせた玉乃島と長谷川は『間違った』と二人で苦笑い、長谷川が『大関が教えてくれない』に『知っていると思って……』と玉乃島。『協会から物言いがつかなくてよかった』と胸をなでおろした。」（p.68）[16)]

この記述によると、前方の東（つまり左側）に琴桜、西（右側）に長谷川となっていたが、立つ位置を正しく記述しているのか気になる。というのは、長谷川は小結相撲、琴桜は関脇相撲をとるからである。本来なら、

16)　役相撲の並び方を当該力士に伝達するのは若者頭だが、それについて言及されていないのが不思議である。この記事によると、先輩力士から並び方を教えてもらうような印象を受ける。若者頭が紙を使って教えても、力士は当日の相撲のことで頭がいっぱいになり、並び方を度忘れしたかも知れないとある若者頭は言っていた。なお、協会御挨拶や明治神宮奉納相撲入場式の立つ位置などで力士に立つ位置を伝えるのは若者頭である。

長谷川は東（つまり左側）、琴桜は西（つまり右側）となるはずだ。雑誌記事の方位「東」「西」が本書の方位と異なっているかも知れないので、一概にミスだといえないが、方位が本書と同じならば、明らかにミスである。本書の方位に基づいて、その並び方を図式化して示す。

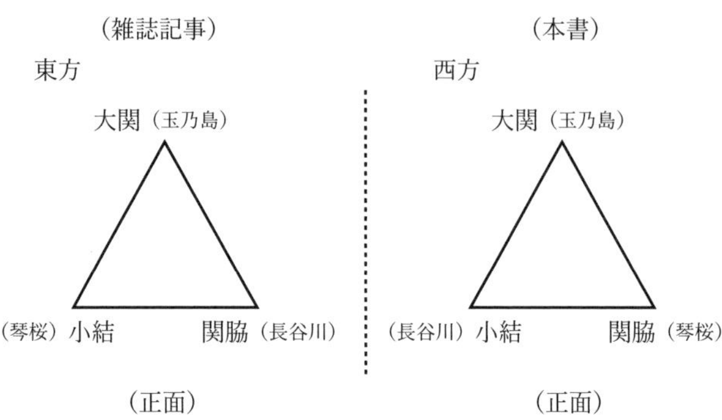

小結相撲の長谷川が先頭に中央に一人立ってしまったので、関脇相撲の琴桜が後方に回り、大関相撲の玉乃島と横列に二人立っている。

・実際の並び方

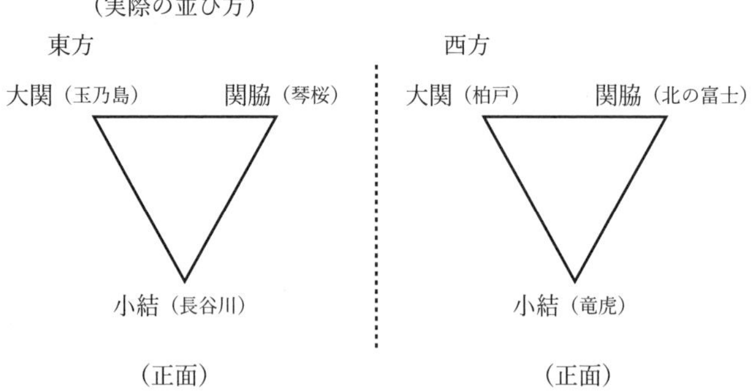

図では、琴桜を右側（つまり西）、玉乃島を左側（つまり東）としてあるが、実際は、どちらが左側で、どちらが右側だったかはわからない。雑誌記事

では両力士の立つ位置について何の記述もない。推測になるが、前方左側（つまり東）に立つべき長谷川が中央に立ったため、琴桜が押し出されて後方右側（つまり西）に立ったかも知れない。後方中央に立つべき玉乃島も仕方なく琴桜の右側（つまり東）へ押しやられたかも知れない。そういう推測のもとで、図は描いてある。しかし、これは正しい推測でなく、実際は琴桜が後方左側（つまり東）、玉乃島が後方右側（つまり西）に立ったのかも知れない[17)]。いずれにしても、二つのうち、いずれかが正しい。

(2)　昭和 60 年 7 月場所千秋楽

この 7 月場所の揃い踏みでは、西方の並び方で間違いが起きている。これに関しては、大鵬（第 48 代横綱）監修『相撲道とは何か』(KK ロングセラーズ、平成 19 年）に詳しい説明がある[18)]。

・大鵬監修『相撲道とは何か』

「四股を踏む際は三人が扇形に立ち、東方は前に二人、後ろに一人。西方は前に一人、後ろに二人と、ちょうど東西で扇の形が逆になるように取り決められている。
ところが、昭和 60 年 7 月場所の三役揃い踏みでは、西方から登場した小錦が前に一人で立つべきところを前方東寄りに位置してしまったため、後ろに立つはずの北天佑がつられて前に出てしまい、隆の里一人後方に残って揃い踏みを行った。
本来なら逆となるべき扇の形が東西とも同じ形で行われてしまった。
小錦にとっては初めての三役揃い踏みだった。スピード昇進を続けた

17)　もっと詳しい並び方を記述してある文献なり、並び方映っているビデオなりがあるかも知れない。そういう文献や映像があれば、後方の二人の位置はすぐ解決できる。これを執筆している段階では、並び方を確認できる資料にめぐり会えなかった。

18)　監修の「大鵬」は第 48 代横綱（本名・納谷幸喜）である。

ハワイの怪童が大相撲のしきたりに戸惑っている姿はどこかユーモラスでもあった。」(p.53)

・取組の力士
(a) 小錦と○大乃国
(b) ○北天佑と朝潮
(c) 隆の里と○千代の富士

本来なら、次のような並び方をすべきだった。

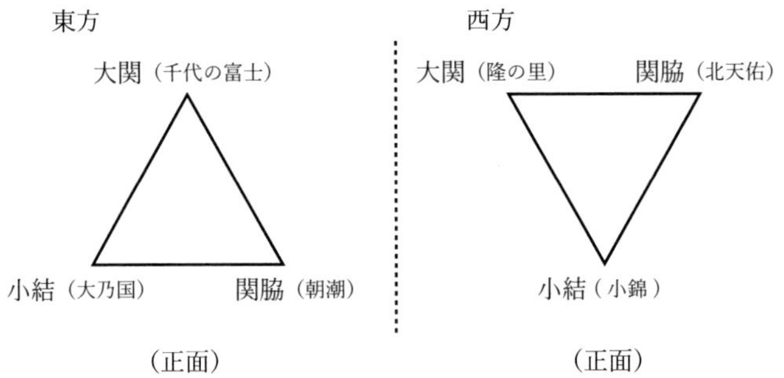

ところが、実際には、下図の並び方になった。

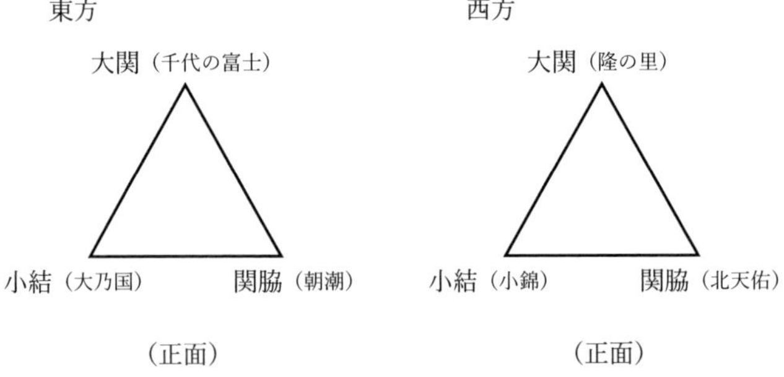

小錦は若者頭から事前に並び方を教えられていたはずだが、自分の立つ位置を勘違いしまったかも知れない。他の二人も立ち位置が間違っている

ことに気づきながら、流れに合わせたに違いない。

(3)　令和2年9月場所千秋楽

最近でも、揃い踏みの並び方でミスがあった。令和2年9月場所の役相撲の取組は、次のようになっていた。

・取組

(a) ○霧馬山と御嶽海

(b) ○正代と翔猿

(c) 朝乃山と○貴景勝

揃い踏みを図で示せば、次のようになる。

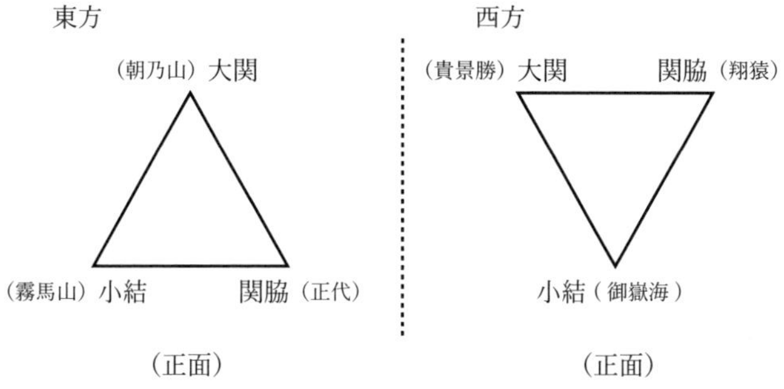

ところが､西方の揃い踏みでは貴景勝と翔猿の位置が入れ替わっていた。

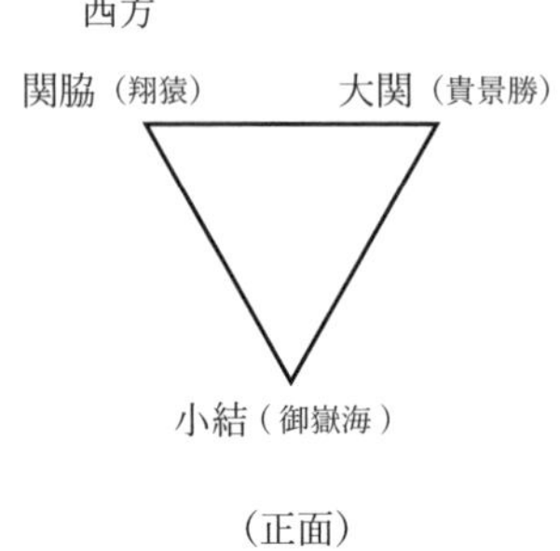

御嶽海と貴景勝が先に位置取りをし、あとから土俵に上がった翔猿を貴景勝が右側の空いた位置に行くように手で指示していた。実は、貴景勝が間違って翔猿の位置に立ち､そこを自分の正しい場所と勘違いしたらしい。貴景勝は格上の力士なので、手で立つべき場所を指示され、翔猿は素直に従ったようだ。しかも、三番目に土俵に上がったのも不運だった。要するに、一瞬の勘違いで、二人の立つ位置が間違ったことになる。前方の御嶽海は早々と立つべき位置についていたので、間違いようがなかった。

役相撲の揃い踏みは並ぶのとほとんど同時に行うので、並ぶ位置を確認しておかないと、間違いを犯しても不思議ではない。役相撲に登場する力士はよく変わるし、同じ力士が同じ取組を常に取るわけでもないからである。特に、役相撲に初めて参加する力士は、事前に登場の仕方を学んでおく必要がある。登場する三名のうちだれか一人が間違えば、必ずほかの力士にも影響する。

5.　江戸時代の揃い踏み

現在の揃い踏みについて、『相撲講本』（昭和 10 年）には次のような記述がある。

「三役、正五番の土俵入りは御前掛の式法を以ってするのである。御前掛とは貴人の供覧のための式法の謂である。即ち三角形の底辺を前にしたる様に居並び、最上位者は頂点に位し、全部御覧に入れるべく、後列の者は列間になるものとされる。三役、正五番の時は、東西は対照の位置をとる如くする。（中略）行司は常に最後に控えて式を司るのである。」（p.471）

役相撲の並び方として、現在と同じ図が示されている。この説明に従えば、現在の並び方は御前相撲を模倣したものである。それでは、その御前相撲とはいつ頃のものを指しているのだろうか。並び方が確認できる出典がわかれば、いつ頃の御前相撲を指しているのか、ある程度推測ができるが、残念ながら、その出典がわからない。

並び方を具体的に記述してある写本を探したが、今のところ、それがまだ見つかっていない。御前相撲が慶長の頃にも行われていたことは、吉田司家の文書でも確認できる。

(1)　『本朝相撲之司吉田家』（大正 3 年）[19]

「慶長年中徳川家康公より招かれて江戸に下り将軍上覧相撲の式を定めて一番勝負とし、関には弓、脇には弦、結には矢の勝賞を与えることとしたり。この時に当たり武家の大名小名また深くこれを好み相撲の技隆盛を極めれば（後略）」（pp.6-7）

ここでは弓、弦、矢が勝者に与えられていて、「役相撲」に相当する相

---

19)　同じ内容の文は、たとえば荒木精之著『相撲道と吉田司家』（相撲司会、発行者・坂口主税、p.193）や吉田長孝著『原点に還れ』（熊本出版文化会館、2010、pp.125-6）にも見られる。両著とも『本朝相撲之司吉田家』（大正 3 年）に基づいているかも知れない。あるいはそれを記した古文書が所蔵されているかも知れない。古文書があるなら、熊本大学中央図書館の「永青文庫」にあるかも知れない。『本朝相撲之司吉田家』の内容の一部については否定的な意見もあるが、御前相撲が慶長年間にあったことは確かなはずだ。ただ徳川家から招かれたということに関しては、必ずしも肯定できない面もある。それを確認できる資料はまだ見つかっていないはずだ。

撲が行われていたことを示唆している。当時、固定した番付はないが、その場限りの力の差を決めた順位はあったに違いない。その上位三組の相撲が「役相撲」に相当しているはずだ。しかし、並び方に関しては、まったく触れられていないことから、どのような並び方をしたのかは不明である。御前相撲が当時行われていたことが確実であれば、相撲場で何らかのお披露目の儀式があったかも知れない。その際、現在のような並び方をしたのかどうかが不明なので、現在の形態がそれを踏襲したものだとも断定できない。もちろん、否定もできない。それゆえ、『相撲講本』にあるように[20]、現在の並び方が御前相撲の並び方を真似たものだとしても、その真偽はわからないことになる。大名がご覧になる御前相撲の役相撲で、並び方を確認できる記述なり絵図なりがあれば、真偽は明確になる。

もちろん、上位三組が特別な相撲として扱われていたとしても、揃い踏みが特別に行われていたとも断言できない。揃い踏みがなくても、上位三組の勝者に賞品を授与することはありうるからである。これは、たとえば、100 メール競争で上位三名に金、銀、銅を授与するのと同じである。その場合、この上位を「メダル優勝者」と呼ぶことはあっても、全体で競争し、たまたま上位３名になっただけである。相撲でも東西の上位力士が３名ずつとなり、相撲を取り、その勝者に賞品が授与されたのかも知れないのである。

しかし、当時、相撲には力士の土俵入りがあり、東西の力強い上位３名は３組に分かれて相撲を取っていた。これらの３組は、特別視されていたに違いない。上位３名は特別に土俵入りをしたかも知れない。それがいわゆる「三役相撲」の始まりではないだろうか。最初から独特の並び方をしたかどうかは不明だが、特別に土俵に上り、揃って四股を踏んだのかも知れない。三組の相撲に勝った勝者には個別に賞品が授けられていることから、その際、何らかの口上が唱えられたのかも知れない。

寛政３年６月、寛政６年３月、享保２年 12 月、文政６年４月、文政

20） 出典を知りたくて、明治以前の文献に詳しい方の何人かに尋ねてみたが、残念ながら役相撲の並べ方がわかるような写本にはめぐり会えなかった。

13 年 3 月、天保 14 年 9 月、嘉永 2 年 4 月にも上覧相撲があった。そのうち､役相撲があったことを明確に確認できる上覧相撲はいくつかあるが、役相撲の登場の仕方、土俵上の並び方、所作などを具体的に記述したものがない。「是より三役」という組合せがあったたことははっきりしているが、揃い踏みをせず、すぐ小結相撲を開始したのかも知れない。相撲の勝者に賞品として弓、弦、扇子が授けられたのは確かである。しかし、天保 14 年 9 月の上覧相撲では､役相撲の力士が土俵上に登場している。これは、たとえば酒井忠正著『日本相撲史 (上)』の「天保 14 年･吹上御殿上覧相撲」(p.314) でも確認できる。『日本相撲史 (上)』には次の引用文があるが､「遊芸園随筆抄」からの引用だと記されている。[21)]

・ 酒井忠正著『日本相撲史（上)』
「(前略) 勝負相始まり五十六番にて、三役と唱ふ候相撲取ども、別段に出て力足を踏みたり、(中略) 三役のもの勝負始まる。(p.314)

この「三役と唱ふ候相撲取ども、別段に出て力足を踏みたり」は、特別に三役土俵入りし、四股を踏んだことを表現しているに違いない。しかし、土俵上でどんな並び方をしていたのかは不明である。幕内土俵入りなどの様式に沿って、役相撲の土俵入りも行われたに違いないと推測できるが、それはやはり推測にしか過ぎない。この上覧相撲でも、勝者に弓、弦､扇子が授与されている。嘉永 2 年 4 月にも上覧相撲は行われているが、それについて述べている写本では役相撲でどんな並び方をしているのか、まったくわからない。

江戸時代の上覧相撲を著している写本では、『相撲講本』にあるように、

---

21)　これは、たとえば『武技部 20　相撲下』(p.1244) でも見られる。古河三樹著『江戸時代の大相撲』(国民体力協会、昭和 17 年) の「6. 天保 14 年の上覧相撲」(pp.348-9) にも比較的詳しい引用があるが、残念なことに、「別段に出て力足を踏む」に関する箇所は削除されている。なお、日本随筆大成編集部編『日本随筆大成〈第一期〉23』(吉川弘文館、昭和 51 年) の「遊芸園随筆」(pp.201-12) には天保 14 年上覧相撲の取組なども詳しく記述されている。

御前相撲でどのような並び方をしているか、わからなかった。勧進相撲について書いてある写本にもいくつか当たってみたが、運が悪いのか、やはり並べ方を具体的に記述したものは見当たらなかった。

しかし、『相撲講本』はきっと江戸時代の写本で具体的な記述を見ているだろうし、御前相撲は寛政以前から行われていたのだから、そのような写本がどこかにあるに違いない。私は調べた写本はかぎられたものであり、他にも多くの写本があるので、きっと私が見落としているに違いない。今のところは、御前相撲の役相撲の並び方は不明であるとしておきたい。『相撲講本』に述べてあることは正しいはずだと推測しているが、断定するにはやはり写本で確認するまで待たなければならない。

江戸時代のいわゆる勧進相撲では、『相撲講本』にあるように、千秋楽には「役相撲」が行われていたに違いない。しかし、それを裏付ける文献なり絵図なりがわからない。したがって、本場所の並び方が御前相撲を模倣だと断言するのは、必ずしも正しくない。その是非を判断するには、出典を確認する必要がある。江戸末期や明治期の本場所でも、現在と同じ並び方を継続していたのかも確認する必要がある。同じ形態がずっと継続していたなら、江戸時代でも同じ形態だった可能性が高いが、別の並び方も散発的に見られたら、どこかの時点で何らかの変更があった可能性もある。どういう形態で並んでいたのか、江戸時代から明治時代に入っても、今のところ、はっきりしたことがわからない。

6.　明治以降の揃い踏み

明治時代になっても「役相撲」はあったし、揃い踏みの儀式も江戸時代からそのまま続いていたはずだ。揃い踏みは伝統だからである。明治時代の文献をいくつか取り上げてみよう。

(1)　川端要壽著『勤王横綱　陣幕久五郎』(河出書房新社、1996)

明治5年6月5日の天覧相撲で、「三役揃い踏み」があったという。

「玉龍―朝日松が終って、黒岩―熊鹿毛、真龍―松ノ音、陣幕―八陣の三役揃い踏みが告げられると、久五郎はハッと目覚めたように、(後略)」(p.203)

明治5年当時、実際に「三役揃い踏み」があったことを実証するには、この著書は問題がないわけではない。現代の相撲から遠い昔の相撲を眺めて、記述している可能性もあるからである。当時の取組表に「是より三役」という言葉が取組表で確認できれば、「役相撲」があったことは確認できる。この著書では、残念ながら、並び方に関して何も記述がない。それゆえ、どのような並び方をしたのかは、不明である。

(2)　松木平吉著『角觝秘事解』(明治17年) の「天覧の記」

明治17年3月に天覧相撲があった。その模様が『角觝秘事解』に記されている。その中に、「役相撲」があったことも記されている。

「古例に従い「是より三役」と言葉切れに拍子木三つ打ち、言上行司定めの如く進み出で、東の方や剣山、西の方や大達と呼び上ぐれば場中何となくどよめきたり。庄之助すずやかに、出掛け剣山々々、方や大達々々と名乗りを上ぐると等しくさしもどよめきし (後略)」

この記述には「これより三役」という記述があることから、「役相撲」を確認できる。しかし、どのような揃い踏みをしたのかは、不明である。[22)] 土俵踏みがあったことは、当時の新聞記事からも推測できる。

---

22)　雑誌『相撲』(昭和56年7月号) の「しつぎおうとう」(pp.218-9) の中で「明治天皇の天覧相撲のときに、三役揃い踏みをしたと伝わっていますが当時の文献には記録されていません。」と答えている。本章では記録にないが、当時の本場所では揃い踏みがあったことや賞品としての「弓、弦、矢」にも言及していることから、やはり天覧相撲でも「あった」という推測をしている。しかし、確実な記録がないので、いずれが事実に合致するかは、検討する必要がある。

(3)　『朝野新聞』(明治 17 年 2 月 24 日）の「雑報」[23)]

「此度相撲天覧あらせらるるに付き、その筋にて古式を取り調べらるる由なるが、相撲節会は久しく絶えけるより旧記等も急に纏まり兼ぬるゆえ、此度は年寄よりの願いに依り、すべて回向院勧進相撲の式を用いる事になりたりとか聞けり。」

天覧相撲は本場所と同様な形式で行いたいと願い出ている。それでは、当時、本場所では「役相撲」は行われていたのだろうか、それとも行われていなかったのだろうか。それを実証する証拠はないが、「役相撲」は行われていたはずだ。しばらくすると、それを裏付ける新聞記事がある。

天覧相撲の役相撲の取組は、取組表から次のようになっていた。

(a) 小結相撲：剣山と大達（引き分け）

(b) 関脇相撲：大鳴門と西ノ海（預かり）

(c) 大関相撲：○梅ケ谷と楯山（叩き込みで梅ケ谷）

小結相撲と関脇相撲には勝者がいなかったので、賞品の矢と弦は授与されていない。しかし、大関相撲では梅ケ谷が勝ったので、弓が授与されている。その際、木村庄之助は次のような口上を唱えている。

・ 木村庄之助の口上

「(前略）今日の角觝最手役に叶う、梅ケ谷」

木村庄之助は勝ち名乗りを上げながら、御花、弓を渡している。[24)]

---

23) 他の新聞、たとえば『朝日新聞』(明治 17 年 2 月 28 日）の「雑報」でも同じ内容の記事がある。

24) 本場所の大関相撲の勝者には「扇子」を授与しているが、この天覧相撲では「矢」を授与している。これはおそらく特別な相撲であるため、例外的に「矢」を授与したかも知れない。もともと「扇子」は「矢」の代りだという意識がずっとあった。昭和 27 年秋場所からそれまでの「扇子」に代わって「矢」に変更したのもその表れである。

天覧相撲では本場所の様式を適用したいと願い出ていながら、それでも一部では異なる様式を適用したようだ。はっきりしているだけでも、二つある。

・二つの相違点
(a) 大関相撲の勝者に唱える口上。つまり「最手役に叶う」という口上。
(b) 大関相撲の勝者へ「扇子」ではなく、「矢」を授与している。

本章では、天覧相撲でも役相撲では東西の力士がそれぞれ土俵に登場し、四股を踏んだと解釈しているが、それは本場所にも「揃い踏み」があり、勝者に弓、弦、矢が授与されていたからである。しかし、文献によってそれを確認したわけではない。明治 17 年の天覧相撲の役相撲の揃い踏みについては、松木平吉著『角觝秘事解』（明治 17 年）の他にも、詳しく記述した文献や絵図資料が他にありそうだが、今のところ、そういう資料を見たことがない[25]。

明治 42 年 6 月の国技館開館時まで、千秋楽には幕内力士は登場しなかった。そのため、役相撲では十両力士がその役割を果たしていた。このことに関し、役相撲の本来の意義と現実の役相撲の矛盾をついている記事がある。

(4)　『時事新報』(明治 24 年 12 月 23 日)の記事[26]。語句を少し変えてある。

「旧来幕の内力士は毎年両度の本場相撲に於いて九日間出勤するの例

---

25)　松木平吉著『角觝秘事解』（明治 17 年）は天覧相撲の全貌を詳細に記述しているが、部分的には他の文献でもっと詳しい記述があるかも知れない。たとえば役相撲についても『角觝秘事解』にない記述があるかも知れない。

26)　この記事は、たとえば風見明著『大相撲、国技となる』(大修館書店、2002) の「幕内力士の千秋楽出場」(p.194) にも提示されている。当時の「役相撲」についても簡潔な解説がある。

にて、十日目は二段目の力士の位置高くて勝ち越し多き者より三役を務めさせることなるが、それにては定まれる三役の名に反し相応しからざるのみならず、十日目に幕力士の顔が見えざれば、見物の数も頓に減じて第一勧進元の収入上に大関係御あれば、今度いよいよ幕力士を十日間出勤せしむることと為したるよし」

この記事には役相撲に登場する力士が幕内ではなく、十両力士（二段目の力士）となっていて、三役の名に反するのではないかと書いてある。この矛盾は、明治42年6月の国技館開館時にやっと解消した。それまで、幕内力士は千秋楽に出場しなかったのである。寛政3年4月場所から明治42年6月場所までは、けっこう長い年月である。しかし、「役相撲」の儀式だけは本来の意義は失いながらも、儀式として存続していたことになる。現在でも、常に「役相撲」という本来の意義が維持されているわけではない。にもかかわらず、儀式は伝統として生き続けている。

役相撲の移り変わりについては、さまざまな雑誌や本などにたくさん書かれている。その中から一つだけ、参考までに、示しておく。

(5)『新・古今大相撲事典』（読売新聞社、昭和60年（1985.1）

「明治42年6月、国技館開館の時から幕内力士は10日間出場するようになったが、大正末までは横綱の対戦は中入り前に作られていた。たとえば同場所梅ケ谷と常陸山の取組は中入り前で、これより三役は小結伊勢ノ浜と前頭大ノ川、大関駒ケ嶽と関脇玉椿、結びは張出大関国見大和関脇西ノ海であった。従って今日のような番付順の取組は昭和以降のことである。
当時弓と弦（関脇にかなう）と扇子（矢の代りで小結にかなう）は東西の親柱（正面よりの柱）に、交互に飾られていたが、いずれも勝ち力士に与えるものだから、引き分け、預かりで勝負のつかない場合は、弓取り式はない。」(p.103)

大正末期まで取組を前半と後半に分け、前半に横綱が登場することもあった。[27] 三役揃い踏みは最後の三組で行う相撲なので、登場力士は常に横綱、関脇、小結だけいうわけでもかかった。

(6)『読売新聞』(明治34年5月31日)の「相撲のいろいろ」

三役土俵入りについて書いてある記事がある。

「三役の丸ふくれ　一昨日回向院に於ける菅公會寄附大相撲に西ノ方三役土俵入は梅の谷、常陸山、稲川の三名なりしが、揃いも揃うて真ん丸な腹脹れに満場の観客皆腹を抱え大いに興を与えたり」

明治34年当時、「三役土俵入り」があったことは確認できる。ただし並び方については、不明である。

このように見てくると、明治時代でも揃い踏みがどのような形態で行われていたかは、必ずしも明らかではない。どのような形態だったかを知るには、やはり具体的な記述なり絵図なりが必要である。それはどこかにきっとあるはずだ。そのような資料がないかを調べたり、相撲好きにも尋ねたりしたが、今までのところ、芳しい結果は得られてない。

7.　南部相撲の揃い踏み

南部相撲の揃い踏みは、『相撲講本』と異なる。

・『相撲極伝之書』の「三関方屋入地拍子の図左ノ通」

27) 前半に役相撲の三組が行われたことはなかったと理解しているが、何らかの理由で行われたことがあったかも知れない。それを確認するには、過去の取組表を丹念に調べれば、すぐわかるはずだ。私はそのような調査をしていない。

これには、並び方に関し、次のように書かれている。[28)]

「図の如く小結、関脇、大関と方屋へ入るべし。尤も正面エノ向い候テ建てを立つべし。建てを立ち候とは小結建てに立ち申すべし。それより関脇、大関と立つべし。尤も東より出候節は、関は関脇を右の方へ立てるべし。また西より出候節は関脇を左の方で立てるべし。但し地踏みの節、左の手を上になし、右の手をしたになし、手拍子致すべし。」

東方の図も提示されているが、西方の並び方は容易に推測できる。つまり、同じ三角形に並ぶが、大関と関脇の位置が東西では入れ替わる。それを図で示そう。

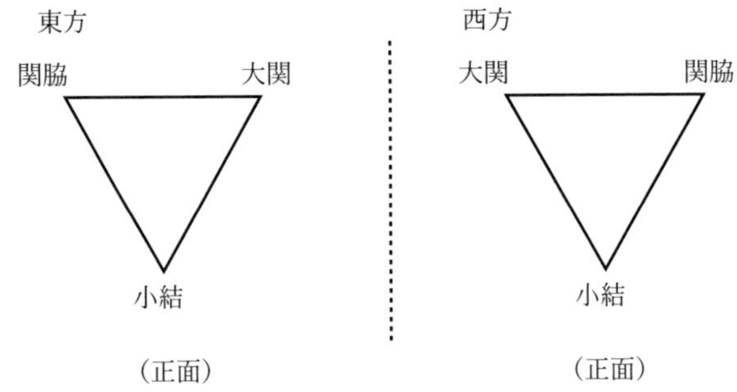

南部相撲では東西とも同じ三角形だが、東西では大関と関脇の位置が入れ替わっている。これは明らかに『相撲講本』の並び方とは異なる。

『相撲極伝之書』は江戸中後記にまとめられたと想定されているが、内容的には延宝時代と変わらないはずだ。つまり、延宝時代にはすでにこの並び方をしていたはずだ。それでは、江戸相撲と南部相撲は独自の並び方をしていたのだろうか。それともどちらか一方がもともとあって、それか

28）『野球界』（昭和 17 年 7 月号）の白圭逸人筆「南部相撲雑考」（pp.30-7）や『野球界』（昭和 17 年 7 月号）の「南部相撲襍記」（pp.39-44）なども参照。

らどちらかが変わったのだろうか。それに対する答えは、実は、ない。

本章では、『相撲講本』（昭和10年）に記述してある並び方を伝統的な並び方として採用しているので、南部相撲独自の並び方を異なる並び方としている。本章の難点は、御前相撲ではいつから現在の並び方になったかを裏付ける文献を提示できないことである。もし現在と異なる並び方を示す文献が見つかったら、いつの時点で現在の形態になったかを見直さなければならない。

寛延2年(1749)に江戸相撲の木村庄之助は吉田司家に弟子入りしたし、その頃までは各地に独立した行司の家があった[29)]。吉田司家が全国的に頭角を現したのは寛政3年の上覧相撲がきっかけである。つまり、少なくとも18世紀初期までは各地の行司の家は独自の故実を有していた可能性がある。たとえば、吉田司家と南部相撲の行司家にしても、御前相撲の揃い踏みで並び方が異なっていたとしても、何ら不思議なことではない[30)]。もともと並び方が一つで、それから分流ができたのではなく、最初から別々の形態だった可能性もあるからである。どれが歴史的に見て正しいかは、やはり検討しなければならない。

南部相撲では、勝者への賞品にも違いがある。江戸相撲では弓、弦、矢(扇子）を授与するが、南部相撲では大関相撲には弓、関脇相撲と小結相撲で

---

29)　江戸相撲の木村庄之助が吉田司家に入門する前、たとえば、三役相撲の並び方に関し、どんな故実を有していたかはわからない。入門すると、全面的に吉田司家の故実を受け入れたなら、確固とした揺るぎない故実など有してなかったのかも知れない。いずれにしても、司家が役相撲の並び方に関し、いつ頃から不動の並び方を備えるようになったかは気になるところだ。

30)　南部相撲には吉田司家と異なる故実がたくさん見られる。それは二つの行司家が独自の道を歩んだ結果である。これももともとの源流は同じだったが、ある時点から別々の道を歩んだ結果かも知れないし、源流そのものが最初から違っていた結果かも知れない。その場合、もともとに源流とは何なのかが問われることになる。昔の「節会相撲」だろうか。それとも「別物」だろうか。「別物」だと仮定すると、各行司の家の故実が内容的に類似していることを説明するのに苦労する。やはり源流は一つで、それが各行司の家によって少しずつ変化していたとするのが自然である。

はそれぞれ弦を授与している[31]。『岩井流勧進相撲之巻』ではそのように記されている。

・『岩井流勧進相撲之巻』
「小結・関脇には弓弦を勝ちたる方へ取らすなり。（中略）大関の時は弓なり。（後略）」

ところが、南部相撲でも関脇相撲では「矢」、小結相撲では「弦」を別々に授与されるとする文献がある。江戸相撲では関脇相撲には「弦」、小結相撲では「矢」だが、それが入れ替わっている。

（1）『野球界』（昭和17年7月号）の白圭逸人筆「南部相撲雑考」
「三役の勝ち力士に対しての賞についてはお大関には弓(藤無きもの)、関脇には矢、小結には弦を渡すことに変りはないが、(後略)」(p.34)

この記述に誤りはないだろうか。どの文献に基づいて記述しているのだろうか[32]。白圭逸人氏は南部相撲に関し、造詣が深い方なので、間違ったことを書いているとは思われない。この記述の出典が不明なので、疑問を呈しておきたい。もちろん、私の見落としもありうることなので、南部資料の出典にその記述を確認できたら、素直にお詫びしたい。

本章では、『岩井流勧進相撲之巻』にあるように、関脇相撲と小結相撲の勝者には共に「弦」が授与されていたという立場である[33]。その解釈は、

31）江戸相撲では弓、弦、矢を別々の勝者に授けるので、南部相撲の賞品授与には奇異な感じがする。しかし、どの賞品を誰に授与するかは、当事者が決めるものである。南部相撲の古文書には確かに「弦」を関脇・小結相撲の勝者へ授与すると書いてある。

32）私は南部相撲の写本（複写）はかなり所蔵している。岩手県立図書館で講演した際、学芸調査員の舟山晋氏と知り合いになり、随分お世話になった。平成18年頃である。昔のことだが、舟山氏には感謝している。

33）木梨雅子著『鶴の守る地に祈りは満ちて』（発行・旧盛岡藩士桑田、平成16年）

もしかすると、間違っているかも知れない。「関脇には矢、小結には弦を渡す」とする文献があるとすれば、いつからその変更があったかを検証する必要がある。南部相撲と江戸相撲では並び方は違っていても、勝者へ賞品は同じであってもいいし、違っていてもかまわない。要は、いつから南部相撲でも江戸相撲のように、3つの相撲の勝者に別々の賞品を授与するようになったかを裏付ける証拠があればよい。今のところ、本章ではその証拠を見つけることができなかった。

8.　今後の課題

本章では、役相撲の並び方に関する課題をいくつか設け、その解明を目指したが、目標を達成することができなかった。目標に近づいただけである。今後追求すべき点をいくつか課題として提示しておきたい。

(a) 現在の並び方は御前相撲の並び方を模倣しているという。それは本当だろうか。それを裏付ける文献はあるか。

(b) 江戸時代から現在まで並び方は中断なく継続してきただろうか。明治時代や大正時代でも中断はなかっただろうか。

(c) 江戸相撲と南部相撲では並び方が異なっている。最初から異なっていただろうか、それともある時点から異なっただろうか。

いずれの課題も解明するには文献を丹念に調べなければならない。長い歴史があるので何かの文献に描写されているはずだ。いつか誰かが見つけ出してくれることを期待している。

にも「小結・関脇への褒賞品は弓の弦、大関には弓と定められていた。」(p.162)とある。

第5章　紫房行司一覧

1.　本章の目的

現在、木村庄之助には総紫房が許され、式守伊之助には紫白房が許される。同じ立行司でありながら、同じ房色が許されるわけではない。これは以前から同じだったのだろうか。それとも以前と変わっているのだろうか。実は、現在のようになる前には、いくつか変遷があった。

行司の紫房には4種類の変種がある。本章の目的は、どの行司がどの紫房を許されたかを指摘し、その根拠となる出典を提示することである。行司の中には紫房が許された正確な年月が不明な者もいる。本章に書いてあることはすべて、以前の拙著や拙稿で扱っている。紫房に焦点を当て、簡潔にまとめてあるといってもよい。本章では新たに式守勘太夫（3代、14代式守伊之助）が大正11年1月に半々紫白房になったことも補足してある[1)]。

現在のように、総紫房と紫白房の2種に決まったのは昭和35年1月場所である。それ以前は、紫白房だけのこともあったし、2種だけのこともあったし、3種のこともあった。同一時期に4種類あったことはない。本章の対象となる行司は、主として、明治30年代から昭和34年11月までにいずれかの紫房を許された行司である。

同一行司は、もちろん、同時に2種類の軍配房を使用することはない。行司は一つの変種を使用するだけである。地位が上がるにしたがって、そ

1)　本書の行司の代数や襲名期間は基本的に『大相撲人物大事典』（ベースボール・マガジン社、平成13年）の「行司の代々―歴代行司名一覧」（pp.685-706）に基づいている。なお、式守伊之助や木村庄之助の紫房使用は必ずしも襲名年月と一致しない。第三席の立行司の紫房許可も本場所の前後とは限らない。本場所中に許可されることもある。紫房許可の年月を正確に指摘するとなると、かなり緻密な調査が必要である。

の種類は変わる。もちろん、地位が変わっても、元の軍配房の色が常に変わるわけではない。たとえば、9代式守伊之助はその名を襲名しても朱房のままだった。

なお、「紫房」に関しては、これまで拙著でも幾度となく言及している。本章ではその繰り返しが多いことも確かである。本章では紫房の行司を一斉に取り上げ、その変種や許可年月を出典と共に簡潔に記述してある。つまり、半々紫白房、(真) 紫白房、准紫房、総紫房のうち、いずれだったか、いつ許されたか、その出典は何かなどを具体的に提示してある。以前の拙著と重なり合うところもたくさんあるが、併せて読んでいただければ幸いである。

2.　紫房の四種

本章では、房の中に紫糸が少しでも混ざっていたら、「紫房」と呼ぶ。この紫房には、4種が確認できる。

・紫房の4種
　(a) 総紫房：紫糸のみの房。純紫房と呼んでもよい。
　(b) 准紫房：白糸がほんのわずか混ざった房。具体的には数本。
　(c) 紫白房：白糸がいくらか混ざった房。具体的には2,3割くらい。
　(d) 半々紫白房：白糸が半分くらい混ざった房。

江戸時代房は、紫糸と白糸の割合はそれほど重要でなかったかも知れない。紫房といえば、紫白房のことだからである。しかし、明治25年代になると、准紫房と紫白房の区別があり、白糸の割合が重要になっている。のちに、紫糸と白糸の割合がほぼ半々の「半々紫白房」が加わっている。この「半々紫白房」は伝統的な呼び名ではなく、たまたま拙著や拙稿でそう呼んでいるだけである。

紫糸と白糸の混ざった割合を考慮すれば、次のような分類も可能である。

(a) 紫房重視：総紫房と准紫房
(b) 紫白房：紫白房と半々紫白房

本章では、白糸が 1, 2 本混ざった房であっても「准紫房」と呼んでいる。総紫房は白糸が 1 本も混じっていない房である。「紫房」は時代的に、大体、次のように使われている。

(a) 明治 25 年までの「紫房」

・紫白房のみ：木村庄之助にも式守伊之助にも同じ「紫白房」が許されている。他の紫房、たとえば「総紫房」や「准紫房」はなかったので、単に「紫房」あるいは「紫白房」として表していた。もし江戸時代にも木村庄之助は「准紫房」、式守伊之助は「紫白房」というように、紫房に区別があったなら、別々の房色で区別しなければならない。しかし、そのような区別はなかった。[2)]

(b) 明治 43 年までの「紫房」

・准紫房：木村庄之助は准紫房だった。総紫房はなかった。当時は、この准紫房を「紫房」と表すのが普通だった。「紫白房」と区別する場合でも、「紫房」と呼んでいた。15 代木村庄之助が「准紫房」を使用した最初である。

・紫白房：式守伊之助は白糸の多い紫白房だった。その割合は不明であ

---

2)　拙著や拙稿では明治 25 年頃まで紫房といえば「紫白房」を意味していたと解釈している。つまり、木村庄之助は「紫白房」と共に「准紫」を使っていない。この判断が事実に合致しているかどうかは、検討を要するかも知れない。なぜなら最初は「紫白房」だったが、のちに「准紫房」を許されたかも知れないからである。私の調べたところ、15 代木村庄之助が最初に「准紫房」を使用している。

る。白糸の割合を強調せず、この「紫白房」も「紫房」と呼ぶこともあった。この呼び方は昭和時代まで続いている。

(c) 昭和 34 年までの「紫房」

・総紫：木村庄之助に許された房は総紫だった。准紫房は廃止されている。この「総紫房」を単に「紫房」と呼ぶこともある。その呼び名で式守伊之助の紫白房、他の「半々紫白房」と区別するのに十分である。16 代木村庄之助が「総紫房」を使用した最初である。

・紫白房：式守伊之助の軍配房である。白糸の割合が不変だったかどうかは不明である。

・半々紫白房：第三席の行司の房である。紫白房と半々紫白房は規定上「紫白房」として扱われている。そのために、紫白房と半々紫白房を区別しないのが普通である。しかし、実際の運用では、その区別があった。昭和に入ってからは、第三席の木村玉之助は半々紫白房だった。副立行司の木村庄三郎と木村正直も木村玉之助同様に半々紫白だった。明治 43 年 5 月以降、第三席の立行司は基本的に半々紫白だったはずだ[3)]。

時代によって、紫糸と白糸の割合に関係なく、紫糸が入っていればすべて、「紫房」と呼ぶこともある。時代的背景を考量すれば、その呼び方でも特に混乱することはない。時代によって、「紫色」の変種が決まっていたからである。紫色の変種を使い分けることもある。たとえば、総紫房（あるいは紫房）と紫白房の二分である。また、総紫房を「紫房」とし、紫白

3) 明治末期の第三席の木村誠道や大正時代の第三席木村朝之助が半々紫白だったことを示す確かな証拠はない。しかし、式守伊之助を襲名する前は、「半々紫白房」だったに違いない。この判断が正しいかは、もちろん、検討しなければならない。

房と半々紫白房を「紫白房」とすることもある。どの分類をするにしても、文脈を考慮すれば、誤解を招くことはない。文献を読むときも、そのような区分けがあったことを理解すれば、やはり誤解を招くことはない。

3.　明治の准紫房

江戸時代は「紫白房」だったが、明治25年頃、白糸が数本の「准紫房」が許されている。これは見た目にも純粋の「紫房」だったかも知れない。当時の紫房は従来の「紫白房」と新しく導入された「准紫房」の2種だった。二つを区別するときは、紫白房や紫房と呼ぶのが普通だった。「准紫房」という用語はほとんど見かけない。そのため、私も初めの頃は「紫房」は、「総紫房」だと勘違いしていた。少し文献を調べているうちに、実は、「紫房」には数本の白糸が混じっていたことがわかった。木村庄之助の軍配房は「総紫」ではなかったのである。

木村庄之助の軍配房に白糸が混ざっていたが、そうでない文献もある。白糸が混ざっていないとする文献は、事実を誤認しているに違いない。

(a)『読売新聞』(明治25年6月8日)の「西の海の横綱と木村庄之助の紫紐」

「(前略) 木村庄之助は代々家柄に依り軍扇に紫紐を用いるといえども(但し白二、三本打交ぜありという)、熊本興行中は司家に対し相憚り紫白打交ぜの紐を用いたりしも、この日西の海の位に伴われ横綱方屋入りを率いる行司なればとて、当日かぎり紫紐の允許あり。続いて同興行中は苦しからずとの特許ありたるため自然黙許の如くなりたるが、今回の両国大場所も同じく紫紐を用いる由、かつ西の海の横綱及び幣帛が従前の物と少し異なるは全く前記の次第により初めて名実を併せ得たるによるものなり。」

この記事によれば、それまでの「紫房」に白糸2,3本あり、それに代わって「総紫房」を用いるとある。これが真実なのか、疑念がある。江戸時代から続く「紫白房」は白糸2,3本混ざった房かどうかは不問に付すとしても[4]、横綱土俵入りの際に用いた「紫房」は総紫ではなかったはずだ。それは次に示す『相撲大観』の記述から明らかである。つまり、「紫房」は、実は、白糸が少し混ざった「准紫房」だったのである。

さらに、この木村庄之助は残りの熊本興行後も「准紫房」を使用し、両国大場所でも黙許で使用すると書いている。実際に、その後、両国の本場所で本来の「紫白房」ではなく、この特別に許された「准紫房」を使用したのかどうか、その確認ができない。いずれにしても、本場所以外であったが、この木村庄之助が「准紫房」を使用したのは確かである。これは「准紫房」を初めて許された木村庄之助である。

(b) 三木愛花（貞一）・山田春塘（伊之助）（共編）『相撲大観』（博文館、明治35年）

「（前略）紫房は先代（15代：本書注）木村庄之助が一代限り行司宗家、肥後熊本なる吉田氏よりして特免されたるものにて現今の庄之助及び瀬平もまたこれを用いるといえども、その内に一、二本の白糸を交えおれり。」（p.102）

木村庄之助と木村瀬平は同じ房色である。番付では常に、木村庄之助は首席、木村瀬平は次席として記載されている。木村庄之助は紫白房にしても、准紫にしても、木村瀬平より先んじて許されていた。当時の新聞記事を見るかぎり、瀬平自身は木村庄之助と同等に扱われていないという不満をけっこう表明している。そのような区別がいくつかあったことから、房色にも違いがあるかも知れないと思うこともあった。しかし、当時の文献

4) 江戸時代から続く「紫白房」が白糸2,3本混じったものかどうかは必ずしも確かでない。明治時代の「准紫房」に2,3本の白糸が混じっていたことを考えれば、それ以前の「紫白房」にはもっと多くの白糸が混じっていたに違いない。そうでなければ、この記事の「紫房」は白糸が混ざらない「総紫房」となる。これは、他の文献の記述と合致しないのである。

を調べても、房色の違いを示す記述は見当たらない。本章でも両者は同じ「准紫房」だったと解釈しているが、これが事実に合致するかどうかは検討してみる必要がある。そのことを指摘しておきたい。

(c)『読売新聞』(明治30年2月10日)の「式守伊之助と紫紐の帯用」
「(前略) この度、行司式守伊之助は軍扇に紫紐を帯用せんとて裏面より協会へ申し出たりしに、協会においても紫紐は木村庄之助といえども房中に二、三の白糸を撚り交ぜて帯用することなれば、たとえ伊之助が精勤の功によって許すとするも(後略)」

この記事には、明治30年当時、木村庄之助の軍配房には白糸が2,3本混じっていたことがわかる。それでも、「紫紐」(つまり紫房)と呼んでいる。記事中の式守伊之助に紫白房が許されたのは、明治30年5月である。それは、たとえば「都新聞」(明治30年9月25日)の「式守伊之助死す」で確認できる。また、次のような記述もある。

(d)吉田長孝著『原点に還れ』(熊本出版局、2010)
「江戸時代は吉田追風家門弟である木村庄之助には、軍配の総の色は緋総『深紅色』を授与していた。当時、紫総は禁色で、吉田追風家の団扇にだけ認められていた。その後、明治三十一年、十五代木村庄之助に対し二十三代追風善門が初めて紫分の団扇として紫総を授与し、それ以降今日に至っている。」(p.135)

著者の吉田長孝は、吉田司家23世追風吉田善門である。江戸相撲の行司を支配していた吉田司家の当主が書いたものなであり、そのまま信用すべきかも知れない。それにしては、所蔵してある資料を確認せず、記憶に頼って書いたのではないと疑いたくなる点がいくつかある。

(1)　江戸時代の木村庄之助の房色は真紅だっただろうか。文政11年以降、9代・12代・13代木村庄之助は紫白房を許されている。確かに、紫色は「禁色」だった時期もあるが、それがいつまでだったかは不明である。

(2)　15代木村庄之助に許された「紫房」は本当に「総紫」だっただろうか。白糸が混ざった「准紫房」だったはずだ。当時の文献によると、最高位の木村庄之助の軍配房には白糸が数本混じっている。これは真実に違いない。

(3)　「准紫房」を許された行司は確かに15代木村庄之助だが、それは31年だろうか。この木村庄之助は30年の9月25日に亡くなっている（『大阪朝日新聞』（明治30年9月26日）の「木村庄之助没す」)。

(4)　明治25年4月、同一木村庄之助が横綱西の海土俵入りで特別に「准紫房」を許されている。正式な「准紫房」は確かに、明治30年2月だが、その以前は黙許の形で許されていなかったのだろうか。これに関しては、『原点に還れ』に問題はないが、総紫が特例であっても、明治25年当時も許されていたことは確かである。この事実は無視してよいのだろうか。今後、検討してもよいのではないだろうか。

(5)　吉田司家は確かに紫紐を使用していた。寛政3年6月の上覧相撲を著した『相撲一代記』（寛政年中）によれば、その頃はすでに「紫紐」になっている[5]。行司関連の本では、当時でも「紫房」という表現は必

5)　後鳥羽院文治年中に「従五位上」の叙位になっているので、その頃から「紫紐」を使用していたかも知れない。その紫紐が純粋の総紫糸だったのか、紫糸の中に他の色が少し混じっていたのかはわからない。紫糸の使用は当時でも何らかの制限を課されていたかも知れない。文治2年中には節会相撲はなかったらしいので、この「従五位上」の叙位はそれより後のことかも知れない。いずれにしても、確かな年月は不明であっても、かなり遠い昔に授与されている。吉田司家に関してはたくさん論考があるが、その一つに『大相撲』（昭和35年2月号から10月号）の大村孝吉筆「吉田司家の研究」（1から5）がある。

ずしも「総紫」を意味しないはずだ。「従五位上」が総紫を使用する身分なら、吉田司家の「総紫」に関しては何も問題ない。「従五位上」の身分では紫糸の使用について何らかの規制があったなら、吉田司家の自称する「紫紐」は見直す必要がある。

4.　半々紫白房

第三席の木村玉之助は、規定上、第二席の式守伊之助と同じ「紫白房」である。たとえば、寄附行為施行細則の「年寄、力士及び行司」（昭和 3 年 5 月）には、行司の階級色と対応する力士の関係が述べてある。横綱格の行司は木村庄之助で、式守伊之助と木村玉之助は大関格である。

・第 25 条（表現を少し変えてある）
「（前略）紫総は横綱に、紫白房は大関に、紅白及び緋総は幕内より関脇までの力士に対等し（後略）」

式守伊之助と木村玉之助は、同じ紫白房である。昭和 14 年 5 月と昭和 25 年 10 月の「相撲規則」（ともに第 24 条）でも、大関格は紫白房となっている。

・第 24 条
「（前略）紫総は横綱に、紫白房は大関に、緋総は三役に、紅白総は幕内力士に対等し（後略）」

式守伊之助と木村玉之助の房色は同じ紫白房として規定されているが、実際には違いがあった。白糸の割合に違いがあったのである。

・藤島秀光著『力士時代の思い出』（国民体力協会、昭和 16 年）
「『紫総』は立行司であって、力士の横綱に相当する。現在は庄之助のみが許されている。庄之助は土俵上で草履をうがち、腰に小太刀を帯びている。『紫白総』は紫と白の打交ぜの紐で、やはり立行司である。力士の大関格である。伊之助がこれを用いる。現在玉之助は準立行司でやはり『紫白房』だが、紫色と白色が半々である。」(pp.86-7)

これには、木村玉之助は准立行司で、その房は「紫白」と書いてある。昭和2年以降の木村玉之助はみんな、実際は「半々紫白房」を使用したに違いない。昭和26年まで木村玉之助は4名ほどいるが、房色は全員、「半々紫白」だった。しかし、全員の房色を個別に確認したわけでないので、この判断が正しいかどうかは検討を要する。

昭和26年5月、副立行司が新設され、第三立行司の木村玉之助も副立行司に格下げされた（副立行司を新設することは1月に決まっていたが、適用されたのは5月である）。朱房の三役行司・木村庄三郎が新しく設けられた副立行司に昇格したが、房色は副立行司・木村玉之助と同じとなった。つまり、軍配房は「紫白」である。この副立行司は第三席の立行司なので、以前の准立行司に相当する。

・日本相撲協会・相撲博物館（監修）『日本近世相撲史（第三巻）』（昭和53年）
「（昭和25年：本書補足）春場所後の番付編成会議において、行司木村庄三郎が新設された副立行司に昇格、紫白房の軍配を使用することが許された。（中略）なお、立行司だった木村玉之助が副立行司に格下げされ、立行司は木村庄之助と式守伊之助の二人である。」(p.19)

昭和26年9月、副立行司だった木村庄三郎が19代式守伊之助に昇進し、同時に木村正直が副立行司に昇進した[6)]。木村玉之助は「紫白房」なので、

---

6) 木村正直は当時「格草履」だったが、朱房であった。「格草履」が一つの階級なのかどうか不明だが、軍配色の視点からすれば「三役格」である。他にも草履を履かない朱色の三役格はいたので、「格草履」は特例として草履を許された三役格ということになる。

木村庄三郎も「紫白房」である。木村玉之助の房色は厳密には「半々紫白」なので、木村庄三郎の房色も同じ「半々紫白」である。

立行司と副立行司の房色は、「相撲規則」の「審判規定―行司」（昭和 30 年 5 月）でも明記されている。

・第 19 条　行司はその階級に応じて左の如き色を使用する。

立行司		
	庄之助	総紫
	伊之助	紫白
副立行司		
	玉之助	紫白
	正直	紫白
三役		朱

木村玉之助や副立行司は「紫白房」である。しかし、厳密には両方とも「半々紫白」である。それを述べている資料がある。

・『大相撲』（昭和 31 年 9 月号）の「立行司」

「『紫房』は力士の横綱に相当し、現在は庄之助のみが許される。『紫白房』は紫と白の打ち交ぜの紐で、力士の大関格であり、伊之助がこれを用いているが、副立行司の玉之助と正直は、紫と白が半々になっているやはり一種の紫白房を使用している。」（p.28）

紫白房の白糸の割合については明確でないが、式守伊之助と副立行司の房色に違いがあったことを示唆する資料もある。

・木村庄之助・前原太郎著『行司と呼出し』

「（前略）三役格は朱色、大関格は紫と白の染め分けの軍配房を使用し、福草履、帯刀を許される。昭和 26 年以来“副立行司”の名称となり、木村玉之助、木村正直がつとめている。最高が立行司で、私と式守伊之助であるが、紫房は代々庄之助一人に限られ、伊之助は紫白房を使用している。」（p.66）

「紫と白の染め分け」でも「紫白房」に違いないが、式守伊之助の「紫白房」と使い分けている。これはおそらく、「紫白房」に白糸の割合が微妙に違うことを表しているに違いない。私はそのように捉えているが、それが正しい見方かどうかは検討を要する。いずれにしても、木村玉之助は「副立行司」に格下げされたにもかかわらず、房色は同じだと規定されている。つまり、以前と同じ「半々紫白房」であった。

木村玉之助は昭和26年5月に副立行司に格下げされたが、第三席の立行司である。したがって、第二席の式守伊之助にも昇進するし、首席の木村庄之助にも昇進できた。昭和2年1月以降昭和34年11月までには4名の木村玉之助がいるが、全員が式守伊之助や木村庄之助に昇進したわけではない。2名は木村玉之助、つまり第三席で行司人生を終えている。その2名とは、10代木村玉之助と13代木村玉之助である。もちろん、房色は半々紫白だった。

昭和以前の第三席の立行司の房色となると、その色の判断は難しい。式守伊之助の「紫白色」と同じなのか、それとも異なる「半々紫白」なのか、はっきりしないのである。明治43年5月以降、第二席の立行司・式守伊之助は「紫白房」、第三席の立行司は「半々紫白」だったと捉えている。明治43年5月以降大正末期までには、式守伊之助を正式に襲名する何場所か前に「紫白房」を許されている行司がいるが、その間、その房色はおそらく「半々紫白」だったはずだ。

明治43年5月以降は階級色が明確になり、第二席の立行司・式守伊之助は「紫白」と決まっている。第三席の準立行司も規定では「紫白房」である。同じ「紫白房」だが、運営面では白糸の割合に差があった。本書ではそのように判断しているが、それが正しい判断なのかは検討すべきかも知れない。

5.　文政以降の紫房行司

A.　木村庄之助

(1)　9 代木村庄之助(5 代庄太郎)。文政 7 年 10 月～天保 5 年 10 月。隠居・木村瀬平。

(a)『角觝詳説活金剛伝』(文政 11 年) に「団扇紫打交之紐」とある。行司免許状 (文政 8 年 3 月付) では、朱色 (紅色) である。

(b)「紫打交之紐」は紫糸と白糸の混ざった紐である。白以外の糸が混ざっていたのかどうか、検討を要する。純紫にならないように、他の色を混ぜたという解釈も成り立つからである。

(c) 江戸相撲では、この 9 代木村庄之助が紫白房を最初に許されている。それ以前の木村庄之助に紫白房を許された形跡はない。しかし、一人一人の木村庄之助の経歴が必ずしも明確でないので、そう断言してよいかは検討を要するかも知れない。

(2)　12 代木村庄之助。文政 7 年 10 月～天保 5 年 10 月。

(a) 錦絵「秀の山と剣山の取組」(三代豊国画) で木村庄之助は紫白房で描かれている[7)]。秀ノ山の横綱期間は弘化 2 年 9 月から嘉永 3 年 3 月である。

(b) 12 代庄之助が紫白房をいつ許されたのか、引退するまで紫白房だったのかは不明である。

7)　この錦絵は相撲博物館編『相撲錦絵』(徳間書店、2017、p.158) に掲載されている。

(c) 紫白房を描いた錦絵は一つしか見つかっていない。紫白房を確実にするには、写本や錦絵などの証拠が他に必要かも知れない。

(3) 13代木村庄之助（3代多司馬）。嘉永6年11月～明治9年4月。引退後、木村松翁となった。

(a) 13代庄之助は元治元年冬場所の頃に紫白房だった。錦絵や新聞記事など証拠はたくさんある。たとえば、『東京日日新聞』（明治32年5月18日）の「相撲行司の軍配や」や錦絵「御免出世鏡」（春芳画）など。

(b) 紫白房を授与された証拠はたくさんあるが、それをいつ許されたかは必ずしも明らかでない。元治元年3月場所を描いた錦絵「勧進大相撲東西関取鏡」（国貞画）には朱で描かれているので、その後かも知れない。正確な年月は不明としておく。

B. 式守伊之助

(1) 6代式守伊之助。嘉永6年11月～明治13年5月。

(a) 江戸時代、紫白房を許されたのは6代式守伊之助が初めてである。しかも臨時であった。

・『読売新聞』の「式守伊之助と紫紐の帯用」（明治30年2月10日）
「（前略）式守家が紫紐を用いたる先例は今より三代前の伊之助が特許されしより外さらになく、この時の如きも当時東に雲龍久吉という横綱ありたりしに、また西より不知火光右衛門現れ、東西横綱なりしため、東は庄之助（13代：本章注）これを引き、西は式守伊之助が引くという場合よりして、（後略）」

(b) 不知火光右衛門と雲龍久吉の両横綱がいたときだけ紫白房を使っていたのか、一人になっても使っていたのか、はっきりしない。文字通りなら、両横綱がいたときだけだが、黙許で継続して使っていたかも知れない。

6.　明治時代の准紫房

A.　木村庄之助

(1)　14 代木村庄之助(10 代庄太郎)。明治 10 年 1 月～明治 18 年 1 月(死跡)。

(a) 6 代目式守伊之助が首席。明治 14 年 1 月に首席となる。

(b)「御請書」(明治 15 年 7 月付) によると、紫白房を許されている[8]。これが事実に合致するかどうかは検討を要するかも知れない。なぜならその頃の錦絵には朱で描かれたものもあるし、紫で描かれたものもある。文字文献では、紫白房を許されたとするものは他に見たことがない。その場合は、「御請書」の信ぴょう性が問題になるかも知れない。

(2)　15 代木村庄之助(4 代庄三郎)。明治 18 年 5 月～明治 30 年 5 月。年寄・木村松翁を兼務した。

(a) 明治 19 年 5 月の錦絵「宿祢神社祭典大相撲之図」(別冊相撲秋季号、昭和 52 年 10 月、pp.132-3) では、木村庄之助は紫房で描かれている。この「紫」は「紫白房」に違いない。紫白房がいつ許された

8)　この御請書は、たとえば荒木精之著『相撲道と吉田司家』(pp.126-8) や吉田長孝著『原点に還れ』(pp.34-6) で見られる。

か、その正確な年月は不明である。

(b)『読売新聞』(明治25年6月8日)の「西の海の横綱と木村庄之助の紫紐」によると、前年(25年)5月には横綱土俵入りで「准紫房」を使用している。それが臨時的なものだったのか、その後も黙許の形で使用されていたのかは不明。

(c) 明治30年2月に「准紫房」を正式に許されている[9]。この「紫房」を「総紫房」であるかのように記述してある文献が多いが、実際は白糸が2,3本混じった「准紫房」だった。「総紫房」が正式に許されたのは、明治43年5月である。したがって、それまでには「総紫房」はなかったことになる。

・『角力新報』(第三号、明治30年3月号)の「式守伊之助の紫房」[10]
「是まで角力行司にて紫房の紐つきたる軍配を持つことを許されおりしは木村庄之助一人なりしが、今回式守伊之助も積年の勤労により紫房を使用するを許され、興行七日目よりその軍配を用いたり」(p.50)

(4) 16代木村庄之助(初代誠道)。明治31年1月~明治45年1月。

(a) 明治30年末に「紫白房」が許されている。免状にも「紫白房」と書いてある。『東京日日新聞』(明治45年1月15日)の「明治相撲史」には明治31年4月11日付の免許状の写しが掲載されている。この「紫白房」は文字通りであり、「准紫房」ではないはずだ。

(b)『読売新聞』(明治30年12月26日)の「16代目庄之助の免許」

---

9) 『読売新聞』の「回向院大相撲」(明治30年2月18日)には「式守伊之助の紫紐大帯用はついに協会の許可するところとなり昨日より用い始めたり」とある。

10) これは『萬新聞』の「式守伊之助の紫房」(明治30年2月18日)の記事である。

には次期庄之助の相続許可は記されているが、軍配房については何も記されていない。おそらく紫白房の許可は自明のことであり、何らかの申し合わせがあったかも知れない。

(c)「紫房」を請願する記事がある。

・『読売新聞』(明治31年6月1日）の「相撲だより」
「大場所中木村庄之助は軍扇に紫房、同瀬平と式守伊之助両人は紫白内交ぜ房免許（中略）を協会へ請願したるため（後略)」

これはそれまでの房色が「紫白」であることを示唆している。なぜなら4月11日付では紫白房とあるからである。さらに、瀬平と与太夫は朱房だったが、庄之助より一つ下の「紫白」を請願している[11]。庄之助の「紫房」は厳密には「准紫房」に違いない。このことは明治31年当時、庄之助と瀬平の間には、「紫房」に変種の差があったことを示している。のちには、両者とも「准紫房」になっている。

(d) 明治32年に「准紫房」が許されている。これは『報知新聞』(明治32年5月18日)の「行事(ママ)紫房の古式」で確認できる。この「准紫房」を許す際、どのような書類が吉田司家から木村庄之助へ出されたかは不明である。房の色を変えるにはなんらかの手続きが必要だったに違いないが、紫白房から准紫房に変えたとき、どのような手続きを踏んだのか、それを確認できる資料が見当たらない。

(e) 明治43年5月以降、木村庄之助の「准紫房」は「総紫房」に変わった。16代木村庄之助はこの時、従来使用していた「准紫房」を「総紫房」

11） すぐ後に触れるが、この請願はそのままの形では協会に受け入れられなかった。その証拠として、式守伊之助（もとの与太夫）は明治37年5月まで朱房のままだった。

に変えたに違いない。その変更には特別の手続きなどなかったかも知れない。規定が変わったので、それに伴い房色も変えのかも知れない。

三木貞一・山田伊之助編『相撲大観』(明治35年、pp.299-300)にあるように、16代木村庄之助は白糸が混じった「准紫房」だった。明治31年4月の免許状にあるように、その時点で「紫白房」だったなら、ある時点で「准紫房」に変えていることになる。少なくとも明治31年6月には、紫白房だったに違いない。『読売新聞』(明治31年6月1日)の「相撲だより」に「紫房」を請願しているからである。その後で「准紫房」は許されているに違いない。本章では、その時点を明治32年5月と捉えている。

しかし、これと異なる解釈があり得るかも知れない。つまり、木村庄之助は最初から「准紫房」を許されていたのであり、明治31年の6月の「紫房」の請願はその確認である。　三木貞一・山田伊之助編『相撲大観』の「准紫房」も免許状の「紫白房」と同じものである。当時は、「紫白房」を「紫房」と称することが一般的だった。最初は「紫白房」だったが、のちに「准紫房」になったとすれば、その変化を示す証拠がなければならない。が、その証拠が見当たらない。『読売新聞』(明治34年4月8日)の「木村瀬平以下行司の名誉」でも瀬平が庄之助と同じ立行司としているが、庄之助がそれ以前に「准紫房」になったという証拠はない。

このように、木村庄之助の「紫房」に関しては異なる見方があり得るが、本章では最初「紫白」、のちに「准紫房」が許されたとしている。どちらが真実だったかは、今後吟味しなければならない。

(5)　17代木村庄之助(6代庄三郎)。明治45年5月～大正10年5月。

(a)『日出国新聞』(明治37年5月19日の「櫓太鼓」)
「行司木村庄三郎は土俵草履を、式守伊之助は紫白の房をいずれも当場所より許されたり」

庄三郎は朱房で、草履を許されている。立行司になるのは、翌年である。

式守伊之助の房は「紫白」としている。

(b) 紫白房が明治 38 年 5 月に許されている。『時事新報』（明治 38 年 5 月 15 日）の「新立行司木村庄三郎」には庄三郎の独り立ち写真も掲載されている[12]。庄三郎は第三席だが、「半々紫白」ではなかったようだ。当時は、半々紫白房は存在しなかったと推測している。『都新聞』（明治 43 年年 4 月 29 日）の「庄之助の跡目」によると、庄三郎の紫白房は伊之助と同じである。

・『都新聞』（明治 43 年年 4 月 29 日）の「庄之助の跡目」
「現在、庄之助・伊之助の格式を論ずれば、団扇の下紐において差異あり。庄之助は紫、伊之助は紫白内交ぜにて庄三郎と同様なりと」

(c)『東京日日新聞』（明治 43 年 5 月 31 日）の「行司の新服制」では、木村庄三郎は「紫房」となっているが、この房は厳密には「紫白」だったに違いない。木村庄之助と式守伊之助は房色で差があったからである。

(d) 明治 43 年 5 月に初めて木村庄之助は横綱格の総紫、式守伊之助は大関格の紫白房になったが、それまでは 8 代式守伊之助と木村庄三郎の房色は同じ「紫白」だったことになる。木村庄三郎が 44 年に 5 月に番付で式守伊之助として記載されても、従来使用していた「紫白房」をそのまま使用したはずだ。というのは、9 代式守伊之助と立行司・木村庄三郎の軍配房は同じ「紫白房」だったからである。

(e) 木村庄三郎が木村家の行司から式守伊之助（10 代）を襲名した初めての行司である。『都新聞』（明治 44 年 1 月 9 日）の「伊之助の

12）『電報新聞』（明治 38 年 5 月 29 日）の三面には上草履を当場所より許されたとある。

候補者」参照。伊之助襲名期間は明治 44 年 5 月から明治 45 年 1 月である。

(f) 10 代式守伊之助（庄三郎）は 17 代木村庄之助を襲名し、総紫房となった。『東京日日新聞』(明治 45 年 1 月 9 日)の「十七代目の候補者」／『読売新聞』（明治 45 年 1 月 13 日）の「庄之助・伊之助の昇格式」を参照。

(g) 大正 10 年 5 月場所で差し違えし、その責任を取り辞職した。

・『報知新聞』（大正 10 年 5 月 19 日）の「大相撲夏場所（6 日目)」「立行司木村庄之助が五日目大錦対鞍ケ嶽の角力に見違えた責を引いて辞職した態度の立派さは人々に非常に感動を与えた（後略)」

17 代木村庄之助は場所中に（6 日目）辞職願を提出し、本場所中に受理されている。正式な辞職は場所後となっているかも知れない。

本章では、17 代木村庄之助は明治 38 年 5 月に紫白房を許され、それは式守伊之助と同じだったとしているが、まったく問題がないわけではない。第三席の立行司だからである。上位に 16 代木村庄之助と 9 代式守伊之助がいた。その 9 代式守伊之助は明治 43 年 6 月に亡くなっているが、44 年 1 月場所は番付に記載されている。木村瀬平は明治 38 年 2 月に亡くなっている。

本章では、明治 43 年 5 月以前には半々紫白房はなかったとしているが、それが事実を正しく記述しているかどうかは吟味する必要がある[13]。もしそ

13) 大正時代まで紫白房に変種があることを明確に指摘してある記述はきわめて少ない。文脈から 2 種の変種があったらしいと判断しているだけである。特に明治 43 年 5 月以前の「紫房」に関しては、准紫と紫白の区別だけで、紫白に 2 種あったかどうかさえ不明である。

れが正しく事実を正しく捉えていなければ、半々紫白房の存在も再検討する必要がある。そうなると、9代式守伊之助と木村庄三郎の紫白房にも白糸の割合に差があったかも知れない。『都新聞』（明治43年年4月29日）の「庄之助の跡目」の「紫白房」もさらに細分化する必要がある。明治43年5月以前にも「紫白房」に2種があったことが確認されると、本章で扱っている「准立行司」の紫白房は再検討しなければならない。

B.　木村瀬平

木村瀬平は一代限りの立行司である。

① 木村瀬平（6代）。明治32年～明治37年2月。

(a) 瀬平の紫白房に関し、瀬平自身は明治31年5月から使用すると語っていたという。

・『読売新聞』（明治31年4月13日）の「鳳凰の横綱と瀬平の紫紐」[14)]
「(前略) 木村瀬平も吉田家より紫紐の軍扇と免許され、これは来る5月場所2日目より用いるはずなりという」

しかし、これは実現しなかった。その辺の事情を詳しく述べた記事がある。

・『角力新報』（第8号、明治31年8月号）の「行司木村瀬平の軍配に就いて」
「五月場所の相撲勧進元なる木村瀬平の使用しおる緋総の軍配は去る十七年三月十日濵離宮に於いて天覧相撲のありし際、肥後の吉田追風より授与されしものなるが、この度鳳凰、海山の一行と共に熊本に興

14)『萬朝報』（明治31年5月24日）の「木村瀬平の紫房」も参照。

行中、さらに吉田家より紫総を授与されしに付き、五月場所よりこれを用いるよし、同人は言い触らしたるも何故か本場所二日目に至るも用いず十日目に至るもなお使用せず、体育会の寄付相撲にも用いざれば、一日協会に至り行司瀬平が紫総は許可したるやと尋ねたるに、某役員に答えて言う。なるほど大相撲会場前よりもっぱら取沙汰なるも、いまだ協会にて許したることなく、もし同人に許せば式守伊之助にも許さざる可からず。家柄より言えば、式守家ははるかに瀬平の上にあれでも、技量の点よりいえば、瀬平は伊之助にまさること数等なり。今瀬平に許して式守に許さぬわけにも行かず。式守に許さずして瀬平に許したらんには、大いに不均衡を生ずれば、目下のところ紫総を用いるは庄之助一人になるべく、当分は誰にも許可せざる都合なりとなり。」(p.58)

(b) 明治31年6月には「紫白房」を請願している。

・『読売新聞』(明治31年6月1日)の「相撲だより[15]」
「大場所中木村庄之助は軍扇に紫房、同瀬平と式守伊之助両人は紫白内交ぜ房免許(中略)を協会へ請願したるため(後略)」

瀬平は明治32年3月に紫白房が許されるまで、朱房だったことになる。

(c) 紫白房。たとえば『読売新聞』(明治32年3月16日)の「木村瀬平紫房を免許せらる」を参照。

(d) 最初は紫白房だったが、のちに「准紫房」になっている。木村瀬平は木村庄之助と式守伊之助と異なる別系統だが、一代限りの立行司となっている。

---

15) 『萬朝報』(明治31年5月24日)の「木村瀬平の紫房」も参照。結果的に、瀬平は5月場所、紫房(つまり紫白房)を使用していない。

(e) 瀬平が庄之助同様に「准紫房」だったとするのは、三木・山田著『相撲大観』に同等扱いされているし、新聞でも同等扱いである。

(f) 地位は首席・木村庄之助に次ぐ第二席である。逸話の多い行司で、当時の木村庄之助と張り合っていたような印象を受ける。[16)]

本章では、木村瀬平は明治34年4月以降、「准紫房」だとしているが、それが正しいかどうかは検討する必要があるかも知れない。三木貞一・山田伊之助編『相撲大観』（明治35年）や鎗田徳之助著『日本相撲伝』（明治35年、大黒屋畫舗、p.64）には、木村庄之助と木村瀬平は両人とも「准紫房」としている。

それから、本章では、瀬平は明治32年3月当時「紫白房」だったが、明治34年4月当時「准紫房」だったとしている。それが事実に即しているかどうかも検討を要するかも知れない。

本章とは別の見方があるかも知れない。明治34年4月の「紫房」は厳密には「紫白房」であり、それは明治32年に許された「紫白房」と変わりないものである。当時は紫白房も准紫房も区別せず、「紫房」と呼ぶことが普通だった。[17)] しかも、瀬平は庄之助と同じ立行司だったが、庄之助が首席で、瀬平は次席だった。それは房色の差として反映されていたはずだ。

本章では、瀬平の軍配房は明治34年4月以降、庄之助と同じ「准紫房」だったし、房色も最初は「紫白房」だったが、のちに「准紫房」になった

16)　木村瀬平に関する新聞記事は非常に多い。たとえば、『朝日新聞』（明治31年4月15日）の「力士の脱走と紫房」、『中央新聞』（明治31年1月19日）の「相撲だより」、『東京日日新聞』（明治34年5月26日）の「大砲と稲川」、『都新聞』（明治34年5月29日）の「相撲雑俎」など。

17)　ちなみに、『時事新聞』（昭和38年2月6日）の「故木村瀬平の経歴」では、明治34年4月には「紫白房」を許されたとなっている。他の新聞記事、たとえば『都新聞』の「木村瀬平死す」や『読売新聞』の「行司木村瀬平死す」（ともに明治38年2月6日）では、「紫房」となっている。

という立場である。一方は、明治 32 年 3 月以降、瀬平は最初から「准紫」だったとしている。どの立場が、真実に即しているのだろうか。

C. 式守伊之助

(1) 7 代式守伊之助（鬼一郎）。明治 16 年 1 月～明治 16 年 5 月。

(a) 在位期間が非常に短いことから、紫白房を使用していないはずだ。たとえ紫白房を申請していたとしても、許可されるのに手続きがかかったのかも知れない。

(b) 紫白房を使用していたか否か、不明である。それで、この行司も取り上げてある。

(c) 年寄・式守秀五郎（式秀）を兼務。

(2) 8 代式守伊之助（3 代与太夫）。明治 17 年 5 月～明治 31 年 1 月。

(a) 紫白房は明治 30 年 5 月である。それは、たとえば『都新聞』（明治 30 年 9 月 25 日）の「式守伊之助死す」で確認できる。すなわち、それまでは朱房だった。当時は、第二席であっても、紫房とは限らなかった。

(b) 明治 31 年 1 月に首席として番付に記載（死跡）。前年の 12 月に亡くなった。

(3) 9 代式守伊之助（4 代与太夫）。明治 31 年 5 月～明治 44 年 2 月。

(a) 明治 32 年 5 月に紫白房を請願した。

・『東京日日新聞』(明治32年5月15日）の「相撲行司の軍配」
「名古屋興行の折、(中略）紫房の名誉を得て本場所には今度初めてこれを用いるにつき、本日自宅にて祝宴を催す由にて（後略)」

この紫房は、実際は協会に許されず、幻となった[18)]。当時は、軍配房の色を吉田司家に行司自身が請願することもあったらしい。しかし、協会の許可が必要だったので、その協会が紫白房を許可していない。したがって、朱房のままとなった。

(b) 紫白房を許されたのは、明治37年5月である。式守伊之助が立行司でありながら朱房だった。

・『都新聞』(明治37年5月29日）の「紫白の房と上草履」
「行司式守伊之助は昨日より紫白混じり房、同木村庄三郎は土俵の上草履使用、いずれも協会より免されたり」

(c) 当時の立行司は「熨斗目麻上下」という特別の装束を着用していた。

・『読売新聞』(明治34年4月8日）の「木村瀬平以下行司の名誉」
「大相撲組熊本興行中、吉田追風は木村瀬平に対し一代限り麻上下熨斗目並びに紫房の免許を与え、式守伊之助には麻上下熨斗目赤房免許を（中略）免許したり」

(d) 毎時37年5月当時、式守伊之助は第三席だが、「紫白房」だった。17代庄之助がこの9代伊之助と同じ「紫白房」だったという記事が

18) 『読売新聞』(明治31年6月1日）の「相撲だより」にも伊之助が瀬平と共に紫白房を請願したことが書いてある。やはりその請願は却下されている。

ある。[19]『都新聞』(明治 43 年年 4 月 29 日) の「庄之助の跡目」を参照。

(e) 明治 43 年 5 月、行司装束改正時に式守伊之助の房は正式に「紫白房」と決まった。その時は、明治 37 年 5 月に許された紫白房を継続して使用したに違い。

(f) 明治 31 年 4 月から明治 37 年 5 月まで、紫白房の行司はいなかったに違いない。9 代式守伊之助は草履を履いた朱房だったし、木村庄之助 (16 代) と木村瀬平 (6 代) は共に准紫房だったからである。[20]

(4) 11 代式守伊之助 (進)。明治 45 年 5 月〜大正 3 年 1 月。

(a)『中外商業新聞』(明治 39 年 1 月に 1 日) の「行司の昇格」
「行司木村進は今般緋房と土俵草履を許され、(後略)[21]」

この記事だけを見ると、緋房と草履が同時に許されているが、実際は草履だけである。それまでは、房色は朱で、足袋を履いていた。

(b)『東京日日新聞』(明治 44 年 6 月 22 日) の「大相撲評判記」
「行司木村進は当場所より紫房を許されたり」

---

19) 明治 43 年 5 月に木村庄之助の「総紫房」と式守伊之助の「紫白房」が決まってから、第三席の「准立行司」の紫白色と式守伊之助の紫白房には白糸の割合が違うようになった。それ以前は、紫白房に 2 種の変種はなかったというのが本章の立場である。それゆえ、木村庄三郎の紫白房と式守伊之助の紫白房はまったく同じだという新聞記事もそのまま受け入れている。

20) 三木貞一・山田伊之助編『相撲大観』(明治 35 年) には木村庄之助と木村瀬平の紫房には白糸が 2,3 本混じっていたと書いてある。すなわち、両者は同じ格の立行司であった。

21) 朱房は明治 34 年 5 月に許されている。『読売新聞』(明治 34 年 5 月 22 日) の「相撲のいろいろ」を参照。小市 (のちの 12 代式守伊之助) も同時に同じ朱房を許されている。

これには「紫房」とあるが、実際は紫白房だった。厳密には、半々紫白房だった。第三席だからである。しかも、明治43年5月以降の昇格である。

(c)『東京日日新聞』(大正2年1月12日）の「伊之助の昇進」[22)]
「式守伊之助は初日まで紫房に白が交じりおりしも、二日目より真の紫房に昇進し、立派な立行司になれり」

伊之助襲名時に紫白房になった。この記事で奇妙なのは、式守伊之助を襲名する前は「紫白房」だったが、襲名後は「真の紫房」になったという。

本章では、「半々紫白房」から「紫白房」に変わったことをそのように表現していると解釈している。第三席のときに半々紫白房を許され、伊之助襲名の時に紫白房になったからである。しかも、明治43年5月以降、式守伊之助は紫白房である。式守伊之助が明治43年5月以降、総紫を許されるはずはない。これに関しては、『都新聞』(明治43年4月29日)の「庄之助の跡目」を参照。いずれにしても、大正2年1月に以前の「紫白房」から「真の紫房」になったというのは、事実を正しく記述しているのだろうか。本章では、そうではないと捉えている。

7.　大正時代の紫房行司

A.　木村庄之助

(1)　18代木村庄之助（朝之助)。大正11年1月〜大正14年5月。

(a)『読売新聞』(明治44年6月25日）の「角界雑俎」
「木村朝之助は副草履を許され（後略)」

22) 『読売新聞』(大正2年1月18日）の「相撲だより─行司の出世」も参照。これには「紫白房」となっている。

房色は朱である。三役格に昇進している。いつ紫房を許されたかは不明だが、半々紫白房に違いない。

(b)『やまと新聞』(大正3年5月31日)の「吉例土俵祭」[23]
「行司朝之助が紫の房長く垂れた軍扇を目八分に捧げて(後略)」

いつ紫房を許されたかは不明だが、大正3年にはすでにその房を使用している。上位に17代木村庄之助と木村誠道がいたので、第三席の立行司だった。明治43年5月以降に上位二人の房色は決まっていることから、第三席は半々紫白だったと判断している。

・『東京日日新聞』(大正5年1月19日)の「朝之助を斥けよ」
「小常陸対伊勢の濵の取組に際し行司朝之助の失態は紫白房を許されたる立行司にあるまじく且つ検査役等が一旦(後略)」

この記事では、はっきり「紫白房」と書いてあるが、「紫房」と書いてあるものもある。

・『福岡日日新聞』(大正5年1月18日の「相撲取直しの新記録」)[24]
「(前略)朝之助の等級一等を下すべきとか紫房を取り上げよとかの意見も出たが(後略)」

また、房色は書いてないが、「大関格」と書いてあるものもある。

・『夕刊中央新聞』(大正5年1月16日)の「大相撲二日目」
「朝之助は今は大関格の行司であり(後略)」

---

23) 『東京毎夕新聞』(大正3年5月1日)の「土俵祭」を参照。
24) 『国民新聞』(大正5年1月16日)の「失策行司の処罰」にも「紫房」とある。

当時、大関格の行司は「紫白房」だった。立行司の式守伊之助と准立行司（つまり第三席の立行司）の房色は同じ「紫白房」である。しかし、それは規定上「紫白房」であって、運営面では白糸の割合に差があったのではないだろうか。本章では、そのように捉えているので、第三席の准立行司は「半々紫白」と判断している。

式守伊之助を飛び越して木村庄之助を襲名し、総紫房となった。この房色は最高色である。『やまと新聞』（大正11年1月6日）の「行司決まる」を参照。17代木村庄之助が差し違いの責任を取って辞職し、その後を継承した。

本章では、大正3年ごろに紫白房（厳密には半々紫白房）を許されたと捉えているが、次のような記事がある。

・『夕刊やまと新聞』（大正11年1月6日の「行司決まる」）
「朝之助は（中略）26年格足袋より本足袋となり、大正7年3大行司の列に加わりて、今回庄之助を襲名す」

この「大正7年」という年月をどう解釈すればよいだろうか。「3大行司」は3名の立行司を指しているはずだ。木村朝之助が「准立行司」になったのは、大正3年ごろである。そうなると、「大正7年」には何があったのか気になる。今のところ、何を意味するのか不明だが、気になるのでその記事を示しておく。

(a) 式守与太夫筆「行司さん物語」―紫房を許される迄」（p.105）に与太夫、勘太夫、錦太夫、大藏は共に朱房で草履を履いていたと語っている。それに、勘太夫は大正15年5月の本場所で臨時に紫白房を許されている。このことは勘太夫もそれまで朱房だったことを意味している。

(b)『夕刊やまと新聞』（大正 10 年 1 月 6 日）の「行司決まる―朝之助が庄之助、与太夫が伊之助」に与太夫を紹介し、「(前略) 22 歳に格足袋となり、24 歳本足袋より昇進し、緋房草履を免んされ、行司となって土俵に起つ事 38 年間、ついに当場所より 13 代式守伊之助と襲名す。」

経歴を年齢で表しているので、昇進年月がわかりづらい。与太夫が草履を許されたのは、明治45年春場所である[25]。その時は何歳だったのだろうか。年齢は不明だが、大正 11 年 2 月までは、朱房だったことは確かだ。

(c)『都新聞』（大正 15 年 1 月 6 日）の「春場所の新番付」
「立行司十八代目木村庄之助が急に死去したので、式守伊之助（十三代：本章注）が十九代目庄之助となり、勘太夫が十五代伊之助となり、与之吉が勘太夫となった。」

この記事の行司名は混乱しそうなので、簡単に補足説明しておく。18 代木村庄之助は前名・朝之助で、北海道巡業中に急死している。13 代式守伊之助が 19 代木村庄之助を襲名した。勘太夫（3 代）が襲名したのは 14 代式守伊之助である。15 代式守伊之助を襲名したのは、与太夫（6 代、のちの 20 代木村庄之助、松翁）である。つまり、勘太夫（3 代）が 14 代式守伊之助となる。与之吉（3 代）は勘太夫（4 代）と改名し、のちに 17 代式守伊之助、21 代村庄之助となっている。この記事では、勘太夫（3 代）が 15 代伊之助を襲名しているが、それは正しくない。勘太夫（3 代）は 14 代伊之助を襲名している。この伊之助はいわゆる「位牌行司」である。

(2)　19 代木村庄之助（5 代与太夫）。大正 15 年 1 月～昭和 7 年 5 月。

この行司は 5 代式守与太夫で、13 代式守伊之助である。

---

25)『やまと新聞』（明治 45 年 1 月 12 日）の「行司の襲名」を参照。

(a) 大正10年5月場所中に半々紫白房(推定)。たとえば、『読売新聞』(大正10年5月21日)の「三杉休場〈朝之助は謹慎する〉
「鈍行司木村朝之助は今場所中国技館出入謹慎と決して、与太夫が臨時に紫房格となってその後を今場所中襲うこととなった」

臨時だったが、その後も場所中紫房格で裁いている[26]。その臨時の紫白房が半々紫白だったのか、それとも真の紫白だったのかは不明である。

(b) 大正11年1月に紫白房。13代式守伊之助を襲名。

(c) 大正15年1月、19代木村庄之助を襲名する。総紫房になった。

(3)　20代木村庄之助(6代与太夫)。昭和7年10月〜昭和15年1月。

(a) 錦太夫は大正3年1月に草履を許された。『東京毎日新聞』(大正3年1月18日)の「行司の出世」には「行司式守錦太夫、木村大蔵は八日目から土俵上草履を許された」とある[27]。房色は朱である。

(b)『報知新聞』(大正11年1月6日)の「新番付総評」
「(前略)行司の部で朝之助の昇格はともかくとして、与太夫の伊之助が従来の例を破って庄之助と肩を並べて同字で上段に置かれ、それに新紫房格の勘太夫と錦太夫と往年の名行司三太夫が頭を並べたのも嬉しい、(後略)」

勘太夫は「新紫房格」に昇進しているので、「半々紫白房」だったに違

---

26) 鳴戸政治著『大正時代の大相撲』(昭和15年、p.332)も参照。
27)『時事新報』の「行司の昇進」/『東京毎夕新聞』の「昇進行司」(ともに大正3年1月18日)も参照。

いない。第三席だからである。しかし、錦太夫も「新紫房格」に昇進しているのだろうか。文脈からは昇進しているようだが、どうもそうではないらしい。錦太夫は第四席であり、その位置では「准立行司」の扱いはしないはずだ。番付で上段に記載されていることを述べているだけで、錦太夫は依然として朱房だったに違いない[28)]。

(c) 錦太夫は大正 11 年 5 月に与太夫を襲名。『夕刊やまと新聞』(大正 11 年 5 月 6 日) の「錦太夫が与太夫を襲名」を参照。錦太夫から与太夫に改名した後でも、15 代式守伊之助を襲名するまで、紫白房(厳密には半々紫白房) を本場所では使用していない[29)]。

(d) 与太夫(前名の錦太夫) は半々紫白房を地方場所では使用していた。これは『大相撲夏場所号』(昭和 15 年 5 月) の 21 代木村庄之助筆「辛い行司の立場〈一世の名人松翁〉」で確認できる。

(e) 大正 15 年 5 月に 15 代式守伊之助を襲名しているが、前場所 (1 月) から紫白房を使用したに違いない。14 代式守伊之助が大正 14 年 12 月に亡くなり、事実上、第二席だったからである。

・『萬朝報』(大正 15 年 1 月 6 日) の「行司の襲名」
「昨秋行司庄之助が北海道巡業中死亡したので伊之助が庄之助を襲名し、勘太夫が伊之助を襲名し、すでに番付に記載しあるも同人は旧臘

28) 雑誌『夏場所相撲号』(昭和 10 年 5 月号) の 20 代木村庄之助筆「行司生活五十一年」(pp.78-9) にも半々紫白については書かれていない。

29) 与太夫は錦太夫時代から名行司として評判だったので、大正 11 年から 15 年のあいだ、どこかの時点で「紫白房」(半々紫白房) を許されていたかも知れないと思い、その証拠を文献で探したが見当たらなかった。20 代木村庄之助が半々紫白房の軍配を持っていたことは、『大相撲夏場所号』(昭和 15 年 5 月号) の 21 代木村庄之助筆「辛い行司の立場」(p.56) で確認できるが、15 代式守伊之助以前の与太夫時代にそれを許されていた形跡はない。

死去したので、与太夫が伊之助を、錦太夫が与太夫を襲名することとなった」

この与太夫は1月場所から紫白房を使用したはずだ。先代の式守伊之助は亡くなっているからである。次の式守伊之助を襲名することは1月の時点ですでに決まっていたので、紫白房を使用しても何ら支障はない。しかし、1月場所から紫白房を使用していたという決定的な証拠はない。20代木村庄之助は、伊之助を襲名したのは大正15年1月場所だったと自ら語っている[30]。

B.　式守伊之助

(1)　12代式守伊之助（2代誠道）。大正4年1月～大正10年5月。

(a)『時事新報』（明治39年1月22日）の「行司の出世」[31]
「幕行司木村進、同小市（誠道の前名：本章注）の両人は土俵上草履及び緋房を免許され、八日目よりこれを使用し（後略）」

誠道（前名の小市）はそれまで朱房だったので、草履を新しく許されている。

(b)『読売新聞』（大正2年1月18日の「行司の出世」）
「八日目より木村誠道は紫白房を許されしが（後略）」。

同じ記事の中でも、紫白とある。

30）たとえば、『夏場所相撲号』（大正10年5月号）の「行司生活五十一年」（p.79）や『野球界』（昭和14年9月号）の「松翁と一問一答」（pp.219-20）を参照。

31）木村小市は紅白許可の免許状（明治29年3月付け）を授与されている。その写しが枡岡・花坂共著『相撲講本』（昭和10年、p.657）に掲示されている。

「八日目紫白房を許され大関格に昇進した木村誠道は八日目の中入り後、九日目顔触れの土俵を勤めたり。これは従来木村庄之助が勤めていたものである」

大正２年当時、誠道は第三席なので、厳密には半々紫白房だったはずだ。式守伊之助を襲名する以前は、「准立行司」である。

(c)『読売新聞』(大正３年５月24日）の「愈々伊之助襲名」[32)]
「問題になった式守伊之助の名はいよいよ木村誠道が襲名することとなり、二十三日誠道は木村庄之助に伴われて協会へ十二代目伊之助襲名の披露に来た誠道は身体が丈夫だから怨霊も祟りきれまい」

(d)『大阪朝日新聞』(大正３年５月30日）の「東京大相撲」
「行司木村誠道は式守伊之助を襲名し、29日いずれも披露せり」

誠道は大正３年５月場所、第二席だったが、依然として木村誠道を名乗っている。５月場所の番付でも木村誠道と記載されている。その場所、木村誠道は紫白房を使用したのだろうか、それとも半々紫白房を使用したのだろうか。本章では、紫白房を使用したと推定している。理由は二つある。一つは、前・式守伊之助はすでに亡くなっていて、誠道は第二席である。二つは、協会は式守伊之助襲名にこだわらず、木村誠道の名乗りを認めている。

式守伊之助を名乗らなければ紫白房を許さないという規定があれば、木村誠道はその房を許されない[33)]。しかし、そのような規定が適用されたような形跡は見当たらない。式守伊之助を名乗らなくても第二席という立場を優先したと本章では捉えている。

---

32)『東京日日新聞』(大正４年１月６日の「友綱が再び表面」）も参照。

33) 逆に、式守伊之助を名乗っても紫白房を許されるとは限らない。

それはちょうど15代式守伊之助（6代与太夫、のちの20代木村庄之助）と場合とよく似ている。前任者の14代式守伊之助が1月場所前に亡くなり、6代与太夫が第二席になった。そのとき、房色が半々紫白から紫白房に変わったはずだ。

(e) 紫白房の免許は5月場所後である。和歌森太郎著『相撲今むかし』（河出書房新社、昭和38年、p.52）に掲載された式守伊之助襲名の免許状（大正3年10月20日付け）には「紫白」となっている。

(f) 当時、誠道は式守伊之助襲名をためらっていて[34]、正式には大正4年1月にその襲名を受け入れたが、大正3年10月にはすでに免許が出ている。大正3年5月場所までの房色が依然として半々紫白房だったのか、それともすでに第二席だったことから紫白房を使用したのか、必ずしも明白でない。先代の11代式守伊之助は本場所前の3月に亡くなっている。当時は、一般的に免許状が届いた後で房色を取り替えているので、もしかすると、半々紫白房を使用したかも知れない。いずれが事実に合致するかを判断するには、もっと他に証拠を見つける必要がある。

(g) 木村庄之助は木村庄之助に昇進できたが、襲名を早々と辞退を表明している。たとえば『東京日日新聞』（大正10年5月19日）の「国技館から（6日目）―庄之助引責が描く波紋」／『報知新聞』（大正10年5月20日）の「伊之助固辞」にもそのことが書かれている。

ところで、大正3年5月には第二席で式守伊之助を襲名する立場にあっ

---

34) 式守伊之助の襲名を固辞していることは、たとえば『報知新聞』の「伊之助固辞、庄之助は空位か」（大正10年5月20日）、『東京日日新聞』の「庄之助引責が描く波紋」や『大阪毎日新聞』の「行司伊之助も引退しよう」（ともに大正10年5月19日）などを参照。

たが、その襲名を固辞しいている。式守伊之助襲名にまつわる怨霊の祟りを恐れたためである。単なる迷信のはずだが、誠道はそのために襲名を躊躇していていている。笑い飛ばしてもよさそうなものだが、当事者たちにとっては笑いごとではなかったようだ。実際、新聞でもその辺の事情を伝えている記事がある。[35)]

(2)　14代式守伊之助（3代勘太夫）。大正15年1月（死跡）。

(a)『読売新聞』（大正2年1月14）の「行司の出世」
「式守勘太夫は四日目より土俵上草履を許され（後略）」[36)]

勘太夫は新しく上草履を許されたが、朱房だった。

(b)『中央新聞』（大正11年1月18日）の「勘太夫の出進」）
「名行司式守勘太夫は17日緋房より紫白に昇進した」[37)]

『東京日日新聞』（大正11年1月16日）の「新番付総評」では「新紫房格」となっているが、第三席の准立行司なので「半々紫白房」だったに違いない。

(c) 14代式守伊之助は大正15年1月春場所番付に記載されているが、前年の14年12月に死去している。したがって、本場所には登場していない。伊之助襲名は決まっていたし、場所直前に亡くなっているので、「紫白房」は用意してあったに違い。もちろん、本場所ではその軍配を使うことはなかった。

---

35)　その記事は、たとえば拙著『大相撲立行司の名跡と総紫房』(2018)の第4章「大正期の立行司」にいくつか提示されている。

36)『東京日日新聞』の「大相撲評判記」や『日本新聞』の「行司の出世」（ともに大正2年1月14日）も参照。

37)『国民新聞』(大正11年1月6日)の「行司の襲名」には「勘太夫が立行司に加わった」とある。

8. 昭和時代の紫房行司

昭和2年春場所、第三席の立行司（木村玉之助）が半々紫白房となり、7代与太夫は三役行司になっている。式守伊之助を襲名することなく、木村玉之助で終わった行司もいる。その場合は半々紫白房である。木村庄之助を襲名することなく、式守伊之助で終わった行司もいる。この場合は紫白房となる。

A. 木村庄之助

(1)　21代木村庄之助（4代勘太夫）。昭和15年5月～昭和26年5月。

(a) 半々紫白。木村玉之助（11代、昭和13年1月から5月）。
(b) 紫白房。式守伊之助（17代）。
(c) 総紫。木村庄之助。

(2)　22代木村庄之助。昭和26年9月～昭和34年11月。

(a) 半々紫白房。木村玉之助（12代）。
(b) 紫白房。式守伊之助（18代、昭和15年5月から26年5月。
(c) 総紫房。木村庄之助。

(3)　23代木村庄之助。昭和35年1月～昭和37年11月。

(a) 半々紫白。副立行司（昭和26年9月から昭和34年11月）。
(b) 総紫房。木村庄之助。式守伊之助を飛び越えて、木村庄之助を襲名した。

(4)　24代木村庄之助。昭和35年1月～昭和41年7月。

(a) 紫白房。20代式守伊之助。上位の立行司や三役行司が定年制で辞めたので、第二席の式守伊之助を襲名した。

(b) 副立行司が昭和34年11月で廃止になった。昭和35年1月以降、立行司は木村庄之助と式守伊之助の二人になった。現在も続く。

B. 式守伊之助

(1) 16代式守伊之助（7代与太夫）。昭和7年10月〜昭和13年5月。

(a) 大正15年5月、草履を許された。第三席なので、半々紫白房だった。ただし、その房を実証する証拠はない。昭和2年春場所では、朱房に格下げされている。もしかすると、草履も許されず、朱房だったかも知れない。

(b) 伊之助襲名時に紫白房。

(c) 木村庄之助を襲名していない。引退後は年寄・立田川。

(2) 19代式守伊之助（8代庄三郎）。昭和26年9月〜昭和34年11月。

(a) 昭和26年5月に副立行司。半々紫白房。木村玉之助と同じ房色。その房は「半々紫白」だった。木村庄三郎は一場所だけ副立行司だったが、半々紫白房を用意してあったはずだ。上位に式守伊之助がいれば、第三席の副立行司はやはり半々紫白房を使用する。翌場所に式守伊之助に昇格するかどうか不確実だし、房色は行司の階級を示すシンボルだからである。しかし、副立行司の木村庄三郎は5月の本場所で半々紫白房を使用していない。病気で全休しているからだ。全休に関しては、5月場所の取組表や行司部屋の『行司連名帖』などで確認できる[38]。木村庄三郎が半々紫白房を実際に用意してあったかどうかについては、必ずしも明確ではない。それを確認できる資料を見たことがないからである。なお、自伝『軍配六十年』（p.85）では 19 代式守伊之助襲名を 5 月としているが、それは 9 月である。また、昭和 22 年に草履を許され、副立行司になったとあるが、それは「格草履」のことである。

(b) 昭和 26 年 9 月に式守伊之助を襲名。紫白房。

(c) 昭和 34 年 11 月に停年で退職。木村庄之助を襲名していない。したがって、総紫房を使用していない。

C.　木村玉之助

(1)　木村玉之助（10 代）。大正 10 年 6 月～昭和 13 年 2 月。

(a) 紫白房。大阪相撲では総紫房だったが、昭和 2 年 1 月の合併相撲の際、紫白房に格下げされた。式守伊之助と同じ紫白房だったが、実際には房色に差があった。木村玉之助は准立行司（第三席）扱いで、紫糸と白糸が半々ずつの「半々紫白房」だった。式守伊之助は白糸がほんの少し混ざり合う程度の紫白房だった。

(b) この木村玉之助は継承される名跡で、昭和 34 年 11 月まで続いている。21 代木村庄之助（4 代勘太夫、昭和 13 年 1 月～）、22 代木村庄之助（昭和 14 年 1 月～）、前名・木村玉二郎（昭和 15 年 5 月～）が木村玉之助を名乗っている。したがって、軍配房は半々紫白房だったに違いない。

---

38)　春場所と夏場所を病気で休場したことは、たとえば、本書の第 6 章「傘型表記と横列表記」や拙著『大相撲立行司の名跡と総紫房』（2018）の第 5 章「立行司の裁く番数」（p.120）でも記されている。

(2)　木村玉之助（13代、玉二郎）

(a) 半々紫白房。木村玉之助(13代)。昭和15年5月～昭和34年11月。
(b) 昭和34年11月、定年制で退職している。式守伊之助を襲名していないので、紫白房を使用していない。

9.　今後の課題

本章では紫房に4変種を認めている。つまり、半々紫白房、紫白房、准紫房、総紫房である。しかも、次のように区分けしている。

(a) 明治43年5月以前は紫白房と准紫房の2種だった。
(b) 明治43年5月5月から昭和34年11月まで半々紫白房、紫白房、総紫房の3種だった。
(c) 昭和35年1月から現在までは紫白房と総紫房である。

このような立場からその紫房をいつ許されたかを調べてきた。紫房の変種や許可あるいは許可年月はできるだけ出典に基づくように努めたが、行司の中には出典を提示できないこともあった。出典があっても、明確な房色や年月が不明なものもあった。そのような場合には、前後の資料などから推測してあるが、それは必ずしも正しくないかも知れない。いずれにしても、このような紫房に関する研究はほとんどないので、提案をしながらも気になることがなかったわけではない。そのいくつかを今後の課題として示しておきたい。

(1)　そもそも紫房に4種を認めることは正しい見方だろうか。それからその変種を3つの時代区分にしてあるが、それは正しいだろうか。

(2)　16代木村庄之助は最初に紫白房を許され、のちに准紫房を許されたのだろうか。最初から准紫房を許されたのだろうか。

(3)　木村瀬平は16代木村庄之助と同じ准紫房を許されたのだろうか。房色に違いはなかったのだろうか。明治32年に許された紫房と明治34年に許されたとする紫房は同じだったのだろうか、それとも異なっていたのだろうか。

(4)　9代式守伊之助（4代与太夫）は明治37年5月に紫白房を許されている。6代木村庄三郎（のちの10代式守伊之助）は明治38年5月に紫白房を許されている。二人は明治43年5月まで同じ紫白房だっただろうか。それとも白糸の割合に若干の差がある紫白房だっただろうか。

(5)　11代式守伊之助（木村進）は最初に半々紫白房、のちに紫白房を許されたのだろうか。そのような段階を踏まず、最初から紫白房を許されたのだろうか。

(6)　12代式守伊之助（木村誠道）は大正3年5月場所、第二席の立行司だったが、まだ木村誠道を名乗っていた。その場所、以前の半々紫房を使っていたのだろうか。それとも紫白房を使ったのだろうか。そもそも最初は半々紫白房であり、のちに紫白房になったのだろうか。

(7)　5代式守与太夫（のちの13代式守伊之助）は大正10年5月場所、朱房だったが、場所中、臨時に紫白房を許されて登場している。その房は半々紫白房だったのだろうか、真の紫白房だったのだろうか。

(8)　3代式守勘太夫（14代式守伊之助）は大正11年1月、紫白房を許された。その房は半々紫白だったのだろうか。それとも真の紫白房だったのだろうか。

(9) 6代式守与太夫（のちの15代式守伊之助、20代木村庄之助）は大正15年1月に式守伊之助を襲名するまで、朱房だっただろうか。大正15年1月場所番付には14代式守伊之助が掲載されている（いわゆる死跡）。そういう状況だが、15代式守庄之助はどの房色を使用したのだろうか。半々紫白房だったのだろうか、それとも真の紫白房だったのだろうか。

(10) 7代式守与太夫は大正15年5月場所の番付では式守錦太夫（4代）として記載されている。4代錦太夫（のちの7代式守与太夫）は大正15年5月場所に草履を許され、半々紫白房になったとしているが、それは正しいだろうか。それとも、草履も許されず、朱房のままだったのだろうか。

(11) 昭和2年以降、第三席の立行司（つまり木村玉之助）はすべて半々紫白房だったとしているが、それは正しいだろうか。

(12) 昭和26年5月以降、副立行司は半々紫白房だったとしているが、それは正しいだろうか。

(13) 昭和26年5月、木村庄三郎は新設された副立行司になり、9月場所に19代式守伊之助を襲名している。副立行司としては5月場所だけであっても、軍配房は「半々紫白」だったとしているが、それは正しいだろうか。

第6章　傘型表記と横列表記（資料編）

1.　本章の目的[1)]

この作成資料では、昭和2年から昭和34年までの「傘型」（または山型）で記載された行司の番付を現在の「平板型」に変え、階級や序列を見やすくしてある[2)]。昭和35年1月以降は、現在と同じように、「平板型」記載になっている。それに慣れていると、以前の「山型」番付の階級や序列がわかり辛いことがある。

昭和2年以降は行司の階級と房色は一致している。房色を見れば、階級はわかるし、逆に、階級がわかれば、房の色もわかる。番付表には、階級からその房色を知ることはできない。房色は番付表には示されていないからである。階級は基本的に一つの単位とし、まとまって記載されているし、階級間には大きめの空間があるので、階級を見きわめるのは容易である。番付表には、行司の階級は文字では記されていない。しかし、行司の階級を知り、上位から階級単位で記載されることを知っていれば、階級の見分けは容易である。

実は、階級と房色が一致しても、立行司間の房色の微妙な違いは分からない。たとえば、式守伊之助と木村玉之助は、規定上、同じ「紫白房」である。だが、式守伊之助は紫糸に白糸が少し混じった「紫白房」であり、木村玉之助は紫糸と白糸が同程度に混じり合った「半々紫白」だった。昭

1)　この資料をまとめる段階は、現役の木村元基（幕内）に大変お世話になった。今回も行司部屋の『行司連名帖』を閲覧することできた。また、葛城市相撲館の小池弘悌さんと松田司さんには大正末期と昭和前半の番付表閲覧で大変お世話になった。ここに改めて、感謝の意を表しておきたい。

2)　「傘型記載」といっても、すべての階級にそうなっているわけではない。一般的に言って、下位の階級は平板型で記載されている。また、ときおり全体が平板型になっていることもある。

和26年5月に新しく「副立行司」が設定され、その房色も規定上、式守伊之助と同様に「紫白房」だった。しかし、実際には房色に微妙な違いがあった。式守伊之助は以前と変わらない「紫白房」だったが、新しく設定された副立行司としての木村玉之助は「半々紫白」だった。

この作成資料では、立行司から幕下行司まで階級を表す「房色」を示している。階級を示せば房の色を表示する必要もないが、立行司や副立行司の間で微妙な房色の違いがあることから、それにも注意を向けてほしいことから、あえて房色を示すことにした。実際、これまでの文献を見るかぎり、式守伊之助と副立行司の房色についてはその微妙な違いに注意を払うことはほとんどなかった。

番付表には行司が改名をしたとき、そのことを基本的に番付表に記載している。しかし、常に記載してあるわけではない。この作成資料では、序列を提示するとき、できるだけ改名のことも記すよう努めてあるが、記入漏れがあることは否めない。また、序列の入れ替えがあっても、その理由はほとんど述べていない。例外は、兵役や病休などのように、理由が明瞭の場合だけである。行司の入れ替えを詳しく知りたければ、拙著や他の文献などで調べることを勧める[3)]。

行司の入れ替えがあっても、その理由には基本的に触れない。序列の変更にはさまざまな要因が絡んでいるが、その要因はわかりやすいこともあるし、そうでないこともある。その要因を詳しく知りたくても、この作成資料では得られない。兵役や長期の病休による休場については、かなり詳しく記してある場合もある。その他の要因について詳しく知りたければ、やはり他の文献を自ら調べることを勧める。

昭和2年以降の番付については拙著でしばしば扱っている。参考までに、それを示す。

(1)『大相撲行司の伝統と変化』の第8章「昭和初期の番付と行司」

---

3) これに関しては、たとえば拙著『大相撲の行司と階級色』の第8章「順位の入れ替え再訪」などでも詳しく扱っている。

(2)『大相撲行司の軍配房と土俵』の第5章「草履の朱房行司と無草履の朱房行司」と第8章「大正時代の番付と房の色」
(3)『大相撲の歴史に見る秘話とその検証』の第7章「大正末期の三名の朱房行司」
(4)『大相撲の神々と昭和前半の三役行司』の第8章「昭和初期の番付と行司」
(5)『大相撲の行司と階級色』の第3章「昭和初期の行司再訪」、第4章「大相撲の三役行司再訪」と第7章「上位行司の番付再訪」

この作成資料と内容的に酷似している拙著は、(1)である[4]。大きな違いは、その著では山型記載のまま行司の房色を提示しているが、この作成資料ではそれを平板型に変え、房色も示していることである。それに、以前の拙著には行司の序列に間違った分析があったので、この作成資料ではそれを修正してある[5]。実際は、分析で間違いがわかったときは、次の拙著でそれを指摘し、修正してある。

2.　解明できない昇進年月

式守要人（のちの式守喜三郎、8代式守与太夫）が青白房から紅白房へ昇進した年月が解明されていない。『行司連名帖』の昭和5年5月場所ではすでに紅白房として記載さしてあるが、その正確な昇進年月は不明である。それ以前にすでに昇進していたのか、それともその場所で昇進したのか、それがはっきりしないのである。

（式守）要人は昭和4年春場所、喜三郎に改名している。要人は合併前、

4)　大正末期から昭和初期の行司の階級や序列については、たとえば『大相撲の行司と階級色』の大第4章「大相撲の三役行司再訪」でも詳しく扱っている。

5)　この資料でも、式守要人改め式守喜三郎がいつ紅白房に昇進したのか、はっきりしないものがある。その正確な年月を確認できる資料が見当たらないのである。これについては、すぐ後でも触れる。

幕内だったが、合併で十両に格下げされた[6]。番付表を見ても、喜三郎がいつ幕内（紅白房）に昇進したかは、はっきりしない。文字の大きさや階級間の隙間などに変化が見られないからである。この作成資料では、ひとまず昭和4年春場所に昇進したと分析してある。それは一つの推測で、他にも可能性はいくつかある。そのことについて、少し触れておきたい。

『行司連名帖』を見ると、喜三郎は一枚下の（木村）善之輔とともに、昭和5年5月場所では紅白房として記載されている。『行司連名帖』の記載では二人が同時昇進だったのか、それとも喜三郎が先だったのかがわからない。残念なことに、この『行司連名帖』は昭和5年5月場所で始まっている。それ以前のことは何一つ記載されていない。その後、喜三郎と善之輔の昇進年月に違いがないかを調べてみると、違いがある。喜三郎が善之輔より先に昇進しているのである。行司は序列順に昇進する傾向があることから、喜三郎は昭和5年5月場所以前に昇進したと推測している。もちろん、喜三郎と善之輔の昇進年月が、実際はどうだったか、わからない。推測にはそのような問題点がある。

喜三郎は昭和11年4月、与太夫（8代）に改名しているが、この与太夫について、『大相撲春場所』（昭和16年1月号）の「行司紹介」で、「大正4年5月紅白幕内昇進」したと記載している[7]。この「大正4年5月」は、おそらく、「昭和4年5月」の誤植に違いないと私は判断している。要人（喜三郎の前名）は大正3年1月に青白房、大正7年5月に紅白房に昇進していたからである。要人は大正4年5月には草履を履かない朱房行司にも昇進していない。そういうことから、この「大正4年5月」は「昭和5年5月」の誤植だと判断したわけである。それが正しい判断であれば、

---

6) 要人が十両に格下げされたことは、たとえば『夏場所相撲号』（昭和2年5月号）の「相撲界秘記」（p.122）や『大相撲』（昭和31年1月号）の23代木村庄之助談「土俵一途の55年」（(p.46)）で確認できる。

7) 「行司の紹介」ではそれぞれの行司の大正時代の房色を無視している。たとえば、喜三郎が紅白房だったこと、勘太夫が朱房だったことなどにはまったく触れていない。喜三郎は大正7年夏場所に紅白房に昇進している（『報知新聞』大正7年5月14日）。

喜三郎は改名の翌場所に紅白房へ昇進したことになる。残念ながら、「行司の紹介」では大正時代の昇進年月や房色、昭和 2 年春場所の序列などについてまったく触れていない。喜三郎本人に尋ね、昭和 4 年 5 月場所と確認したなら、間違いなくその場所に昇進したことになる。その裏付けとなる証拠がないため、昭和 4 年 5 月場所にも問題が残る。

もう一つの見方もある。つまり、喜三郎は善之輔と共に昭和 5 年 5 月場所に紅白房に昇進している。昭和 5 年 5 月場所以前には青白房だったことになる。これも確認できる資料がない。先に述べたように、『行司連名帖』では、階級が紅白房として記載されており、もとの昇進年月はまったく不明だからである。この昭和 5 年 5 月場所の問題点としては、「行司紹介」の「大正 4 年 5 月」をどう解釈するかである。私はこれを「昭和 4 年 5 月」の誤植だと判断しているが、実は「昭和 5 年 5 月」の誤植だったかも知れない。

このように、喜三郎の紅白房への昇進年月に関しては、昭和 4 年 1 月、昭和 4 年 5 月、昭和 5 年 5 月のように、少なくとも三つの可能性がある。そのうち、いずれが正しいかはわからない。確かな証拠がないのである。しかし、あえて言えば、昭和 4 年 5 月が正しいのではないだろうか。「行司紹介」の「大正 4 年 5 月」を「昭和 4 年 5 月」の誤植だと解釈したいからである。それでは、なぜこの作成資料では、昭和 4 年 1 月に昇進したとしているのか。それはその可能性を全面的に否定できないからである。資料を作成していると、房の色を表す階級をどうしても提示しなければならず、どの房色かを決定しなければならない。そういうことで、喜三郎の紅白房への正確な昇進年月は、結局、今後の研究に俟つことにしたい。

3.　行司の定員

この作成資料の中で、ほとんど触れていないことを一つ、記しておきたい。それは行司の人数である。行司の人数といっても、現在のように全体の人数や各階級の人数に関し、一定の制限数があったのかどうかである。実は、行司の人数は常に一定ではなかった。同様に、たとえば、有資格者の人数も一定ではなかった。三役格も2名のことがあったし、6名のこともあった。

行司の人数に関して、22代木村庄之助著『行司と呼出し』（ベースボール・マガジン社、32年）に次のようなことが書いてある。

・「行司の数であるが、昭和三十一年五月場所の折、行司にも定員制が敷かれ“定員五十六名”というワクが定められた。このほか現在定員以外五名がいるが、これは見習として所属の組合（概して一門：本章注）が保証して、巡業には連れて行くが、本場所には出さない。」（p.67）

昭和2年から31年まで行司の定員が決まっていたかどうかはわからない。また、階級の定員も決まっていなかったようだ。立行司を3名にしたり、三役が6名だったり、その中で特別に格草履を設けたり、副立行司を設定したり、三役が3名から6名に変動したりしているからである。横綱土俵入りを引くのに支障がないような人数を確保し、それを核に下位の人数を加減したのかも知れない。昭和2年春場所では、幕下が13名となり、その後、減少している。このような人数の変動を見ると、少なくとも十両以上には階級による人数の定員は決まっていなかったようだ。現在でも、十両以上では階級による定員は基本的に決まっているが、幕下以下は決まっていない。

ちなみに、行司の定員には次のような変遷がある[8)]。

(1)　昭和31年5月：56名。定員外として見習い[9)]。

---

8)　これは参考程度の提示であり、正確さに欠けていることを指摘しておきたい。昭和30年以前の行司の人数はある程度、相撲の雑誌等でも知ることができる。なお、人数の変遷については、拙著『大相撲行司の房色と賞罰』の第8章「行司の年譜」でも少し触れている。

9)　定員56名の中で、十両以上行司の階級の内訳が決まっていたのかどうかはわからない。明確な規定はわからないが、何らかの申し合わせがあったかも知れない。その後、有資格者の数に少し変動があるが、その正確な人数や年月を確認してい

(2)　昭和35年1月：45名。十両以上を19名。それまでは25名。立行司3名、幕内7名、十両7名。
(3)　昭和35年10月：45名。
(4)　昭和52年11月：40名。
(5)　54年9月：十両以上を20名以内から22名以内とする。
(6)　昭和55年10月：40名以内から45名以内とする。
(7)　平成5年3月：45名定員にし、5名の臨時採用枠を新たに設けた。

このように、昭和31年以降でも人数に変動があった。この行司作成は昭和2年以降34年までを扱っているので、そのあいだの動きを示すのがよいのだが、今後の研究のために課題を一つ提示することにした。[10)]

4.　行司の作成番付一覧

この作成番付では、簡潔さを考慮し、行司名の「木村」と「式守」を省略してある。正式名を知りたいときは、正式な番付表を参照することを勧める。特に昭和2年から昭和4年1月場所までの階級間の区別には問題があるかも知れない。特に紅白房と青白房の行司人数がかなり多いが、番付表では各階級間の区別が必ずしもはっきりしない。昭和5年5月の各階級の人数がはっきりしており、それから類推してそれ以前の階級は判断してある。その判断が誤っていれば、提示してある階級の区別には問題が

ない。詳しいことは文献を調べれば、わかるかも知れない。

10)　地方巡業を部屋単位や組合単位で行っていた時代には番付表に記載されない行司もいた。それは、たとえば『野球界』（昭和17年7月号）の「豆行司　木村宗市と語る」でも確認できる。当時、番付に記載された行司は44名で、内訳は立行司（3)、三役（6)、幕内（5)、十両（6)、幕下（4)、三段目（4)、序二段（6)、序ノ口（10）である。全体では66ないし67名いたという。つまり、番付に記載されていない行司が22名もいたことになる。29代木村庄之助も番付表に載らない行司が相撲部屋にいたと語っていた。昭和32年以前にさかのぼり、行司の定員や人数を調べるのであれば、時代に応じた条件なども考慮する必要がある。

あることになる。

○ 大正15年夏場所（5月）[11]

庄之助（総紫)、（与太夫改め）伊之助（紫白）｜　錦太夫（朱）｜勘太夫（朱)、鶴之助、林之助、庄三郎、誠道｜　要人（紅白)、善之輔、光之助、政治郎、勝己、作太郎、銀治郎、今朝三｜　義（青白)、真之助、（栄二郎改め）庄吾、善太郎、喜市｜　慶太郎（青・黒)、豊之助、栄吉、与之吉、武男｜　（三段）善吉

・大正時代は朱房に草履を履く三役行司と草履を履かない幕内行司がいた。

○ 昭和2年春場所（1月）[12]

庄之助（総紫)、伊之助（紫白)、玉之助（半々紫白）｜　清之助（朱)、（錦太夫改め）与太夫｜　勘太夫（紅白)、林之助、玉光、庄三郎、誠道、正直｜　要人（青白)、善之輔、光之助、政治郎、勝己、作太郎、銀次郎、今朝三、友次郎｜　義（青・黒)、真之助、庄吾、善太郎、喜市、小太郎、勝次、啓太郎[13]、金太郎、豊之助、栄吉、与之吉、武夫[14]、金吾｜　（三段）善吉

11）大正末期から昭和初期までの上位行司の地位や房色については、以前の拙著でもしばしば集中的に扱っている。

12）大阪相撲出身の行司に関心があれば、合併する直前・直後の番付表を見比べればよい。私は大阪相撲の大正14年6月場所の番付を参考にした。大正15年1月に台湾・台北で最後の本場所が行われているが、その番付は参考できなかった。

13）啓太郎の左横に階級を表すような広い空間がある。しかし、義から金吾までは幕下格である。区間には何か意味がありそうだが、今のところ、不明である。

14）行司には呼び方は同じだが、文字を頻繁に変えるものがいる。たとえば、武男や武夫、勝治や勝次や勝司、百合夫や百合男、友次郎や友治郎、哲雄や哲夫など。文字の違いによる改名にも注意しているが、少々の見落としがあるかも知れない。正確な文字にこだわるのであれば、番付表で直に確認することを勧めたい。

・この場所以降、朱房は三役行司となったが、34年11月まで草履を許されていなかった。
・作太郎は2月に死亡。

○ 昭和2年夏場所（5月）

庄之助（総紫）、伊之助（紫白）、玉之助（半々紫白）｜　清之助（朱）、与太夫、○勘太夫｜　林之助（紅白）、玉光、庄三郎、誠道、正直｜　要人（青白）、善之輔、光之助、政治郎、勝己、作太郎、銀治郎、今朝三、友治郎｜　（義改め）伊三郎（青・黒）、真之助、庄吾、善太郎、喜市、勝治、慶太郎、豊之助、栄吉、与之吉、小太郎、武夫、百合夫、金吾｜　（三段）善吉

・勘太夫が三役に昇進し、勘太夫が紅白房から朱房に昇格している[15]。
・大阪相撲出身の行司には三段目以下でも小太郎、勝次、啓太郎、磯松、倉吉、力三、滝夫、正春、小玉、宗太郎などがいる。

○ 昭和3年春場所（1月）

庄之助（総紫）、伊之助（紫白）、玉之助（半々紫白）｜　与太夫（朱）、清之助、勘太夫｜　林之助（紅白）、玉光、庄三郎、誠道、正直｜　要人（青白）、善之輔、（光之助改め）隆輝、政次郎、勝己、銀次郎、今朝三、友次郎｜　伊三郎（青・黒）、真之助、庄吾、善太郎、喜市、勝司、栄作、豊之助、栄吉、与之吉、小太郎、武夫、百合夫、金吾｜　（三段）善吉

・清之助と与太夫の順位が入れ替わる。
・与太夫が清之助の上位になっている。
・作太郎は記載なし。

15）昭和2年春場所以降、三役は草履を許されていないので、朱房にもかかわらず足袋だけである。これは昭和34年11月まで続いた。

○ 昭和３年夏場所（５月）

庄之助（総紫）、伊之助（紫白）、玉之助（半々紫白）｜　与太夫（朱）、清之助、勘太夫｜　林之助（紅白）、玉光、庄三郎、誠道、正直｜　要人（青白）、善之輔、隆輝、政治郎、（勝己改め）錦太夫、銀治郎、今朝三、友治郎、○伊三郎｜　真之助（青・黒）、庄吾、善太郎、喜市、勝治、栄作、豊之助、栄吉、与之吉、小太郎、武夫、百合夫、金吾｜　（三段）善吉

・伊三郎は昇進し青白房に昇格している。番付で大きな隙間がある。
・誠道は５月に廃業。

○ 昭和４年春場所（１月）

庄之助（総紫）、伊之助（紫白）、玉之助（半々紫白）｜　与太夫（朱）、清之助、勘太夫｜　林之助（紅白）、玉光、庄三郎、正直、○（要人改め）喜三郎[16]｜　善之輔（青白）、隆輝、政治郎、錦太夫、銀次郎、今朝三、友治郎、伊三郎｜　真之助（青・黒）、庄吾、善太郎、喜市、勝治、栄作、豊之助、栄吉、与之吉、（小太郎改め）弥三郎、武夫、百合夫、金吾｜　（三段）善吉

○ 昭和４年夏場所（５月）

庄之助（総紫）、伊之助（紫白）、玉之助（半々紫白）｜　与太夫（朱）、勘太夫、清之助｜　林之助（紅白）、玉光、庄三郎、正直、喜三郎｜　善之輔（青白）、（隆輝改め）光之助、政治郎、錦太夫、銀次郎、今朝三、友次郎、伊三郎｜　真之助（青・黒）、庄吾、善太郎、（喜市改め）哲雄、勝次、栄作、豊之助、栄吉、与之吉、弥三郎、武夫、百合夫、金吾｜　（三段）善吉

16）（要人改め）喜三郎が改名したとき、紅白房へ昇進したと推定した。その推定は、今のところ、不確実である。

・勘太夫と清之助が入れ替わる。
・勘太夫が清之助の上になっている。

○ 昭和5年春場所（1月）

庄之助（総紫）、伊之助（紫白）、玉之助（半々紫白）｜　与太夫（朱）、勘太夫、清之助｜　林之助（紅白）、（玉光改め）重政、庄三郎、正直、喜三郎｜　善之輔（青白）、光之助、政治郎、錦太夫、銀次郎、今朝三、友次郎、伊三郎｜　真之助（青・黒）、庄吾、善太郎、哲雄、勝次、栄作、豊之助、栄吉、与之吉、弥三郎、百合夫、金吾｜　（三段）善吉

・武夫は番付表に記載なし。

○ 昭和5年夏場所（5月）[17]

庄之助（総紫）、伊之助（紫白）、玉之助（半々紫白）〈3名〉｜　与太夫（朱）、勘太夫、清之助〈3名〉｜　林之助（紅白）、重政、庄三郎、正直、喜三郎、○善之輔〈6名〉｜　光之助（青白）、政次郎、錦太夫、銀次郎、今朝三、友次郎、伊三郎、○真之助〈12名〉｜　庄吾（青・黒）、善太郎、（哲雄改め）哲夫、勝次、栄作、豊之助、栄吉、与之吉、弥三郎、百合夫、金吾、○善吉｜　（三段）正

・真之助は昇進。
・銀次郎は10月3日に死亡。
・哲夫は『行司連名帖』では「哲雄」になっている。
・善吉は幕下へ昇進。

17) 昭和5年5月以降の記録が残る非公開の行司資料『行司連名帖』によると、幕下格が12名となっている。三段目は4名、序二段は5名、序ノ口は5名、見習は2名である。全体で48名。

○ 昭和6年春場所（1月）

庄之助（総紫）、伊之助（紫白）、玉之助（半々紫白）｜　与太夫（朱）、勘太夫、清之助｜　林之助（紅白）、重政、庄三郎、正直、喜三郎、善之輔｜　光之助（青白）、政治郎（青白）、錦太夫、今朝三、友治郎、伊三郎、真之助｜　庄吾（青・黒）、善太郎、哲夫、勝次、栄作、豊之助、栄吉、与之吉、弥三郎、百合夫、金吾、善吉｜　（三段）正

・光之助は3月の関西本場所京都で紅白に昇進。

○ 昭和6年夏場所（5月）：番付記載が平板型。

庄之助（総紫）、伊之助（紫白）｜　玉之助（半々紫白）、勘太夫（朱）、与太夫、清之助｜　林之助（紅白）、重政、庄三郎、正直、喜三郎、善之輔、○光之助｜　政治郎（青白）、錦太夫、今朝三、友治郎、（伊三郎改め）義、真之助｜　庄吾（青・黒）、善太郎、（哲夫改め）哲雄、勝次、栄作、豊之助、栄吉、与之吉、弥三郎、百合男、金吾、善吉、○正｜　（三段）五十松

・番付記載が平板型になっている。
・玉之助は二段目に記載。理由は不明。
・光之助は紅白へ昇進。
・正は青白へ昇進。
・庄之助と伊之助が最上段に記載された。[18]
・勘太夫が与太夫の上になっている。

○ 昭和7年春場所（1月）：番付記載が平板型。[19]

18） 玉之助は二段目に記載されている。なぜそのような記載になったのか、今のところ、不明である。

19） 行司部屋にある『行司連名帖』にはこの場所の記録はない。紛擾で開催できず、翌月（2月）に改めて番付を作成している。

庄之助（総紫）、伊之助（紫白）、玉之助（半々紫白）｜　与太夫（朱）、勘太夫、清之助、〇林之助｜　重政（紅白）、庄三郎、正直、喜三郎、善之輔、光之助、〇錦太夫｜　政治郎（青白）、今朝三、友治郎、義、真之助、〇善太郎｜　庄吾（青・黒）、哲雄、勝次、栄作、豊之助、栄吉、与之吉、弥三郎、百合男、金吾、善吉、正｜　（三段）五十松

・「行司連名帖」にはこの1月場所の記載がない。
・ 番付記載が平板型。
・ 玉之助は一段目に記載。以降、同じ。
・ 善太郎は紅白へ昇格。

〇 昭和7年春場所（2月）：番付記載が平板型

庄之助（総紫）、伊之助（紫白）、玉之助（半々紫白）｜　与太夫（朱）、勘太夫、清之助、〇林之助｜　重政（紅白）、庄三郎、正直、喜三郎、善之輔、光之助、〇錦太夫｜　政治郎（青白）、今朝三、友次郎、伊三郎、真之助、〇善太郎｜　庄吾（青・黒）、哲雄、栄作、栄吉、与之吉、百合夫、金吾、善吉、正｜　（三段）五十松

・ 政治郎、勝次、義、豊之助、弥三郎、庄吾等は脱退し、新興団へ参加している。[20]

20）東京相撲を脱退した行司には、勝次や豊之助等がいる。あとで、東京相撲に復帰した者もいるが、そうでない者もいる。たとえば、政治郎は復帰していない。昭和8年2月の関西角力協会の第一回番付を見ると、式守政治郎、式守伊三郎、木村勝次、式守豊之助、木村弥三郎、木村正義が記載されている。木村弥三郎の次に木村源治が記載されているが、東京相撲の行司が改名したのかどうか不明である。各場所の番付（昭和11年1月までの番付）を見ると、辞めたり新しく入ったりする行司もおり、それ以前の経歴が必ずしもはっきりしない。たとえば、木村幸之助、式守四郎、木村永太郎などの名前も見える。なお、関西角力協会の番付は、たとえば『角力道』（第4号、昭和11年1月号）にも掲載されている。番付では最初「審判員」として記載されていたが、のちには「行司」として記載されている。

・林之助、錦太夫、善太郎は２月場所より紅白に昇進。実質的には１月場所より昇進。
・与太夫が勘太夫の上に戻っている。
・栄吉は２月場所中に死亡。

○ 昭和７年夏場所（5月）
庄之助（総紫）、伊之助（紫白）、玉之助（半々紫白）｜　与太夫（朱）、勘太夫、清之助、林之助｜　重政（紅白）、庄三郎、正直、喜三郎、善之輔、光之助、錦太夫｜　今朝三（青白）、友治郎、真之助、善太郎、〇哲夫｜　栄吉（青・黒）、与之吉、百合夫、金吾、善吉、正｜　（三段）五十松

・庄之助は５月場所後に死亡。
・哲夫は青白へ昇進。

○ 昭和８年春場所（1月）：番付記載が平板型。
○（伊之助改め）庄之助（総紫）、〇（与太夫改め）伊之助（紫白）、玉之助（半々紫白）｜　勘太夫（朱）、清之助、林之助｜　重政（紅白）、庄三郎、正直、喜三郎、善之助、光之助、錦太夫｜　今朝三（青白）、友次郎、真之助、〇哲夫｜　与之吉（青・黒）、百合雄、金吾、善吉、正、〇五十松｜　（三段）福松

・伊之助は庄之助を襲名。
・玉之助は伊之助を襲名。
・善之「助」という記載はこの場所のみ。以降は善之「輔」。
・五十松は幕下へ昇進。

○ 昭和８年夏場所（5月）
庄之助（総紫）、伊之助（紫白）、玉之助（半々紫白）｜　勘太夫（朱）、清之助、林之助｜　重政（紅白）、庄三郎、正直、喜三郎、善之輔、

光之助、錦太夫、〇今朝三｜　友次郎（青白）、真之助、善太郎、哲雄、〇与之吉｜　百合夫（青・黒）、金吾、（式守改め）木村善吉、正、磯松｜　（三段）福松

・今朝三は1月場所後に紅白へ昇進した。[21]
・与之吉は1月場所後に青白へ昇進承認された。
・五十松の記載を磯松に変える。

〇 昭和9年春場所（1月）
庄之助（総紫）、伊之助（紫白）、玉之助（半々紫白）｜　勘太夫（朱）、清之助、林之助｜　（重政改め）玉二郎（紅白）、庄三郎、正直、喜三郎、善之輔、光之助、錦太夫、今朝三｜　友次郎（青白）、真之助、善太郎、哲雄、与之吉｜　百合夫（青・黒）、金吾、（木村改め）式守善吉、（正改め）邦雄、磯松｜　（三段）福松

〇 昭和9年夏場所（5月）[22]
庄之助（総紫）、伊之助（紫白）、玉之助（半々紫白）｜　勘太夫（朱）、清之助、林之助｜　玉二郎（紅白）、庄三郎、正直、喜三郎、善之輔、光之助、錦太夫、今朝三｜　友治郎（青白）、真之助、善太郎、哲雄、与之吉｜　百合夫（青・黒）、金吾、善吉、邦雄、磯松｜　（三段）福松

〇 昭和10年春場所（1月）
庄之助（総紫）、伊之助（紫白）、玉之助（半々紫白）｜　勘太夫（朱）、

21）中村倭夫著『信濃力士伝』（p.422）では春場所で紅白に昇進しているが、それは正しくない。

22）『行司連名帖』では、この本場所から木村庄之助を「紫房」、式守伊之助と木村玉之助を「紫白房」と二分している。つまり、これまでは式守伊之助も「紫房」として記載していた。もちろん、房色は番付表では記されていない。

清之助、林之助｜　玉二郎（紅白）、庄三郎、正直、喜三郎、善之輔、光之助、錦太夫、今朝三｜　友治郎（青白）、真之助、善太郎、哲雄、与之吉｜　百合夫（青・黒）、金吾、善吉、邦雄、磯松｜　（三段）福松

○ 昭和10年夏場所（5月）

〇庄之助（総紫）、伊之助（紫白）、玉之助（半々紫白）｜　勘太夫（朱）、清之助、林之助｜　玉二郎（紅白）、庄三郎、正直、喜三郎、善之輔、光之助、錦太夫、今朝三｜　友治郎（青白）、真之助、善太郎、哲雄、与之吉｜　百合夫（青・黒）、金吾、善吉、邦雄、磯松｜　（三段）福松

・木村庄之助は木村松翁の号を授与される。しかし、番付には「松翁」の記載なし。

○ 昭和11年春場所（1月）

松翁・庄之助（総紫）、伊之助（紫白）、玉之助（半々紫白）｜　勘太夫（朱）、清之助、（林之助改め）容堂、〇玉二郎、〇庄三郎｜正直（紅白）、喜三郎、善之輔、光之助、錦太夫、今朝三、〇友治郎｜　善太郎（青白）、真之助、哲雄、与之吉、〇百合夫｜　金吾（青・黒）、善吉、邦雄、磯松、〇福松｜　（三段）庄次郎

・番付に「松翁」の記載あり。
・林之助が容堂に改名した。
・玉二郎と庄三郎は朱房へ昇進した。[23]
・友次郎は紅白房へ昇進した。[24]

23）『大相撲』（春場所号）の「行司紹介」（p.65）では昭和10年夏場所から朱房に昇進したとあるが、番付表では翌11年1月場所となる。

24）友次郎も『大相撲』（春場所号）の「行司紹介」（p.65）では昭和10年夏場所

・百合夫は青白へ昇進した。
・磯松は廃業した。
・福松は幕下へ昇進した。病気のため休場。[25]

○ 昭和 11 年夏場所（5 月）

松翁・庄之助（総紫）、伊之助（紫白）、玉之助（半々紫白）｜　勘太夫（朱）、清之助、容堂、玉二郎、庄三郎｜　正直（紅白）、（喜三郎改め）与太夫、光之助、善之輔、今朝三、錦太夫、友治郎｜　（真之助改め）錦之助（青白）、善太郎、哲雄、与之吉、百合夫｜　金吾（青・黒）、善吉、邦雄、福松｜　（三段）庄次郎

・喜三郎が与太夫に改名した。[26]
・真之助が錦之助に改名した。
・錦之助が善太郎の上になった。

○ 昭和 12 年春場所（1 月）

松翁・庄之助（総紫）、伊之助（紫白）、玉之助（半々紫白）｜　勘太夫（朱）、清之助、容堂、玉二郎、庄三郎｜　正直（紅白）、与太夫、善之輔、光之助、錦太夫、今朝三、友治郎｜　錦之助（青白）、善太郎、哲雄、与之吉、百合男｜　金吾（青・黒）、善吉、邦雄、福松｜　（三段）庄治郎

○ 昭和 12 年夏場所（5 月）

松翁・庄之助（総紫）、伊之助（紫白）、玉之助（半々紫白）｜　勘太夫（朱）、清之助、容堂、玉二郎、庄三郎、○正直｜　与太夫（紅白）、

から紅白房に昇進したとあるが、番付表では翌 11 年 1 月場所となる。

25）病気や兵役などで休場した場合、煩わしくなるので、それをあえて記していない。行司部屋に所蔵してある『行司連名帖』には詳しく記載されている。

26）番付表では与太夫・正直の順に見えるが、実際は正直・与太夫の順である。

善之輔、光之助、錦太夫、今朝三、友治郎、○錦之助｜　善太郎（青白)、哲雄、与之吉、百合夫｜　(金吾改め）玉光（青・黒)、善吉、邦雄、福松、庄治郎｜　(三段）良雄

・玉之助は5月場所後に引退。年寄岩友を襲名する。
・正直は朱房へ昇進した。
・錦之助は紅白房へ昇進した。
・金吾は玉光に改名した。
・福松は5月場所後に病死。

○ 昭和13年春場所（1月）
松翁・庄之助（総紫)、伊之助（紫白)、○（勘太夫改め）玉之助（半々紫白)｜　清之助（朱)、容堂、玉二郎、庄三郎、正直｜　与太夫（紅白)、善之輔、光之助、錦太夫、今朝三、友治郎、○錦之助｜　善太郎（青白)、哲雄、(与之吉改め）勘太夫、百合男、○玉光｜善吉（青・黒)、(木村邦雄改め）式守与之吉、庄次郎、(伊三郎)、良雄｜　(三段)（統治郎改め）滝夫

・式守勘太夫が立行司・木村玉之助（半々紫白）を襲名した。
・滝夫は12年1月に藤治郎に改名している。
・玉光は青白房へ昇進した。
・番付表にないが、伊三郎は昭和13年1月場所より新興力士団から帰参し、この位置に降下した。

○ 昭和13年夏場所（5月）
松翁・庄之助（総紫)、伊之助（紫白)、玉之助（半々紫白)｜　清之助（朱)、容堂、玉二郎、庄三郎、正直｜　与太夫（紅白)、善之輔、光之助、錦太夫、今朝三、友治郎、錦之助｜　善太郎（青白)、哲雄、勘太夫、百合男、玉光｜　善吉（青・黒)、与之吉、庄次郎、伊三郎、良雄｜　(三段）滝夫

・伊三郎は番付に幕下として記載される。
・玉之助は 5 月に引退し、年寄・立田川となる。
・光之助は 5 月に引退し、年寄・湊となる。
・哲雄は 10 月 15 日に病死。
・百合男は 5 月 8 日に病死。
・錦太夫は 7 月に死去。

○ 昭和 14 年春場所（1 月）[27)]

松翁･庄之助（総紫）、○（玉之助改め）伊之助（紫白）、○（容堂改め）玉之助（半々紫白）｜　清之助（朱）、玉二郎、庄三郎、正直、○与太夫｜　善之輔（紅白）、今朝三、友次郎、錦之助、○善太郎｜　勘太夫（青白）、玉光、○善吉、○与之吉、○庄次郎、○伊三郎｜　良雄（青・黒）、○滝夫、○政夫、○京二郎｜　（三段）秀雄

・（玉之助改め）伊之助（紫白）に昇進。
・（容堂改め）玉之助（半々紫白）は清之助の上に昇進[28)]。
・与太夫は朱房へ昇進。
・善太郎は紅白房へ昇進。
・善吉、与之吉、庄次郎、伊三郎の 4 名は青白房へ昇進。
・滝夫、政夫、京二郎の 3 名は幕下へ昇進。

---

27)　この場所の番付は『夏場所相撲号』（昭和 14 年 5 月号）の「最新行司人別調一覧表」（pp.193-5）でも見られる。しかし、幕内行司は階級別に区分けされていない。十両以下行司はそれぞれの階級が記載されている。

28)　清之助は立行司への昇進を辞退していたようだ。そのことは、たとえば『大相撲』（昭和 18 年 1 月号）の「22 代庄之助一代記（12）」（p.148）や『相撲と野球』（1979 年 9 月号）の「故木村清之助のことなど」（p.44）にも書いてある。『読売新聞』（昭和 17 年 12 月 3 日）の「故行司木村清之助」には自ら立行司になるのを辞退し、緋房行司（三役格）として後進の指導に当たっていたという旨のことが書いてある。

○ 昭和 14 年夏場所（5 月）[29]

松翁・庄之助（総紫）、伊之助（紫白）、玉之助（半々紫白）｜ 清之助（朱）、玉二郎、庄三郎、正直、与太夫｜ 善之輔（紅白）、今朝三、友治郎、錦之助、善太郎｜ 勘太夫（青白）、玉光、善吉、与之吉、庄治郎、伊三郎｜ 良雄（青・黒）、滝夫、政夫、京二郎｜ （三段）秀雄

・京二郎は昭和 14 年 3 月 21 日入営。16 年 5 月まで続く。

○ 昭和 15 年春場所

松翁・庄之助（総紫）、伊之助（紫白）、玉之助（半々紫白）｜ 清之助（朱）、玉二郎、庄三郎、正直、与太夫｜ 善之輔（紅白）、今朝三、友治郎、錦之助、善太郎｜ 勘太夫（青白）、玉光、善吉、与之吉、庄治郎、伊三郎｜ 良雄（青・黒）、滝夫、政夫、京二郎｜ （三段）秀雄

・松翁は 3 月 9 日に死去。
・京二郎は入営。

○ 昭和 15 年夏場所（5 月）[30]

○（伊之助改め）庄之助（総紫）、○（玉之助改め）伊之助（紫白）、○（玉二郎改め）玉之助（半々紫白）｜ 清之助（朱）、庄三郎、正直、与太夫、

---

29) 昭和 14 年夏場所から昭和 20 年秋場所までは、力士同様に、行司も多く兵役に服している。この兵役に関しては、『行司連名帖』の記載を大いに参考にしたことを記しておきたい。

30) 『大相撲』（昭和 15 年 6 月号）の「お相撲行司さん早わかり」（pp.117-9）にも 15 年 5 月場所の十両以上の序列を見ることができるが、しかし、清之助と玉之助の順序が正しくない。松翁が亡くなったことを書いてあるので、その順序の違いは何かのミスである。先場所の順序であれば、清之助と玉二郎の順序で正しいが、この雑誌記述では伊之助と玉之助の昇進は済んでいる。つまり、玉二郎は清之助を飛び越えて玉之助になっている。

○善之輔｜　今朝三（紅白）、友治郎、錦之助、善太郎、○勘太夫[31]｜　玉光（青白）、善吉、与之吉、庄治郎、伊三郎、○良夫｜　滝夫（青・黒）、政夫、京二郎、○秀夫｜　（三段）正市

・上位 3 名が庄之助、伊之助、玉之助に昇進。
・伊之助が庄之助に昇格した。
・玉之助が伊之助に昇格した。
・玉二郎が清之助を飛び越えて玉之助に昇格した。
・善之輔が朱房へ昇格。
・勘太夫は幕内へ昇進。
・良雄は青白房へ昇進。
・秀雄は幕下へ昇進。
・京二郎は入営。

○ 昭和 16 年春場所（1 月）
庄之助（総紫）、伊之助（紫白）、玉之助（半々紫白）｜　清之助（朱）、庄三郎、正直、与太夫、善之輔｜　今朝三（紅白）、友治郎、錦之助、善太郎、勘太夫｜　玉光（青白）、善吉、与之吉、（庄二郎改め）錦太夫、伊三郎、良雄｜　滝夫（青・黒）、政夫、京二郎、秀雄、○正市｜　（三段）福司

・秀夫は昭和 15 年 11 月に入営。
・京二郎は出征中。
・正市は幕下へ昇進。16 年 2 月に入営する。

○ 昭和 16 年夏場所（5 月）
庄之助（総紫）、伊之助（紫白）、玉之助（半々紫白）｜　清之助（朱）、

31)　勘太夫は『大相撲』（春場所号）の「行司紹介」（p.65）では去る春場所から朱房に昇進したとあるが、番付表ではこの夏場所からである。

庄三郎、正直、与太夫、善之輔｜　今朝三（紅白）、友治郎、錦之助、善太郎、勘太夫、○玉光｜　善吉（青白）、与之吉、錦太夫、伊三郎、良雄、○滝夫｜　政夫（青・黒）、京二郎、秀夫、正市、○福司、○正義｜　（三段）庄次

・玉光は紅白へ昇進。
・良雄は殉職した（16 年 11 月）が、17 年月 5 まで番付に記載あり[32]。
・滝夫の青白房へ昇進[33]。
・秀夫と正市は入営。番付表には「入」の記載あり。
・福司と正義は幕下へ昇進。

○ 昭和 17 年春場所（1 月）

庄之助（総紫）、伊之助（紫白）、玉之助（半々紫白）｜　清之助（朱）、庄三郎、正直、与太夫、善之輔、○今朝三｜　友治郎（紅白）、錦之助、善太郎、勘太夫、玉光｜　善吉（青白）、与之吉、錦太夫、伊三郎、良雄、滝夫｜　政夫（青・黒）、京二郎、秀雄、正市、福司、正義、○庄次、○利夫｜　（三段）重清

・京二郎、秀雄、正市、福司は入営[34]。番付表には「入」の記載なし。
・正義は 17 年 1 月から 21 年 11 まで応召。
・政夫は廃業。

32）『相撲と野球』（昭和 18 年 1 月号）の「故木村清之助のことなど」（p.44）。中国での興行巡業の先乗りとして赴いている途中、揚子江河口で汽船衝突事故に遭い、死去している。

33）竹森章著『京都・滋賀の相撲』（p.22）にもそのように記載されている。

34）幕下格で入営したり応召したりした行司の中には何年か続けて兵役に従事していたものも何人かいる。たとえば、正市、福司、正義、庄次、昭夫、錦太夫等。これらの行司は番付表に記載されていないことがある。番付表だけでは誰が兵役に従事していたのか、どんな種類の兵役だったのかなどわからない。詳しいことは番付以外の資料で見つけなければならない。

○ 昭和 17 年夏場所（5 月）[35)]

庄之助（総紫）、伊之助（紫白）、玉之助（半々紫白）｜　清之助（朱）、庄三郎、正直、与太夫、善之輔、今朝三｜　友治郎（紅白）、錦之助、善太郎、勘太夫、玉光｜　善吉（青白）、与之吉、錦太夫、伊三郎、良雄、滝夫｜　京二郎（青・黒）、正義、庄次、利夫｜　（三段）重清

・清之助死去（17 年 12 月 1 日）。
・良雄は昭和 17 年 11 月 11 日に死去。上海慰問船事故。
・京二郎は除隊（4 月 20 日）。復帰する。
・秀雄、正市、福司は入営。番付表には記載なし。
・正義は応召。

○ 昭和 18 年春場所（1 月）[36)]

庄之助（総紫）、伊之助（紫白）、玉之助（半々紫白）｜　庄三郎（朱）、正直、与太夫、善之輔、今朝三｜　友治郎（紅白）、錦之助、善太郎、勘太夫、玉光｜　善吉（青白）、与之吉、錦太夫、伊三郎、滝夫、○京二郎｜　庄次（青・黒）、利夫、○重清、○昭夫｜　（三段）宗吉

・京二郎は青白房へ昇進。
・秀雄は負傷帰還する。
・正義は応召。
・番付表にないが、正市と福司が十両に昇進している。

35）『野球界』（昭和 17 年 7 月号）の「豆行司　木村宗市と語る」（pp.44-5）でも階級や序列を確認できる。

36）　この場所の行司の階級は『夏場所相撲号』（昭和 18 年 4 月号）の「行司と行司の部屋別」（p.59）にも見られる。しかし、階級や所属部屋はわかるが、行司間の序列は記されていない。各階級の人数と全体数も記されている。

○ 昭和 18 年夏場所（5 月）

庄之助（総紫）、伊之助（紫白）、玉之助（半々紫白）｜　庄三郎（朱）、正直、与太夫、善之輔、今朝三｜　友治郎（紅白）、錦之助、善太郎、勘太夫、玉光｜　善吉（青白）、与之吉、錦太夫、伊三郎、滝夫、京二郎｜　庄次（青・黒）、利夫、重清、昭夫｜　（三段）宗吉

・番付表にないが、秀雄、正市、正義、福司が十両に昇進している。

○ 昭和 19 年春場所（1 月）

庄之助（総紫）、伊之助（紫白）、玉之助（半々紫白）｜　庄三郎（朱）、正直、与太夫、善之輔、今朝三｜　友治郎（紅白）、○伊三郎、錦之助、善太郎、勘太夫、玉光｜　善吉（青白）、与之吉、錦太夫、滝夫｜　庄次（青・黒）、重清、昭夫｜　（三段）宗吉

・伊三郎を紅白房へ戻し、位置を定める[37]。軍人会の功により、この位置に抜擢されている。
・勘太夫は出征。
・京二郎は出征。番付表に記載なし。
・利夫は入営。戦死（4 月 26 日）。

○ 昭和 19 年夏場所（5 月）

庄之助（総紫）、伊之助（紫白）、玉之助（半々紫白）｜　庄三郎（朱）、正直、与太夫、善之輔、今朝三｜　友治郎（紅白）、伊三郎、錦之助、善太郎、勘太夫、玉光｜　善吉（青白）、与之吉、滝夫、京二郎、○秀雄｜　庄次（青・黒）、重清、昭夫｜　（三段）宗吉

37）この昇進については、元に位置に戻しただけで、特進ではないと、22 代木村庄之助は『大相撲』（1958 年 2 月号）の「座談会　勝負のかげに〈行司の昇進スピード〉」（pp.82-7）で語っている。

・京二郎は番付に記載。5月場所かぎりで廃業。
・錦太夫は応召。
・正義は応召。
・秀雄は青白房へ昇進。
・正市と福司は入営。

○ 昭和19年秋場所（11月）

庄之助（総紫）、伊之助（紫白）、玉之助（半々紫白）｜　庄三郎（朱）、正直、与太夫、善之輔、今朝三｜　友治郎（紅白）、伊三郎、錦之助、善太郎、勘太夫、玉光｜　善吉（青白）、与之吉、滝夫、（秀雄改め）秀廣｜　庄次（青・黒）、重清、昭夫｜　（三段）宗吉

・錦太夫は応召。
・正市と福司は入営。
・正義は応召。
・庄司は応召。
・昭夫は入営（昭和20年2月1日）。
・宗吉は徴用。

○ 昭和20年夏場所（5月）

庄之助（総紫）、伊之助（紫白）、玉之助（半々紫白）｜　庄三郎（朱）、正直、与太夫、善之輔、今朝三｜　友治郎（紅白）、伊三郎、錦之助、善太郎、勘太夫、玉光｜　善吉（青白）、与之吉、滝夫、秀廣｜　庄次（青・黒）、重清、昭夫｜　（三段）宗吉

・錦太夫は応召。
・正市は入営。
・京二郎は廃業。
・正市は入営。
・福司は入営。

・正義は応召。
・庄次は応召。
・昭夫は入営。
・宗吉は入営。

○ 昭和 20 年秋場所（11 月）

庄之助（総紫）、伊之助（紫白）、玉之助（半々紫白）｜　庄三郎（朱）、正直、与太夫、善之輔、今朝三｜　友治郎（紅白）、伊三郎、錦之助、善太郎、勘太夫、玉光｜　善吉（青白）、与之吉、滝夫、秀廣｜　庄次（青・黒）、重清、昭夫｜　（三段）宗吉

・玉光は 6 日目より休場。
・正市は戦死。
・福司は入営。
・正義は応召。
・錦太夫は応召。

○ 昭和 21 年秋場所（11 月）

庄之助（総紫）、伊之助（紫白）、玉之助（半々紫白）｜　庄三郎（朱）、正直、与太夫、善之輔、今朝三｜　友治郎（紅白）、伊三郎、錦之助、善太郎、勘太夫、玉光｜　善吉（青白）、与之吉、滝夫、秀廣｜　庄次（青・黒）、（重清改め）義美、（昭夫改め）利行｜　（三段）宗吉

・友治郎は場所後に三役昇進。病気。12 月 31 日に死去。

○ 昭和 22 年夏場所（6 月）

庄之助（総紫）、伊之助（紫白）、玉之助（半々紫白）｜　庄三郎（朱）、正直、与太夫、（善之輔改め）庄太郎、今朝三、○伊三郎｜　錦之助（紅白）、善太郎、勘太夫、玉光｜　善吉（青白）、与之吉、滝夫、秀廣、○正義｜　庄次（青・黒）、（木村清美改め）式守真之助、利行、○宗

吉、○筆助｜　（三段）玉夫

・庄三郎と正直は5月27日、三役のまま「格草履」に昇進。[38]
・伊三郎は朱房へ昇進。
・正義は青白へ昇進。
・宗吉と筆助は幕下へ昇進。

○ 昭和22年秋場所（11月）

庄之助（総紫）、伊之助（紫白）、玉之助（半々紫白）｜　庄三郎（朱）、正直、与太夫、庄太郎、今朝三、伊三郎｜　錦之助（紅白）、善太郎、勘太夫、玉光、○与之吉、○善吉｜　滝夫（青白）、秀廣、正義、○（庄次改め）朝之助｜　真之助（青・黒）、利行、（宗吉改め）玉治郎、筆助、○玉夫、○政臣｜　（三段）貢市

・与之吉と善吉は紅白房へ昇進。
・（庄次改め）朝之助は青白房へ昇進。
・玉夫と政臣は幕下へ昇進。政臣は21年11月に政吉から改名している。

○ 昭和23年夏場所（5月）

庄之助（総紫）、伊之助（紫白）、玉之助（半々紫白）｜　庄三郎（朱）、正直、与太夫、庄太郎、今朝三、伊三郎｜　（錦之助改め）錦太夫（紅白）、善太郎、勘太夫、玉光、与之吉、善吉｜　滝夫（青白）、（秀廣改め）錦之助、正義、朝之助｜　真之助（青・黒）、利行、玉治郎、（筆

38)　二人には特別に草履を許されたが、階級は三役で、房色は朱房のままである。番付表では立行司と三役のあいだに記載されている。この格草履に関しては、『大相撲』（昭和38年1月号）の23代木村庄之助筆「土俵一途の55年」（pp.45-7）にも語っている。三役格に昇進してから長いので、草履を履くのを許したという。格草履は草履を履かない三役格より格上だが、実は大正末期まで朱房には草履を履く三役格とそうでない紅白房行司がいた。しかし、昭和2年春場所以降は、朱房はすべて三役行司である。

助改め）筆之助、玉夫、政臣｜　（三段）貢市

・真之助と玉夫は廃業。
・善吉は休場を続け、幕尻に記載されている。

○ 昭和23年秋場所（10月）

庄之助（総紫）、伊之助（紫白）、玉之助（半々紫白）｜　庄三郎（朱）、正直、与太夫、庄太郎、今朝三、伊三郎｜　錦太夫（紅白）、善太郎、勘太夫、玉光、与之吉、▽善吉｜　滝夫（青白）、錦之助、正義、朝之助｜　利行（青・黒）、玉治郎、筆之助、（政臣改め）清三郎｜　（三段）貢市

○ 昭和24春場所（1月）

庄之助（総紫）、伊之助（紫白）、玉之助（半々紫白）｜　庄三郎（朱）、正直、与太夫、庄太郎、今朝三、（伊三郎改め）鬼一郎｜　錦太夫（紅白）、善太郎、勘太夫、玉光、与之吉、善吉｜　滝夫（青白）、錦之助、正義、朝之助｜　利行（青・黒）、玉治郎、筆之助、清三郎｜　（三段）貢市

○ 昭和24年夏場所（5月）

庄之助（総紫）、伊之助（紫白）、玉之助（半々紫白）｜　庄三郎（朱）、正直、与太夫、庄太郎、今朝三、鬼一郎｜　錦太夫（紅白）、（善太郎改め）宗四郎、勘太夫、玉光、与之吉、善吉｜　滝夫（青白）、錦之助、正義、朝之助｜　利行（青・黒）、玉治郎、筆之助、清三郎｜　（三段）貢市

○ 昭和24年秋場所（10月）

庄之助（総紫）、伊之助（紫白）、玉之助（半々紫白）｜　庄三郎（朱）、正直、与太夫、庄太郎、今朝三、鬼一郎｜　錦太夫（紅白）、宗四郎、勘太夫、玉光、与之吉、善吉｜　滝夫（青白）、錦之助、正義、朝之助｜　利行（青・黒）、玉治郎、筆之助、清三郎｜　（貢市改め）勘之

助

○ 昭和 25 年春場所（1 月）

庄之助（総紫）、伊之助（紫白）、玉之助（半々紫白）｜　庄三郎（朱）、正直、与太夫、庄太郎、今朝三、鬼一郎｜　錦太夫（紅白）、宗四郎、勘太夫、玉光、与之吉、○滝夫、善吉｜　錦之助（青白）、正義、朝之助、○利行｜　玉治郎（青・黒）、筆之助、清三郎、○勘之助、○林之助｜　（三段）正智

・滝夫は紅白房へ昇進。
・利行は青白房へ昇進。
・林之助は幕下へ昇進。

○ 昭和 25 年夏場所（5 月）

庄之助（総紫）、伊之助（紫白）、玉之助（半々紫白）｜　庄三郎（朱）、正直（朱）、与太夫、庄太郎、今朝三、鬼一郎｜　錦太夫（紅白）、宗四郎、勘太夫、玉光、与之吉、（滝夫改め）重政、善吉｜　錦之助（青白）、正義、朝之助、利行｜　玉治郎（青・黒）、筆之助、清三郎、勘之助、林之助｜　（三段）正智

○ 昭和 25 年秋場所（9 月）

庄之助（総紫）、伊之助（紫白）｜　玉之助（半々紫白）｜　庄三郎（朱）、正直、与太夫、庄太郎、今朝三、鬼一郎｜　錦太夫（紅白）、宗四郎、勘太夫、玉光、与之吉、重政、善吉｜　錦之助（青白）、（正義改め）正信、朝之助、利行、○玉治郎｜　筆之助（青・黒）、清三郎、勘之助、林之助、○正智｜　（三段）善之輔

・玉治郎は青白房へ昇進。
・正智は幕下へ昇進。

○ 昭和 26 年春場所（1 月）

庄之助（総紫）、伊之助（紫白）、玉之助（半々紫白）｜　庄三郎（朱）、正直（朱）、与太夫、庄太郎、今朝三、鬼一郎｜　錦太夫（紅白）、宗四郎、勘太夫、玉光、与之吉、重政、善吉｜　錦之助（青白）、正信、朝之助、利行、玉治郎｜　筆之助（青・黒）、清三郎、勘之助、林之助、正智｜　（三段）善之輔

○ 昭和 26 年夏場所（5 月）

庄之助（総紫）、伊之助（紫白）｜　▽玉之助（副立行司、半々紫白）、○庄三郎（副立行司、半々紫白）｜　正直（朱）、与太夫、庄太郎、今朝三、鬼一郎｜　錦太夫（紅白）、宗四郎、勘太夫、玉光、与之吉、重政、善吉｜　錦之助（青白）、正信、朝之助、（利行改め）誠助、玉治郎｜　筆之助（青・黒）、清三郎、勘之助、林之助、正智｜　（三段）善之輔

・玉之助と庄三郎が新しく設定された副立行司となる[39)]。二人は同格で、土俵上は交互に前、後に合わせることになっている。
・庄三郎は病気のため休場。
・鬼一郎は年寄阿武松を襲名。二枚鑑札となる。
・錦之助は 5 月新番付発表と共に廃業。
・21 代庄之助は引退し、年寄・立田川となる。
・勘太夫は 5 月に年寄・鏡山となり、二枚鑑札となる。

○ 昭和 26 年秋場所（9 月）

39）玉之助は立行司（第三席）から格下げとなり、庄三郎は三役格が昇進している。副立行司は規定上、式守伊之助の房色と同じ「紫白」となっているが、実際の運用では「半々紫白」である。これに関しては、たとえば拙著『大相撲立行司の軍配と空位』の第 2 章「准立行司と半々紫白」や（5）の第 6 章「課題の探求再訪」でも扱っている。

○（伊之助改め）庄之助（総紫）、○（庄三郎改め）伊之助（紫白）｜ ▽玉之助（副立行司、半々紫白）、○正直（副立行司、半々紫白）｜ 与太夫（朱）、庄太郎、今朝三、鬼一郎｜ 錦太夫（紅白）、宗四郎、勘太夫、玉光、与之吉、重政、善吉｜ 正信（青白）、朝之助、誠助、玉治郎、○筆之助｜ 清三郎（青・黒）、勘之助、（式守改め）木村林之助、正智｜ （三段）善之輔

・庄三郎は伊之助へ昇進し、玉之助の上位となる。
・正直は副立行司へ昇進。玉之助と同格。玉之助と正直は、土俵上は交互上下、交代でやることになっている。
・筆之助は青白房へ昇進。

○ 昭和 27 年春場所（1 月）
庄之助（総紫）、伊之助（紫白）｜ 玉之助（半々紫白）、正直（半々紫白）｜ 与太夫（朱）、庄太郎、今朝三、鬼一郎｜ 錦太夫（紅白）、宗四郎、勘太夫、玉光、与之吉、重政、善吉｜ 正信（青白）、朝之助、誠助、玉治郎、筆之助、○清三郎｜ 勘之助（青･黒）、林之助、正智、○善之輔｜ （三段）宗市

・伊之助は病気のため休場する。
・清三郎は青白房へ昇進。
・善之輔は幕下へ昇進。

○ 昭和 27 年夏場所（5 月）
庄之助（総紫）、伊之助（紫白）｜ 玉之助（半々紫白）、正直（半々紫白）｜ 与太夫（朱）、庄太郎、今朝三、鬼一郎｜ 錦太夫（紅白）、宗四郎、勘太夫、玉光、与之吉、重政、善吉｜ 正信（青白）、（朝之助改め）誠道、誠助、玉治郎、筆之助、清三郎｜ 勘之助（青・黒）、林之助、正智、善之輔｜ （三段）宗市

・正智は廃業。

○ 昭和 27 年秋場所（9 月）

庄之助（総紫)、伊之助（紫白）｜　玉之助（半々紫白)、正直（半々紫白）｜　与太夫（朱)、庄太郎、今朝三、鬼一郎｜　錦太夫（紅白)、宗四郎、勘太夫、玉光、与之吉、重政、善吉｜　正信（青白)、誠道、誠助、玉治郎、筆之助、清三郎｜　勘之助（青・黒)、林之助、善之輔｜　（三段）宗市

・宗市は幕下へ昇進。
・善吉は別格全休。

○ 昭和 28 年初場所（1 月）

庄之助（総紫)、伊之助（紫白）｜　玉之助（半々紫白)、正直（半々紫白）｜　与太夫（朱)、庄太郎、今朝三、鬼一郎｜　錦太夫（紅白)、宗四郎、勘太夫、玉光、与之吉、重政、善吉｜　正信（青白)、誠道、誠助、玉治郎、筆之助、清三郎｜　勘之助（青・黒)、林之助、善之輔、○宗市｜　（三段）時夫

○ 昭和 28 年春場所（3 月）

庄之助（総紫)、伊之助（紫白）｜　玉之助（半々紫白)、正直（半々紫白）｜　与太夫（朱)、庄太郎、今朝三、鬼一郎｜　錦太夫（紅白)、宗四郎、勘太夫、玉光、与之吉、重政、善吉｜　正信（青白)、誠道、誠助、玉治郎、筆之助、清三郎｜　勘之助（青・黒)、林之助、善之輔、宗市｜　（三段）時夫

○ 昭和 28 年夏場所（5 月）

庄之助（総紫)、伊之助（紫白）｜　玉之助（半々紫白)、正直（半々紫白）｜　与太夫（朱)、庄太郎、今朝三、鬼一郎｜　錦太夫（紅白)、宗四郎、勘太夫、玉光、与之吉、重政、善吉｜　正信（青白)、誠道、

誠助、玉治郎、筆之助、清三郎｜　勘之助（青･黒）、林之助、善之輔、宗市｜　（三段）時夫

○ 昭和 28 年秋場所（9 月）[40)]

庄之助（総紫）、伊之助（紫白）｜　玉之助（半々紫白）、正直（半々紫白）｜　与太夫（朱）、庄太郎、今朝三、鬼一郎｜　錦太夫（紅白）、宗四郎、勘太夫、玉光、与之吉、重政、善吉｜　正信（青白）、誠道、誠助、玉治郎、筆之助、清三郎｜　勘之助（青･黒）、林之助、善之輔、宗市｜　（三段）時夫

○ 昭和 29 年初場所（1 月）[41)]

庄之助（総紫）、伊之助（紫白）｜　玉之助（半々紫白）、正直（半々紫白）｜　与太夫（朱）、庄太郎、今朝三、鬼一郎｜　錦太夫（紅白）、宗四郎、勘太夫、玉光、与之吉、（重政改め）校之助、善吉｜　正信、誠道（青白）、誠助、玉治郎、筆之助、清三郎｜　勘之助（青･黒）、林之助、善之輔、宗市、○時夫、○源之助、○守｜　（三段）貢

・ 時夫、源之助、守の 3 名はともに幕下へ昇進。

○ 昭和 29 年春場所（3 月）

庄之助（総紫）、伊之助（紫白）｜　玉之助（半々紫白）、正直（半々

40) 『新版　相撲通になるまで』（昭和 28 年 11 月）の「行司部屋別一覧表」（pp.53-4）にも行司の番付が見られる。三段目格の階級はない。階級は幕下格、（三段目格はなし）、序二段格という順序になっている。たとえば、時夫は序二段格の筆頭として記載されている。これは本来の「三段目格」を誤って「序二段格」として記載してあるに違いない。

41) 『相撲』（昭和 29 年 1 月号）の「行司一覧表」（p.130）にも行司番付があるが、28 年 9 月場所の番付と一致する。これにも「三段目格」がない。幕下格、（三段目格はなし）、序二段格の順序になっている。これがミスであることは、他の資料から指摘できる。

紫白）｜　与太夫（朱）、庄太郎、今朝三、鬼一郎｜　錦太夫（紅白）、宗四郎、勘太夫、玉光、与之吉、校之助、善吉｜　正信（青白）、（誠道改め）朝之助、誠助、玉次郎、筆之助、清三郎、○勘之助、○林之助｜　善之輔（青・黒）、宗市、時夫、源之助、守｜　（三段）貢

・勘之助は青白房へ昇進。
・林之助は青白房へ昇進。

○ 昭和29年夏場所（5月）

庄之助（総紫）、伊之助（紫白）｜　玉之助（半々紫白）、正直（半々紫白）｜　与太夫（朱）、庄太郎、今朝三、鬼一郎｜　錦太夫（紅白）、宗四郎、勘太夫、玉光、与之吉、校之助、善吉｜正信（青白）、朝之助、誠助、玉次郎、筆之助、清三郎、勘之助、林之助｜　善之輔（青・黒）、宗市、時夫、源之助、守｜　（三段）貢

○ 昭和29年秋場所（9月）[42)]

庄之助（総紫）、伊之助（紫白）｜　玉之助（半々紫白）、正直（半々紫白）｜　与太夫（朱）、庄太郎、今朝三、○鬼一郎｜　錦太夫（紅白）、宗四郎、勘太夫、玉光、与之吉、校之助、○正信、○朝之助、善吉｜　（誠助改め）利雄（青白）、玉治郎、筆之助、清三郎、勘之助、林之助｜　善之輔（青・黒）、宗市、時夫、源之助、守｜　（三段）貢

・鬼一郎は三役へ昇進。
・正信と朝之助は紅白房へ昇進。

42）『相撲』（昭和29年4月号）の「行司部屋別一覧表」（p.28）や『相撲増刊号』（昭和29年6月）の「行司とその階級」（p.28）には幕下格、三段目格、序二段格の階級がある。しかも、それは当時の番付表と一致する。二段目格だった行司が三段目格を飛び越えて「幕下格」に昇進するのは不自然である。このことから『新版相撲通になるまで』（昭和28年11月）と『相撲』（昭和29年1月号）の「序二段格」は「三段目格」の誤植に違いない。

○ 昭和 30 年初場所（1 月）

庄之助（総紫）、伊之助（紫白）｜　玉之助（半々紫白）、正直（半々紫白）｜　与太夫（朱）、庄太郎、今朝三、鬼一郎｜　錦太夫（紅白）、宗四郎、勘太夫、玉光、与之吉、校之助、正信、朝之助、善吉｜　利雄（青白）、玉治郎、筆之助、清三郎、勘之助、林之助｜　善之輔（青・黒）、宗市、時夫、源之助、（守改め）葵｜　（三段）貢

・守は葵に改名。

○ 昭和 30 年春場所（3 月）

庄之助（総紫）、伊之助（紫白）｜　玉之助（半々紫白）、正直（半々紫白）｜　与太夫（朱）、庄太郎、今朝三、鬼一郎｜　錦太夫（紅白）、宗四郎、勘太夫、玉光、与之吉、校之助、正信、朝之助、善吉｜　利雄（青白）、玉治郎、筆之助、清三郎、勘之助、林之助｜　善之輔（青・黒）、宗市、時夫、源之助、葵｜　（三段）貢

○ 昭和 30 年夏場所（5 月）

庄之助（総紫）、伊之助（紫白）｜　玉之助（半々紫白）、正直（半々紫白）｜　与太夫（朱）、庄太郎、今朝三、鬼一郎｜　錦太夫（紅白）、宗四郎、勘太夫、玉光、与之吉、校之助、正信、朝之助、善吉｜　利雄（青白）、玉治郎、筆之助、勘之助、清三郎、林之助｜　善之輔（青・黒）、宗市、時夫、源之助、葵｜　（三段）貢

・勘之助と清三郎の順序が入れ替わる。清三郎が 1 月場所、黒星 4 つで一枚下がった。

○ 昭和 30 年秋場所（9 月）

庄之助（総紫）、伊之助（紫白）｜　玉之助（半々紫白）、正直（半々紫白）｜　与太夫（朱）、庄太郎、今朝三、鬼一郎｜　錦太夫（紅白）、

宗四郎、勘太夫、玉光、与之吉、校之助、正信、朝之助、善吉｜　利雄（青白）、玉治郎、筆之助、清三郎、勘之助、林之助｜　善之輔（青・黒）、宗市、時夫、源之助、葵｜　（三段）貢

・勘之助と清三郎の順序が元に戻る。清三郎が5月場所無事で、元に戻った。

○ 昭和31年初場所（1月）

庄之助（総紫）、伊之助（紫白）｜　玉之助（半々紫白）、正直（半々紫白）｜　与太夫（朱）、庄太郎、今朝三、鬼一郎｜　錦太夫（紅白）、宗四郎、勘太夫、玉光、与之吉、校之助、正信、朝之助、善吉｜　利雄（青白）｜　玉治郎、筆之助、清三郎、（勘之助改め）更一郎、林之助｜　善之輔（青・黒）、宗市、時夫、源之助、葵｜　（三段）貢

○ 昭和31年春場所（3月）

庄之助（総紫）、伊之助（紫白）｜　玉之助（半々紫白）、正直（半々紫白）｜　与太夫（朱）、庄太郎、今朝三、鬼一郎｜　錦太夫（紅白）、宗四郎、勘太夫、玉光、与之吉、校之助、正信、朝之助、善吉｜　利雄（青白）、玉治郎、筆之助、清三郎、更一郎、林之助｜　善之輔（青・黒）、宗市、時夫、源之助、葵｜　（三段）貢

○ 昭和31年夏場所（5月）

庄之助（総紫）、伊之助（紫白）｜　玉之助（半々紫白）、正直（半々紫白）｜　与太夫（朱）、庄太郎、今朝三、鬼一郎、○錦太夫、○宗四郎、○勘太夫[43]｜　玉光（紅白）、与之吉、校之助、正信、朝之助、○利雄、○玉治郎、善吉｜　筆之助（青白）、清三郎、更一郎、林之助、○善之輔、○宗市｜　時夫（青・黒）、源之助、葵、○貢、○義雄、○真之助｜　（三段）昭彦

43）行司部屋の『行司連名帖』によると、勘太夫の昇進は「抜擢」と記載されている。

・今朝三は 6 月に錦島を襲名し、二枚鑑札となる。
・錦太夫、宗四郎、勘太夫の 3 名は三役へ昇進。
・利雄と玉治郎の 2 名は紅白房へ昇進。
・善之輔と宗市の 2 名は青白房へ昇進。
・貢、義雄、真之助の 3 名は幕下へ昇進。

○ 昭和 31 年秋場所（9 月）

庄之助（総紫）、伊之助（紫白）｜　玉之助（半々紫白）、正直（半々紫白）｜　与太夫（朱）、庄太郎、今朝三、鬼一郎、錦太夫、宗四郎、勘太夫｜　玉光（紅白）、与之吉、校之助、正信、朝之助、利雄、玉治郎、善吉｜　筆之助（青白）、清三郎、更一郎、林之助、善之輔、（宗市改め）庄二郎｜　時夫（青・黒）、源之助、葵、貢、義雄、真之助｜　（三段）昭彦

・宗市は庄二郎へ改名。

○ 昭和 32 年 1 月場所

庄之助（総紫）、伊之助（紫白）｜　玉之助（半々紫白）、正直（半々紫白）｜　与太夫（朱）、庄太郎、今朝三、鬼一郎、錦太夫、宗四郎、勘太夫｜　玉光（紅白）、与之吉、校之助、正信、朝之助、利雄、玉治郎、善吉｜　筆之助（青白）、清三郎、更一郎、林之助、善之輔、庄二郎｜　時夫（青・黒）、源之助、葵、貢、義雄、真之助｜　（三段）昭彦

・善吉は 1 月に廃業。

○ 昭和 32 年 3 月場所

庄之助（総紫）、伊之助（紫白）｜　玉之助（半々紫白）、正直（半々紫白）｜　与太夫（朱）、庄太郎、今朝三、鬼一郎、錦太夫、宗四郎、勘太夫｜　玉光（紅白）、与之吉、校之助、正信、朝之助、利雄、玉

治郎｜　筆之助（青白)、清三郎、更一郎、林之助、善之輔、庄二郎｜　時夫（青・黒)、源之助、(葵改め）真毛留、貢、義雄、真之助｜（三段）昭彦

○ 昭和32年5月場所

庄之助（総紫)、伊之助（紫白）｜　玉之助（半々紫白)、正直（半々紫白）｜　与太夫（朱)、庄太郎、今朝三、鬼一郎、錦太夫、宗四郎、勘太夫｜　玉光（紅白)、与之吉、校之助、正信、朝之助、利雄、○玉治郎｜　筆之助（青白)、清三郎、更一郎、林之助、善之輔、庄二郎｜　時夫（青・黒)、源之助、真毛留、貢、義雄、真之助｜（三段）昭彦

・勘太夫は引退後、年寄・鏡山となる。
・玉治郎は紅白房へ昇進。

○ 昭和32年9月場所

庄之助（総紫)、伊之助（紫白）｜　玉之助（半々紫白)、正直（半々紫白）｜　与太夫（朱)、庄太郎、今朝三、鬼一郎、錦太夫、宗四郎、勘太夫｜　玉光（紅白)、与之吉、校之助、正信、朝之助、利雄、玉治郎｜　筆之助（青白)、清三郎、更一郎、林之助、善之輔、庄二郎｜　時夫（青・黒)、源之助、真毛留、貢、義雄、真之助｜（三段）昭彦

○ 昭和32年11月場所

庄之助（総紫)、伊之助（紫白）｜　玉之助（半々紫白)、正直（半々紫白）｜　与太夫（朱)、庄太郎、今朝三、鬼一郎、錦太夫、宗四郎、勘太夫｜　玉光（紅白)、与之吉、校之助、正信、朝之助、利雄、玉治郎｜　筆之助（青白)、清三郎、更一郎、林之助、善之輔、庄二郎｜　時夫（青・黒)、源之助、真毛留、貢、義雄、真之助｜（三段）昭彦

○ 昭和33年1月場所

庄之助（総紫)、伊之助（紫白）｜　玉之助（半々紫白)、正直（半々紫白）｜　与太夫（朱)、庄太郎、今朝三、鬼一郎、錦太夫、宗四郎、勘太夫｜　玉光（紅白)、与之吉、校之助、正信、朝之助、利雄、玉治郎｜　筆之助（青白)、清三郎、更一郎、林之助、善之輔、庄二郎｜　時夫（青・黒)、源之助、真毛留、貢、義雄、真之助｜　（三段）昭彦

・今朝三は引退し、1 月に専務・錦島になる。

○ 昭和 33 年 3 月場所

庄之助（総紫)、伊之助（紫白）｜　玉之助（半々紫白)、正直（半々紫白）｜　与太夫（朱)、庄太郎、鬼一郎、錦太夫、宗四郎、勘太夫｜　玉光（紅白)、与之吉、校之助、正信、朝之助、利雄、玉治郎｜　筆之助（青白)、清三郎、更一郎、林之助、善之輔、庄二郎｜　時夫（青・黒)、源之助、真毛留、貢、義雄、真之助｜　（三段）昭彦

○ 昭和 33 年 5 月場所

庄之助（総紫)、伊之助（紫白）｜　玉之助（半々紫白)、正直（半々紫白）｜　与太夫（朱)、庄太郎、鬼一郎、錦太夫、宗四郎、勘太夫｜　玉光（紅白)、与之吉、校之助、正信、朝之助、利雄、玉治郎｜　筆之助（青白)、清三郎、更一郎、林之助、善之輔、庄二郎｜　時夫（青・黒)、源之助、真毛留、貢、義雄、真之助｜　（三段）昭彦

・勘太夫は引退し、専務・鏡山専務になる。

○ 昭和 33 年 7 月場所

庄之助（総紫)、伊之助（紫白）｜　玉之助（半々紫白)、正直（半々紫白）｜　与太夫（朱)、庄太郎、鬼一郎、錦太夫、宗四郎、○玉光、○（与之吉改め）勘太夫｜　（校之助改め）幸之助（紅白)、正信、朝之助、利雄、玉治郎、○筆之助、○清三郎｜　（更一郎改め）与之吉（青白)、林之助、善之輔、庄二郎、○（時夫改め）登喜光、○源之助、○（真

毛留改め）十二郎｜　貢（青･黒）、義雄、真之助、○昭彦、○啓二朗、○正昭｜　（三段）正一郎

・玉光と（与之吉改め）勘太夫の２名は朱房へ昇進。
・筆之助と清三郎の２名は紅白房へ昇進。
・（時夫改め）登喜光、源之助、（真毛留改め）十二郎の３名は青白房へ昇進。
・昭彦、啓二朗、正昭の３名は幕下へ昇進。

○ 昭和33年9月場所

庄之助（総紫）、伊之助（紫白）｜　玉之助（半々紫白）、正直（半々紫白）｜　与太夫（朱）、庄太郎、鬼一郎、錦太夫、宗四郎、玉光、勘太夫｜　幸之助（紅白）、正信、朝之助、利雄、玉治郎、筆之助、清三郎｜　与之吉（青白）、林之助、善之輔、庄二郎、登喜光、源之助、十二郎｜　貢（青・黒）、義雄、（木村改め）式守真之助、昭彦、啓二朗、正昭｜　（三段）正一郎

・（木村）真之助は（式守）真之助に改名。

○ 昭和33年11月場所

庄之助（総紫）、伊之助（紫白）｜　玉之助（半々紫白）、正直（半々紫白）｜　与太夫（朱）、庄太郎、鬼一郎、錦太夫、宗四郎、玉光、勘太夫｜　幸之助（紅白）、正信、朝之助、利雄、玉治郎、筆之助、清三郎｜　与之吉（青白）、林之助、善之輔、庄二郎、登喜光、源之助、十二郎｜　貢（青・黒）、義雄、真之助、昭彦、啓二朗、正昭｜　（三段）正一郎

○ 昭和34年1月場所

庄之助（総紫）、伊之助（紫白）｜　玉之助（半々紫白）、正直（半々紫白）｜　与太夫（朱）、庄太郎、鬼一郎、錦太夫、宗四郎、玉光、

勘太夫｜　幸之助（紅白）、正信、朝之助、利雄、玉治郎、筆之助、清三郎｜　与之吉（青白）、林之助、善之輔、庄二郎、登喜光、源之助、十二郎｜　貢（青･黒）、（義雄改め）世志生、（木村改め）式守真之助、昭彦、啓二朗、正昭｜　（三段）正一郎

・宗四郎は１月場所限りで廃業。
・義雄は世志生に改名。

○ 昭和 34 年３月場所

庄之助（総紫）、伊之助（紫白）｜　玉之助（半々紫白）、正直（半々紫白）｜　与太夫（朱）、庄太郎、鬼一郎、錦太夫、玉光、勘太夫｜　幸之助（紅白）、正信、朝之助、利雄、玉治郎、筆之助、清三郎｜　与之吉（青白）、林之助、善之輔、庄二郎、登喜光、源之助、十二郎｜　貢（青・黒）、世志生、真之助、昭彦、啓二朗、正昭｜　（三段）正一郎

○ 昭和 34 年５月場所）

庄之助（総紫）、伊之助（紫白）｜　玉之助（半々紫白）、正直（半々紫白）｜　与太夫（朱）、庄太郎、鬼一郎、錦太夫、玉光、勘太夫｜　幸之助（紅白）、正信、朝之助、利雄、玉治郎、筆之助、清三郎｜　与之吉（青白）、林之助、善之輔、庄二郎、登喜光、源之助、十二郎｜　貢（青・黒）、世志生、真之助、昭彦、啓二朗、正昭｜　（三段）正一郎

・啓二朗は廃業。

○ 昭和 34 年７月場所

庄之助（総紫）、伊之助（紫白）｜　玉之助（半々紫白）、正直（半々紫白）｜　与太夫（朱）、庄太郎、鬼一郎、錦太夫、玉光、勘太夫｜　幸之助（紅白）、正信、朝之助、利雄、玉治郎、筆之助、清三郎｜　与之吉（青白）、林之助、善之輔、庄二郎、登喜光、源之助、十二郎｜　貢（青・黒）、世志生、真之助、昭彦、正昭｜　（三段）正一郎

○ 昭和 34 年 9 月場所

庄之助（総紫）、伊之助（紫白）｜ 玉之助（半々紫白）、正直（半々紫白）｜ 与太夫（朱）、庄太郎、鬼一郎、錦太夫、玉光、勘太夫｜ 幸之助（紅白）、正信、朝之助、利雄、玉治郎、筆之助、清三郎｜ 与之吉（青白）、林之助、善之輔、庄二郎、登喜光、源之助、十二郎｜ 貢（青・黒）、世志生、真之助、昭彦、正昭｜ （三段）正一郎

・正昭は廃業。

○ 昭和 34 年 11 月場所

庄之助（総紫）、伊之助（紫白）｜ 玉之助（半々紫白）、正直（半々紫白）｜ 与太夫（朱）、庄太郎、鬼一郎、錦太夫、玉光、勘太夫｜ 幸之助（紅白）、正信、朝之助、利雄、玉治郎、筆之助、清三郎｜ 与之吉（青白）、林之助、善之輔、庄二郎、登喜光、源之助、十二郎｜ 貢（青・黒）、世志生、真之助、昭彦｜ （三段）正一郎

・庄之助、伊之助、玉之助、与太夫、庄太郎の 5 名は停年退職[44]。

○ 昭和 35 年 1 月場所

○（正直改め）庄之助（総紫）、○（鬼一郎改め）伊之助（紫白）｜ 錦太夫（朱）、玉光、勘太夫｜ 幸之助（紅白）、正信、（朝之助改め）誠道、利雄、玉治郎、筆之助、清三郎｜ 与之吉（青白）、林之助、善之輔、庄二郎、登喜光、源之助、十二郎｜ 貢（青・黒）、世志生、真之助、昭彦｜ （三段）正一郎

44） この定年制実施については、当時の理事武蔵川が『大相撲』（昭和 58 年 10 月号）の「武蔵川理事に改革を聞く」（pp.94-97）でも語っている。

・ 正直は庄之助に昇進。[45)]
・ 鬼一郎は伊之助に昇進。
・ 昭彦はこの場所限りで廃業。

昭和35年1月以降の番付記載は平板型になっているので、行司の序列がすぐわかる。そのため、この作成資料では取り扱わない。

5.　今後の課題

今後の課題は本章で作成した階級や順位が正しいかどうかを検討することである。特に昭和2年春場所から昭和5年春場所までの番付は検討を要する。なぜならその期間の階級を確認する他の文献が極端に少ないからである。本文中でも触れたが、式守要人（のちの喜三郎）と木村善之輔がいつ青白房に昇進したかがはっきりしない。番付表の記載の仕方を見ても、その区別ができない。番付表でわからなければ、他の資料で確認する必要がある。本章で提示した記載に誤りがないかどうかを検討してほしい。

45)　木村正直が式守伊之助を飛び越し23代木村庄之助に、式守鬼一郎が20代式守伊之助にそれぞれ昇格した。式守伊之助を経験することなく、三役格から木村庄之助になったのは、木村朝之助がいる。大正11年1月である。大正10年5月場所、17代木村庄之助が差し違えの責任を取って辞職したためである。

第 7 章　行司の格付けと房色の定着

1.　本章の目的[1)]

現在の行司の格付けと房色が確立したのは明治 43 年 5 月である。それでは、格付けに対応する房色はその時、突然決まったのだろうか。実は、そうではない。それまでにあった格付けと房色の関係を確認し、それに少し新しい房色を加えただけであった。つまり、それ以前に格付けとそれに対応する房色は基本的に決まっていた。それでは、いつ、その対応関係は決まったのだろうか。

本章では、行司の格付けと房色の対応関係を調べ、具体的には次のことを指摘している。

(1)　行司の格付けをする房色は、基本的に文政後期から天保初期にかけて決まっている。文政後期のいつ始まり、天保初期のいつ終わったかを明確に確定できないので、本章では説明の便宜上、文政 11 年という具体的年号を指摘している。その大きな理由は朱房と共に、紅白房と足袋姿の行司に地位としての足袋が明確に確定できるからである。

---

1)　本章をまとめる段階では江戸時代の錦絵に関し、相撲に精通している杉浦弘さん、野中孝一さんや大相撲談話会の福田周一さん、多田真行さんにそれぞれ大変お世話になった。貴重なご意見を頂いたが、その意見をすべて反映することができなかったことも記しておきたい。両国の相撲博物館にも特定（黒房行司と足袋だけの朱房行司）の錦絵について問い合わせたが、所蔵していなかった。なお、以前の拙著『大相撲行司の房色と賞罰』(2017) の第 2 章「軍配の房色」でも「房色」の出現について扱ったことがあるが、本章とは異なる点が多々散見される。以前公表した後で、貴重な資料がたくさん見つかったからである。本章の後でも、特に青白房（幕下十枚目力士）に関してはまだ埋もれている資料が見つかる可能性がある。

それまでは木村庄之助や式守伊之助のように、草履を履けば、足袋も自動的に履くことができた。しかし、文政 11 年を境に足袋が草履を許された木村庄之助や式守伊之助の特権でなくなった。

(2) 明治 43 年 5 月にはそれまでになかった青房が新しく導入された。この房は幕下行司を表す房色である。それまでは黒房だけだった。この「青」は江戸時代の服制色では「黒」より上位だが、時代の流れと共に服制色も薄れ、「黒」と併用されるようになった[2)]。それまでには青色が混ざった青白房はあったが、白糸が混ざらない純粋の「青房」はなかった。この意味では、明治 43 年 5 月に初めて導入された房色は「青」である。それまでは「黒房」のみだったが、「青房」でもよいということになった。

(3) 木村庄之助の総紫房は確かにそれまでになかった新しい房色だが、江戸から明治にかけて「紫房」(厳密には「紫白房」) はすでに導入されていた。「紫房」の異種とみれば、新しく導入された色ではない。しかし、それまでは「紫白房」だったが、「総紫房」になった色と見れば「新しい色」である。私は「紫房」には「総紫」、「准紫」、「(真) 紫白」、「半々紫白」の 4 種を認めているので、明治 43 年 5 月に導入された「総紫」は「紫房」の 4 変種の一つと見做している[3)]。

(4) 青白房がいつ現れたのかは、今のところ、不明だが、本章ではそれも「文政 11 年」に現れたかも知れないと指摘している。青房を除いて、他の房色はすべて、基本的に文政 11 年に確立しているからである。

---

2) 幕下以下行司の黒房と青房に関しては、その導入時期や使用の仕方などに関し、異なる見方がいくつかある。

3) 紫房の異種については、たとえば、拙著『大相撲立行司の軍配と空位』(2017) の第 1 章「紫房の異種」、『大相撲立行司の名跡と総紫房』(2018) の第 3 章「明治の立行司の紫房、『大相撲の行司と階級色』(2022) の第 1 章「大相撲立行司の紫房再訪」などでも詳しく扱っている。

安政期の頃には「青白房」は存在していたが、それに対応する「十両受給力士群」(つまり「十両受給力士」) も存在していたかも知れない。しかし、それは番付記載でも他の資料でもまだ見つかっていない[4)]。この「十両受給力士群」は番付に反映されていないことから、相撲界内部の人にしか知られていない特異な存在だった可能性がある。

(5)　文政11年の前後を境に房色や足袋姿になった主な行司と房色について簡単に記述しておく。

(a) 9代木村庄之助の紫白房は『角觝詳説活金剛伝』(文政11年) で確認できる。この紫白房は文政11年以前には許されていたかも知れない。草履を許された江戸相撲の木村庄之助は、この9代目である。つまり、「相撲行司家伝」(文政11年) には5代から8代までの木村庄之助は行司免許状が掲載されているが、それは事実に即していない。おそらく、9代木村庄之助の行司免許状をそれまでの木村庄之助にそのまま適用したに違いない。

(b) 式守伊之助に草履が許された。「細川文庫資料」で確認できる。この「細川文庫資料」には朱房について何も言及されていないが、下位の行司に「紅白房」と「足袋」が許されていることから、式守伊之助の房色は一段上の「朱房」だったに違いない。文政11年当時、式守伊之助は草履を許されたが、房色は朱房のままだったに違いない。文政11年まで式守伊之助を描いた錦絵が見つかれば、朱房で、足袋を履いていないに違いない。

4)「十両受給力士」が文政11年頃に現れたのか、それとも幕末に現れたのかを裏付ける確かな証拠は見つかっていない。多くの文献では幕末としているが、文政後期あたりかも知れない。

(c) 朱房と足袋行司は文政 11 年から天保初期にかけて許されている[5]。錦絵では草履・足袋姿で描かれているに違いない。

(d) 紅白房と足袋姿は文政 11 年中に許されている。「細川文庫資料」で確認できる。文字資料で初めて確認できた。

(e) 黒房は錦絵「新版子供遊び相撲之図」(香蝶楼国貞画) で確認できる。文政末期には存在していたことが初めて確認できた。行司には天明以前にも階級差はあったはずなので、黒房はすでに存在していたかも知れない。しかし、いつ頃から行司のシンボルだった「朱房」が文政以前、どのように細分化されていったのかは不明である。つまり、朱房以外に階級差を表す房色があったのか、朱房以外は黒房だったのか、細かいことはわからない。

格付けと房色で基本色となるのは上から順に紫、朱、緑、青、黒であり、それに白を混ぜて格付けを細分化している[6]。現在は紫、紫白、朱、紅白、青白、青または黒となっている。基本色の青が白糸を混ぜた青白より上位のはずだが、現在の格付けでは青房よりも青白房が上位である。これに関してもは誰でも不思議に感じるはずである。青房と青白色では、なぜ色の順位が変わったのだろうか。それついては、後ほど簡単に触れる。

色の名称でも時代と共に変化がみられる。たとえば、朱を赤、紅、緋と

---

5) 文政 11 年を境に房色の変革があったならば、それまでの朱房行司は一段階下の房色「紅白」に変えられたに違いない。本章ではそのように捉えている。本章では正徳の頃から一定以上の行司の房色は「朱房」だったと捉えている。しかし、それを裏付ける資料は非常に乏しい。朱房を紅白房に変えなかったならば、いつの時点で紅白房に変わったのかを確認する必要がある。

6) 律令制の服制色では黒は基本色から外れている。しかし、最下層の階級を表す色として存在している。行司の格付けと房色でも黒房は江戸時代も使われているので、あたかも基本色として扱うことにする。

したり、青を緑、縹としたりしている[7]。なぜ同じ色を別々の名称で呼ぶのか、それにはそれなりの理由があるが、本章では名称に特にこだわっていない。現在でも、同じ色を別々の名称で呼んでいることはしばしば見られる[8]。同じ色について、どの名称を用いてもお互いに了解している。たとえば、緑と青とは現実に区別があるが、ときおりその区別にこだわらないことがある。

行司の格付けと房色は文政末期から天保初期にかけて確立したと思われるが、本章ではあえて年月を具体的に「文政11年」と指摘している。その大きな理由は、文政11年中に紅白房が現れているし、同時に地位としての足袋も現れているからである。草履を履かなくても足袋が履けるようになったのがその頃である。すなわち、朱房の足袋姿が現れている。房色や足袋が格付けの関係が大きく変化した時期が1年以内だったのか2年以上にわたっていたのかは不明だが、便宜的に「文政11年」としてある。この「文政11年」は必ずしもその年中に変化したことを意味しているのではなく、その年の前後の期間も含んでいる。それを裏付ける資料として錦絵はもちろんのこと、文字資料もある。

それでは、それぞれの位の房色について具体的に見ていこう。

2.　紫房の出現

江戸相撲で紫房（厳密には紫白房）が初めて許された行司は、9代木村

---

7)　行司装束に関心があれば、色の名称には注意したほうが良いかも知れない。たとえば、青色といっても、厳密にはいくつか変種があるからである。しかもその微妙な色の区別は装束に微妙な変化を与える。明治43年5月に行司装束が改正されたとき、行司装束と色の関係がこまごまと記述されているが、同じ色のようなものに関しても細かく区別している。しかし、軍配の房色に関しては、取り立てて色の区別で混乱は起きない。

8)　現在でも「青房」が一般的だが、その色を「緑房」と記述してある文献はよく見られる。たとえば、29代木村庄之助著『一以之貫』では幕下以下行司の房色は「緑」であると書いてある。しかし、当時の相撲規定では「黒か青」であるとなっている。

庄之助である。それは立川焉馬撰『角觝詳説金剛伝』（文政11年）で確認できる[9]。木村庄之助の項に「紫内交之紐」とある。この「紫内交之紐」は「紫白内交之紐」に違いない。9代木村庄之助は、文政8年3月付けで行司免許状も出されている[10]。その免許状は9代木村庄之助が幕府に提出した「相撲行司家伝」に掲載されている。その時､草履を許されているが、足袋も許されたに違いない。草履を許されると、足袋も同時に許されたからである。この9代木村庄之助は紫白房を許可されるまで、朱房だったに違いない。もちろん、庄之助を襲名しても、房色は依然として「朱」だった[11]。

それまでは、立行司でも紫房を許されていない。それではどのような房色を使用していただろうか。おそらく朱色（紅色）だったに違いない。当時の錦絵をみる限り、房は朱色で描かれている。「相撲行司家伝」には5代木村庄之助から9代木村庄之助までの行司免許状が掲載されているが、すべて「紅緒」となっている。つまり、文政8年3月以前、木村庄之助は朱房を使用していたと判断してよい。文政末期には、9代木村庄之助の紫白房と足袋を確認できる錦絵がいくつかある[12]。

---

9) 『角觝詳説活金剛伝』は文政11年日付になっているので、それ以前に紫白房は許された可能性がある。しかし、その年月は不明である。不明の年月は文字資料より錦絵で確認できるかも知れない。9代木村庄之助が描かれている錦絵は比較的多いようである。

10) 草履を許された行司は足袋も履けることは拙著『大相撲行司の松翁と四本柱の四色』(2020) の第2章「地位として草履の出現」でも詳しく扱っている。地位としての草履は天明7年12月に出現した。それまでは、草履を許された行司はいないので、素足だったことになる。草履を履かない足袋だけの行司が出現したのは文政11年である。

11) 9代木村庄之助は天明7年12月から文政11年まで朱房・草履・足袋で描かれていている可能性がある。ビックフォード編著『相撲と浮世絵の世界』の錦絵「新版浮絵勧進大相撲之図」(p.112) はその一つに違いない。この錦絵は文政9年に描かれたようだが、モノクロで房色は判別できない。

12) 9代木村庄之助が紫白房を許された正確な年月は不明である。行司免許状が出された文政8年3月から『角觝詳説金剛伝』（文政11年）のあいだであることは

(a) 錦絵「勧進大相撲興行之図」、香蝶楼国貞画（文政12年〈1829〉春場所の土俵入りの図、『すもう今昔』、平成19年2月、p.80）。行司・木村庄之助[13]。草履・足袋で、紫白房。茨城県立歴史館／ビックフォード編著『相撲と浮世絵の世界』（口絵）。

(b) 錦絵「当時英雄取組之図」、香蝶楼国貞画、『すもう今昔』（平成19年2月、p.78）。行司・木村庄之助。草履・足袋で、紫白房。茨城県立歴史館[14]。

(c) 錦絵「阿武松と稲妻の取組」、歌川国安画、『すもう今昔』（平成19年2月、p.79）。行司・木村庄之助。草履・足袋で、紫白房。茨城県立歴史館。

(d) 錦絵「稲妻と阿武松の取組」、歌川國虎画、『すもう絵展』（平成10年11月、p.15）。行司・木村庄之助。草履・足袋で、紫白房。山口県立萩美術館・浦上記念館。

5代木村庄之助の行司免許状にも「紅緒」が記されている。この紅色（朱色と同じと理解してよい）が授与される以前、木村庄之助はどの房色を使用していたのだろうか。朱以外の房色を使用していたのだろうか。免許状にわざわざ「紅緒」と記載しているのは、それ以前は別の色だったに違いないと思っても不思議ではない。しかし、免許状の「紅緒」は当時、行司が使用していた「朱房」の使用を追認しただけである。つまり、当時、あ

確かだ。

13）軍配に「豪」という文字があるので、判別しやすい。横綱阿武松や稲妻の土俵入りや取組を裁く行司として描かれていることが多い。

14）「大相撲力士群像」（大分県立歴史博物館、2020、p.43）のキャプションでは文政10年から天保5年となっている。確かな年月は確認できない。

るいは寛延以前、木村庄之助を含め、行司は「朱房」を使用していた[15]。これは木村喜平次著『行司家伝鈔』（正徳4年）でも確認できる。

・木村喜平次著『相撲家伝鈔』（正徳4年）[16]

「紐は無官の行司は深紅なり。摂州大阪吉方兵庫などの如く官位成りの行司は紫を用いるなり。」（酒井忠正著『日本相撲史（上）』（p.97）

正徳当時はもちろん、寛延2年でも、行司は朱房を使用していた。このことから、本章では木村庄之助の免許状の「紅緒」はそれまで用いていた房色を再確認したものだと捉えている。すなわち、これまで使用していた「房色」にとって代わって「別の新しい色」の使用許可を与えたのではない。この「紅緒」の記載は明治時代までも続いている。

明治43年5月に格付けと房色が正式に決まるまで、紫総（紫房）は一種の名誉色だった。つまり、木村庄之助に昇格すると、自動的に紫房を許されるというものではなかった。実際、紫総を授与されるものもいたし、そうでないものもいた。式守伊之助も同様である[17]。

3. 紅白房

拙著『大相撲行司の松翁と四本柱の四色』（2020）の第3章「地位とし

15）行司がすべて朱房だったかどうかは不明だが、一定の階層の行司は朱房だったに違いない。本章では、紫白免許は文政11年頃に出たと推定している。朱房や紫白房以外にどんな房色が使用されていたのかは、今のところ不明である。

16）酒井忠正著『日本相撲史（上）』（p.97）や吉田長孝著『原点に還れ』（p.140）などによると、木村喜平次は享保から天明の頃の江戸行司である。

17）歴代の立行司に授与された紫房に関しては、拙著でも幾度か扱っている。明治43年5月までは、立行司を襲名しても同時に紫房を許可されたわけでないので、どの行司がいつ紫房を許可されたかは気になる。9代式守伊之助などは明治32年に立行司（式守伊之助）を襲名したが、37年になってようやく紫白房を許されている。そのあいだ、草履はもちろん、立行司にふさわしい「麻裃熨斗目」の着用は許可されていた。行司の格付けには房色だけでなく、草履や服装などもかかわっていたのである。

ての足袋の出現」で、房色に関係なく、地位としての足袋は文政末期から天保初期に出現したと指摘している。しかし、それは必ずしも正しくなかった。証拠として示した本格的な錦絵が非常に少ないだけでなく、年月に開きがありすぎた。そのため、「おもちゃ絵」を補足資料として活用せざるを得なかった。あとで確固とした文献資料が見つかり、わかったことだが、資料として扱ったおもちゃ絵は、当時の本場所の房色を必ずしも正しく反映していなかった

同じ拙稿「地位としての足袋の出現」(2020) の末尾に「追記」として示してあるように、吉田司家の資料の中に「足袋や紅白房」に関する記述があった。その資料について本章で繰り返し言及するので、便宜的に「細川文庫資料」と呼ぶことにする。

この小冊子の資料によると、次の行司たちには行司免許状が出されている。その免許状の日付は、文政11年2月か11月に跨っている。本章では便宜上「文政11年」とする。

(a) 式守伊之助には草履が許されている。

(b) 木村庄太郎、式守与太夫、木村正蔵、木村多司馬には紅白房と足袋が許されている。

式守伊之助は草履行司なので、足袋を履くことに関して特に問題はない。それまでも草履を許されると、足袋も許されていた。それは、9代木村庄之助も同じである。しかし、式守伊之助が草履を許される文政11年以前、足袋を許されていたかどうかである。本章では、文政11年以前は、どの式守伊之助であれ、素足だったと捉えている[18]。これに関しては、根拠を二つ示す。

---

18) 9代木村庄之助に行司免許が授けられた文政8年3月以前の錦絵で草履を履かない行司が描かれていれば、その行司の足元はきっと素足に違いない。さらに、房色も朱に違いない。もし足袋を履き、朱以外の房色で描かれていたら、何か特別の意味があるかも知れない。

一つは、木村庄太郎（5代）は文政8年3月、草履を許される前、素足だった。

・文政6年10月、錦絵「四賀峰と小柳の取組」、春亭画、『江戸相撲錦絵』（pp.30-1）。

行司・木村庄太郎（第三席）は素足で裁いている。文政8年3月に9代木村庄之助になった。房の色はおそらく朱房だったに違いない。紫白房を許されない上位行司は朱房だったからである[19]。

この木村庄太郎は文政8年3月に木村庄之助に昇進し、草履を履いている。草履を履けば、同時に足袋も履ける。それを描いたのが、次の錦絵である[20]。

・文政10年3月、錦絵「阿武松と四賀峰の取組」、春亭画、相撲博物館所蔵。

この錦絵は上で示した文政6年10月の錦絵と図柄、取組んでいる力士、行司とも同じである。違うのは力士名だけである。阿武松は小柳から改名している。木村庄之助（9代）は草履と足袋を履いている。

9代式守伊之助の草履姿は文政10年の錦絵「新版浮絵勧進大相撲図」（ビックフォード編著『相撲と浮世絵の世界』、p.112）でも見られる。取組んでいる力士名は記されていないが、行司は9代木村庄之助に違いない。文政9年の最高位の行司は木村庄之助だからである。

19） 繰り返し指摘しているが、寛延の頃から文政11年まで行司の格付けと房色の関係は必ずしも明確ではない。行司間には何らかの階級があったはずだが、それが房色に対応していたのかがはっきりしないのである。本章では、少なくとも上位行司の房色は「朱」だったと捉えている。下位行司が「黒房」あるいは「朱房以外の房色」だったかは、今のところ、はっきりしたことが言えない。

20） この二つの錦絵（文政6年10月と文政8年3月）に関しては、拙著『大相撲行司の松翁と四本柱の四色』（2020、p.71）でも詳しく説明してある。

・天明 4 年、錦絵「江戸ケ埼と鬼面山の取組」、春亭画、ビックフォード編著『相撲と浮世絵の世界』(p.25)

この錦絵の式守伊之助は天明期の式守伊之助で、素足である。房色は朱である。時代が文政になっても、草履を履かない行司は、たとえ式守伊之助といえども、素足だし、朱房だった。

文政 11 年に草履免許を許された時、式守伊之助の房色は「朱房」から、たとえば「紫白房」に変わっただろうか。おそらく、変わっていないはずだ。つまり、それまでも朱色だったが、それをそのまま使用したに違いない。式守伊之助は立行司であり、第二席だが、木村庄之助（主席）と同様、朱房のままだった。[21] 当時、どの地位まで朱房を使用していたのかは不明だが、行司は朱房を使用していた可能性がある。

文政 11 年から天保初期にかけて紅白房を確認できる錦絵は見たことがない。紅白房の行司は錦絵の題材として地位が低かったからかも知れない。錦絵では主役の力士が対象となり、行司はその脇役である。その取組を裁くので、ついでに行司も描かれている。錦絵で描かれているのは当時の力士のトップクラス、人気の力士などである。行司は木村庄之助が圧倒的に多く、式守伊之助は影が薄くなる。まして木村庄之助や式守伊之助以外の行司となると、錦絵はほとんどない。そういう状況なので、錦絵で「紅白房」を見つけるのはほとんど無理である。[22]

21)　文政 11 年以前でも行司には何らかの階級差はあったはずだが、その階級差がどのような房色で区別されていたかは不明である。本章では、一定の階級はすべて朱房だったと捉えているが、その「一定」の中身となると、おぼつかない。最下層の行司までも朱房だったかと問われると、答えに窮してしまう。文政 11 年以前の行司間の階級と房色の関係を深く追究する必要性は認めるが、それは本章ではまったく追究していない。

22)　たとえ錦絵で紅白房が描かれていたとしても、赤と白の区別に細心の注意を払わない限り、その房色を明確に描き出すのは難しいはずである。うっかりすると、赤一色になっているかも知れない。幕末から明治期にかけて、紅白房を描いた錦

しかし、幸い、「細川文庫資料」があり、その中で「紅白房」免許の記述がある。房色の歴史に関心がある人にとって、非常に貴重な資料である。おかげで、文政11年には紅白房の存在が確認できた。文政11年の2月にも免許状の記述があることから、その前年にはすでに紅白房のことは話し合われ、決定していたのかも知れない。しかし、本章では免許状の日付を重視することにしてある。

4. 朱房

文政11年の「細川文庫資料」には朱房を許された行司は一人もいない。紅白房がすでに確認できることから、朱房で、足袋姿の行司もいたに違いない。式守伊之助は第二席で、朱房・足袋姿だった。木村庄太郎や式守与太夫が紅白免許を許されているので、その上位の朱房は式守伊之助だったことになる。文政11年から天保初期にかけて、朱房・足袋姿の行司は現れたようだ。

式守伊之助（第二席）以外に朱房・足袋行司は文政年中には見当たらないが、天保初期には見られる。その一つを示す。

- 天保2年2月、越ケ濵と追手風の取組、五渡亭国貞画、『相撲絵展』(p.16)。

以前の拙稿「地位としての足袋行司の出現」では、この錦絵を天保4年2月として分析しているが、本章ではそれを改め、天保2年中のものと提案したい。その理由は、両力士が対戦したのは天保2年中だからである。以前は、追手風に改名したのが天保4年10月だったので、錦絵の力士名「遂手風」を重視した。「遂手風」が「追手風」に改名したのは、天保4年10月である。また、越ケ浜は天保4年10月に荒磯に改名している。錦絵

絵は時々見かけることはあるが、そのような錦絵はやはり非常に少ない。それは、おそらく、行司の地位が低いことに起因しているはずだ

には「越ケ浜と遂手風」とあることから、天保4年10月として分析した。しかし、力士名の漢字にこだわらず、実際に取組んだ年月を重視すれば、天保2年のいずれかの場所であったとしても特に問題はないはずだ。

この錦絵では行司・木村正蔵は、足袋を履いている。行司の房色はまったく確認できないが、第三席であることから「朱房」と判断して間違いない[23]。文政11年2月の「細川文庫資料」では「紅白・足袋」の免許を受けている。その後、席次も一枚上がっていることから、天保2年には房色は「朱」になっていたはずだ。もしこの行司・正蔵が朱房に昇格していなかったら、当時、朱房行司はいなかったことになる。朱房・足袋に昇格したことは確かだが、いつ昇格したかは不明である[24]。

文政11年後に描かれた錦絵で、草履を履かず、足袋姿の行司が見られる錦絵を示す。

・ジョージ石黒著『相撲錦絵蒐集譚』(1994）の口絵「桃太郎と怪童丸取組之図」、香蝶楼国貞画。

これは錦絵だが、桃太郎の物語にヒントを得て描いた「戯画」である。

23）木村正蔵が文政11年から天保2年の4年間に朱房に昇進していないとすれば、他の下位行司も長い間紅白房に据え置かれていたことになる。しかし、紅白房から朱房に昇進した行司の証拠が見つからないので、正蔵が本当に朱房に昇進しているのかは確認する必要がある。昇進していなければ、その理由も調べる必要がある。なお、文政末期から天保初期にかけて、朱房で足袋を履いた行司を描いた錦絵がないかを両国の相撲博物館にも尋ねたが、一枚も所蔵していないということだった。

24）文政11年中に紅白房を許された行司がその後、朱房に昇格した年月を確認できる錦絵が見つかれば、朱房が新たに許された年月がわかるが、今のところ、まだ見つかっていない。しかし、たとえ見つからなくても、紅白房の上位に朱房があったことを否定はしないはずだ。しかも、その朱房は木村庄之助と式守伊之助以外には許されなかったとする見方に同意することもないはずだ。おそらく、当時は行司の格付けと房色の関係が検討されていて、行司間に意見の一致がなかったのかも知れない。

これまでの錦絵では、草履と足袋を履いていたが、この錦絵では草履を履かず、足袋だけを履いている。草履を履いていないことから、木村庄之助や式守伊之助をイメージしたものではない。つまり、最高位以外の行司をイメージしている。この解釈が正しければ、この絵が描かれた当時、朱房・足袋の行司がいたことになる。

絵師は香蝶楼国貞である。香蝶楼国貞を名乗ったのは、文政5年から嘉永初期といわれている。文政11年頃には草履を履かなければ、足袋を許されていなかった。しかし、この戯画では、草履なしで、足袋を履いた行司が描かれている。このことから、この錦絵は文政11年後に描かれたと判断して間違いなさそうである。さらに、絵師の香蝶楼国貞は他にも多くの本格的な相撲錦絵を描いており、房色にも精通している。このような絵師が描いていることから、戯画の房色や履物は真実だと推測できる[25]。

国貞が房色を正しく描いているとすれば、行司を朱色の足袋姿だったと判断して間違いなさそうだ。足袋は「細川文庫資料」や他の錦絵などから文政11年に確認できることから、この錦絵は文政11年以降に描かれているはずだ。

5. 黒房

黒房は現在、使用されていないと記述してある文献もときどき見られるが、実際はときどき使用されている[26]。

---

25) この戯画で問題点があるとすれば、描かれた年月である。文政末期だけでなく、天保時代にも香蝶楼国貞を名乗っていたので、この錦絵が描かれた年月には幅がありすぎる。今後、この戯画が描かれた年月はさらに吟味する必要があるかも知れない。本章では、この錦絵は少なくとも文政11年以前には描かれていないと捉えている。

26) 令和5年1月の本場所中、黒房使用に関し、木村悟志（幕下行司、高砂部屋）に尋ねたところ、悟志以外にも式守一輝（幕下、荒汐部屋）もときどき使用することがあるというお話を聞いた。常に使用するわけではないということだった。両行司とも自分用の「黒房」軍配を持っていて、気が向いたときに本場所や巡業

黒房が地位を表す房色としていつ頃現れたかは不明だが[27]、文政末期にはすでに存在していたようだ。それを裏付ける錦絵を示す。

・錦絵「新版子供遊び相撲之図」、香蝶楼国貞画。相撲博物館所蔵[28]。

これは子供の取組を描いている「おもちゃ絵」である。しかし、筆遣いや土俵の描き方を見ると、本格的な錦絵である。四本柱は紅白の段だら模様で、一本の柱にはご幣が括りつけてある。

絵師が香蝶楼国貞であることから、文政期から嘉永初期に描かれている。行司は素足で、房色は黒である。朱房や紅白房がすでにみられる時代なので、黒房はその頃、最下位の行司色として存在していたに違いない。

文政11年ごろ、黒房で描かれた錦絵は見当たらない。黒房が最下位色だったとする文字資料も見当たらない。今後、この時期の錦絵が見つかれば、最下位行司は黒房で描かれているに違いない。

で用いるそうだ。しかし、青房の軍配も持っていて、どちらを使用するかはその時の気分次第だという。悟志のお話によると、黒房がまったく使われることがないという記述は事実に即していないことになる。なお、悟志や他の行司の黒房使用に関しては、以前にも拙著『大相撲行司の房色と賞罰』(2016) の第4章「行司の黒房と青房」(p.84)) でも少し触れているが、それから何年か過ぎているので、現状を知りたくて尋ねてみたところ、依然として黒房使用の伝統は生きていることがわかった。それが今後、どのくらい続くのかはわからない。規定で青か黒となっていることから、黒房の使用はときおり復活することがあるかも知れない。

27) 行司にも昔から階級はあったはずだが、房色でその階級をいつ頃表すようになったかは不明である。行司を朱で表すことは木村喜平次著『相撲家伝鈔』にも記されているが、行司全員だったのか、それとも一部だったのかがはっきりしない。本章では、いつ頃黒房が現れたかは不明のまま、その房が描かれた錦絵を示すことにする。戸谷太一編『大相撲』(学習研究社、昭和52年、p.186) にも掲載されているが、描かれた年代については触れていない。

28) この錦絵は大分県立歴史博物館編『大相撲力士群像』(p.92) にも掲載されている。キャプションには「天保頃」となっている。戸谷太一編『大相撲』(学習研究社、昭和52年、p.186) にも掲載されているが、描かれた年代については触れていない。

この絵は文政11年頃に描かれているかも知れないが、黒房がその頃初めて現れたのかとなると、一概にそうだとは断言できない。黒房はずっと以前から使用されていたが、その存在をたまたま確認できなかっただけということもあり得るからである。最下位行司の黒房には誰も着目しなかっただけかも知れない。本章では、この錦絵が文政11年以降に描かれ、しかも房色が「黒」で描かれていることに注目している。黒房を始めて確認できる貴重な絵図である[29]。紅白房や草履行司でないのに、朱房で、足袋だけの行司がその頃現れていることから、黒房の行司もその頃地位を表す房色として確認されることに至ったかも知れない。すなわち、黒房が格付けの房色となったのである。

6. 青白房[30]

青白房はいつ頃現れただろうか。それが杳としてわからない。十両力士(正式名称は「幕下十枚目」)の階級が現れたころ、それに伴って十枚目行司(俗に十両行司)も現れたとするのが自然だが、その「幕下十枚目」力士が現れたのがいつごろかとなると、それがはっきりしないのである。相撲の本などを紐解くと、十両力士は幕末、あるいは幕末から明治にかけて

29) 元禄の頃の絵図では朱で描かれていることが多いが、行司は当時朱で描くのが普通だったかも知れない。他の房色で描いた絵図はあまり見かけない。しかし、行司間では階級や地位を表す何らかの手段があったかも知れない。それが現時点では不明である。

30) 青白房の出現と力士の十枚目(十両)は密接な関係があるので、力士の十両が現れた時期がわかれば、その辺りに青白房も出現したと推測できる。しかし、今のところ、十両力士がいつ現れたのかがはっきりしない。幕末から明治にかけてという漠然としたものである。本章では房色の確立が文政11年あたりであることから、青白房もその辺りに出現したとしている。確固とした裏付けがないことから、本章の主張には大きな弱点がある。間違った推測をしているかも知れない。青白房や十両力士の出現を検討する契機になれば幸いである。安政期あたりまでは追跡できるので、その頃に青白房と十両力士は現れたかも知れない。また、今後の追究でそれが確認できるかも知れない。

現れたとするのが普通である。たとえば、そのいくつかを示す。

(1)　小島貞二監修『大相撲事典』(日本文芸社、1979)
「十両が幕下と同じ二段目に記されるのは、昔、幕内の次位がすぐ幕下であったことの名残。十両も幕下だったわけだ。しかし、幕下十枚目までに限り、十両（お金の単位）以上の給金を与えて関取待遇をしたことから、幕下の上位十枚目までを特に“十両”と俗称するようになったもの。現在でも十両の正式名は幕下十枚目である。十両の制度は江戸末期にできたといわれる。」(p.200)

(2)　金指基著『相撲大事典』の「十枚目」(現代書館、2002)
「幕末から明治初期には、幕下の上位10枚目までの力士には給金10両を与え、関取として待遇した。これが『十両』の語源とされているが、定かではない。江戸相撲の番付では、最上段に最高位大関から前頭まで、二段目に幕下が記載され、現在の十枚目(十両)という地位はなかった。明治21年（1888）1月場所から幕下の上位10枚目までを太い文字で記載してそれより下位の幕下と区別し、さらに翌22年5月場所からそれまでの「同」の文字を個々に「前頭」と記載して、十枚目と幕下との地位の差をいっそう明確にした。」(p.142)

(3)　大鵬（納谷幸喜、40代横綱）監修『相撲道とは何か』(2007、KKロングセラーズ)
「十両は明治時代の給与制度の導入と共に創られた階級である。かつて、幕下の上の階級が幕内だった時代がある。共通の幕の字からもその関連性が窺える。その幕下の上位10枚目以内の力士には、場所ごとに給与が支給されていたことから正式な名称を幕下十枚目と呼んでいた。例えば、十枚目三枚目のように表現が煩わしかったことから、当時の支給額である十両の名で呼ばれるのが一般的になった。」(pp.197-8)

(4)　土屋喜敬著『相撲』(法政大学出版局、2017)

「十両は、番付の二段目（幕下）の上位10枚目までを指す呼称として幕末に誕生したようだ。勝ち越すたびに力士の給金はあがり、それが十両に達すると十両と呼ばれるようになったことがはじまりと伝えられ、最上段の幕の内に準ずる地位として位置づけられた。十両とも十枚目とも由縁はここにある。」(p.185)

「十両」という制度は幕末ないし明治初期にかけてできたのだが、それ以前から「幕下十枚目」という特異の力士群はすでに存在していた。その力士に十両が支給されていたのである。十両という名称が現れる以前に「幕下十枚目力士」は存在していたことになる。「幕下十枚目」が現れ、その力士に「十両」が支給されていたので、あとからその力士をたまたま「十両」と称するようになったというわけだ。ここで注意してほしいのは、「幕下十枚目」が現れたのと同時に「十両」という名称が現れたのではないことである。その区別を混同すると、話がややこしくなる。

本章で求めているのは、その「幕下十枚目」が幕末のいつ現れたかである。いつから「十両」という名称が現れたかではない。幕末といえば、普通安政期以降を指すが、それ以前はあり得ないないだろうか。

「幕下十枚目」がいつ現れたかは番付でもわからないし、それを記述してあるような文献もない。力士に精通しているような相撲好きにも当たってみたが、「十両」という名称が幕末から明治にかけて現れたのは確からしいが、幕末の「いつごろか」となると、はっきりしないのである[31]。不明であれば、そこで諦め、それ以上足を踏み入れなければよいのだが、あえて行司サイドから検討してみることにした。

---

31)「十枚目力士土俵入り」がいつ頃から始まったかにも興味を抱き、それも調べてみたが、今のところ、年号や年月を確認できなかった。十両の階級が確立したころに現れていたはずなので、新聞記事を注意深く調べれば、意外と簡単に年号や年月は見つかるかも知れない。しかし、その年月が確認できても、いつ現れたかを確認することには直接結びつかないはずだ。現れた当時から土俵入りがあったとは考えにくいからである。

ここに記すことは奇想天外の話になりそうだが、あり得ない話でもなさそうなので、そういう見方もあり得ることを記しておくことにした。この「青白房」に関するお話は裏付けのないものとして一蹴してかまわないものである。青房以外の房色が文政11年に確立していることから、もしかすると、その頃にその青白房も現れたかも知れないと推論しているに過ぎない。つまり、現在の十両という名称は幕末に現れ、それに先んじて「幕下十枚目力士」が存在していたようだが、実はそれよりはるか以前の文政年間に「青白房」が現れていたかも知れないのである。

行司サイドで見ると、幕末の頃に「青白房」の存在を確信させる行司が少なくとも二人いる。一人は立行司･木村瀬平であり、もう一人は立行司･木村庄之助〈16代〉である。

(1)　木村瀬平は、安政7年2月、青白房に昇格している[32]。

『大阪毎日新聞』(明治38年2月6日や『時事新報』(明治38年2月6日)の「故木村瀬平の経歴」に基づく。慶安元年（1858）11月、紅白紐に昇格しているので、明治以前に青白房になっていたことは確実である[33]。

(2)　16代木村庄之助は明治4年11月、幕下格・足袋格に昇進している[34]。

32）木村瀬平が安政7年2月、正吾から庄五郎に改名したとき、青白房に昇進したとあるが、その裏付けは取っていない。『大阪毎日新聞』（明治38年2月6日）の死亡記事ではそう記載されている。

33）安政の頃、青白房が存在していたなら、それに対応した力士階級はあったはずである。その階級は認められていなかったのに、青白房行司は存在していたのだろうか。その辺の事情がはっきりしない。慶応元年に「紅白房」に昇進していれば、その前は「青白房」だったに違いないと捉えるのが自然である。そうでなければ、瀬平は「黒房」からいきなり「紅白房」に昇進したことになる。それはやはり不自然である。これを解決する最善の道は、文字資料で「幕下十枚目力士」の存在を確認することである。

34）上司子介著『相撲新書』（明治32年、p.88）には明治3年幕下に昇進したとなっ

これは『読売新聞』(明治30年12月18日)の「16代木村庄之助の履歴」や『東京日日新聞』(明治45年1月7日)の「木村庄之助逝く」に基づく。

木村瀬平は幕末の安政の頃､16代木村庄之助は明治初期に､それぞれ「青白房」に昇進している。この事実から、青白房は安政の頃にはすでに存在していたことが確認できる。16代木村庄之助が青白房に昇進したころにはすでにその房色は存在していた。これは青白房を再確認する補強資料に過ぎない。

ここで重要なことは、安政期に青白房が存在していたことは確認できたが、それ以前は不明である。安政期以前は、青白房は存在していなかっただろうか。安政期に新設されたのだろうか。それがまったくわからないのである。

木村瀬平は幕末に、16代木村庄之助は明治初期に、それぞれ「青白房」に昇進している。今のところ､青白房を追跡できるのは安政期までである。安政7年当時、青白房の存在を確認できても、それ以前からそれが存在していたのかどうかはわからない。

力士サイドから見ると、青白房に対応する力士の「幕下十枚目」は番付記載でもわからないし、他の文献資料でも見つかっていない。しかし、青白房が安政期に存在していることから､「幕下十枚目力士」が存在していたことは確かだ。力士の階級と行司の格付けは対応するのが普通だからである。

力士の階級を見極め、それに対応する行司の房色を探し求めるのが常道だが､本章では全く逆の道をたどっている。すなわち、青白房があるので、それに対応する「幕下十枚目」も存在していたに違いないとしている。青白房が確認できれば、それは揺るぎない証拠となり得るが、その房色を裏付ける証拠が崩れると､「幕下十枚目」の存在も危うくなる。

本章ではまったく逆の道を歩んでいるので、その歩み方が正しいかのどうか、一石を投じている。これをきっかけに青白房がいつ現れたかを確認

ている。

してほしいからである。力士サイドから裏付けが取れれば、幕末のいつかの時点で「幕下十枚目力士」が確立したことを指摘できるが、その裏付けが取れない。本章では、確かな「年月」を確認したいのである。

本章では、青白房は文政11年に現れていたかも知れないという推定をしている。というのは、行司の房色はすべて、そのとき確立し、青白房のみ対応する力士がいないからである。すなわち、紫房、朱房、紅白房、黒房は文政11年を境に確立しているが、紅白房と黒房のあいだにくる「青白房」がすっぽり抜けている。当時、「十両受給者力士」という特異な階級があり、それに対応する「青白房行司」もいたかも知れないと本章では推測している。ただし、それを裏付ける資料は、今のところ、一つもない。唯一の理由を「内規」に求めている。

(1)　「幕下十枚目力士」は階級ではなかった。そのため、番付に記載されなかった[35]。番付に記載されていないため、一つの階級として認められなかったかも知れない。

(2)　「十枚目力士」の存在は内部の申し合わせ事項であり、公的なものではなかった[36]。「幕下十枚目力士」には給金を十両授与していたが、それは一種の手当てとして見做されていただけかも知れない。

(3)　階級でもなく、給金は一種の手当てなので、特異な存在として「幕下十枚目力士」の存在に気づいていたとしても、それを公的に取り上

35)　江戸時代には、現在の「十両」という地位はなかった。明治21年1月場所から幕下の上位10枚目までを太字で記載し、下位の幕下と区別した。さらに、翌22年5月場所からそれまでの「同」の文字を個々に「前頭」と記載し、十枚目と幕下との地位の差をいっそう明確にしている。それにしても、約半世紀もの間、「幕下十枚目力士」を一つの階級と見做してこなかったのは不思議である。しかも、それに対応する青白房が依然として存在していた。

36)　現在でも不文律がある。たとえば、十両で優勝すれば幕内へ昇格するし、幕下15枚以上で全勝すれば十両へ昇格する。これは規則として明記されていない。

げなかったかも知れない。長い間、内部の申し合わせ事項であったが、時代の変化と共にそれが階級となり、番付に記載されたのかも知れない。

青白房は力士の幕下十枚目（十両）に対応するが、その十枚目力士がいつ現れたかははっきりしない。「十両」という言葉は幕末か明治初期に現れたと文献などには記述されているが、十両受給者力士が現れたことと「十両力士」という名称が現れたこととは一致しない。十両受給者力士がいつ現れたかがわかれば、青白房がいつ頃現れたかも大体見当がつくはずである。行司の階級や房色は、基本的に、力士の階級に対応しているからである。

7.　服制色[37)]

軍配の房色に関しては、風見明著『相撲、国技となる』（大修館書店、2002）や同著者『「色」の文化詩』（工業調査会、1997）が詳しく扱っており、しかも具体的でわかりやすい。本章ではその著書を主に活用し、簡単なコメントを加えるだけとする。

(1)　風見明著『相撲、国技となる』（大修館書店、2002）

「階級を示す色は平安時代に制定された臣下の階級を示す色を見習っていることは明らかだ。皇族に次ぐ階層で天皇に仕える立場にあった臣下は一位から「初位までの九階級より成ったが、朝廷公事（くじ）で着る服の色は階級ごとに定められ、一位は深（こき）紫、二位および三位は浅（うすき）紫、四位は深緋（あけ）、五位は浅緋、六位は深緑、七位は浅緑、八位は深縹（はなだ）、初位は浅縹であった。なお、緋は赤色であり、縹は（浅く藍染めして作る：本書補足）薄い青い色であった。この階級色に見られる色の格付けは、紫が最も高く、それか

37)　服制の詳細に関しては、たとえば鈴木敬三編『有職故実大辞典』（1996）が参考になる。本章との関連では、特に項目「服制」（p.612）かも知れない。

ら緋・緑・縹の順で低くなっている。そして同じ色でも、濃いもののほうが薄い。

江戸時代には律令制の服色の序列は顕著だが、それは文政期にはすでに日本文化の一部になっていたかも知れない。行司の房色に反映されているからある。明治時代もその流れは変わっていない。たとえば、明治中期には次のような記述がある。

(2)　三木貞一・山田伊之助（編述者）『相撲大観』（明治35年）[38)]

「行司の格式はその用いる団扇の房色によって区別す。その足袋免許となると同時に用いる房は青白の交ぜ房にして力士の幕下十枚目に相当し、次に進級すれば紅白の交ぜ房を用い幕ノ内力士に相当し、次に進級すれば紅房を用い三役力士に相当す。紫房は先代木村庄之助が一代限り行司宗家、肥後熊本成る吉田氏よりしてと特免されたるものにて現今の庄之助及び瀬平もまたこれを用いるといえどもその内に1、2本の白糸を交えおれり。」（pp.299-300）

明治35年当時、「青白房」とあるように、「緑」と「青」を厳密に区別していない。文献によって、「幕下十枚目」に対応する行司の房色は「青白房」や「緑白房」となっていたりする。この「緑」、「青」の混同は現在でもあり、たとえば、交通信号の「青」と「緑」は必ずしも厳密な区別をしていない。ちなみに、29代木村庄之助著『一以之貫』では幕下以下行司の房色は「青」だけで、「黒」は入っていない。[39)]

38)　この『相撲大観』（明治35年）には「黒房」について何も書いていないが、山田伊之助編著『相撲大全』（服部書店、明治34年）には「最初の前、中、序の口、序二段、三段目、幕下までは黒糸の総を使用し、（後略）」（p.35）とある。明治34年までの幕下以下行司は「黒房」を使用していたに違いない。「青房」は明治43年5月に導入されている。

39)　29代木村庄之の立行司時代、「黒房」を使用していた幕下以下行司はいなかったかも知れない。先輩から譲られた行司はいたはずだ。そういう話はときどき聞

(3)　三木貞一・山田伊之助（編述者）『相撲大観』（明治 35 年）

『相撲大観』（明治 34 年）が出版された当時の「紫房「には白糸が 1, 2 本交っていた。つまり､「准紫房」だった。白糸が何も混ざらない「総紫房」になったのは、明治 43 年 5 月以降である。風見明著『色」の文化詩』（工業調査会、1997）に「立行司大関格の「紫白房」に関し、次のような記述がある。[40)]

「格付けの色の『まだら』には深い意味がある。立行司大関格の紫白は、昭和 26 年にこの格付けが副立行司の位置づけとして新設されたのに伴ってできたものであるが、紫色の印象を薄める効果がある白には、立行司より格付けを下げたという意味が込められている。幕内格の紅白にも同じことがいえる。」（p.51）

この紫白房に関しては、補足説明が必要である。確かに昭和 26 年 1 月に副立行司が新設された時、規定上は式守伊之助と同じ紫白房（厳密には半々紫白房）となったが､紫と白糸の混じった「紫白房」は江戸時代からあった。[41)]昭和 26 年に突然現れたのではない。おそらく、江戸時代から継続してあった「房色」に違いない。白糸を混ぜることによって、階級を差別化してきたのである。朱に白糸を混ぜることで紅白とし、朱房より下位の階級を設けたのである。青色の変種を細分化することに関し､風見明著『「色」の文化詩』（工業調査会､1997）で次のような説明をしている。白の混ざっ

いていたからである。「相撲規則」では現在でも幕下以下行司の房色は黒か青である。

40)　同著者の『大相撲､国技となる』（大修館書店､2002）には副立行司の「紫白房」については紫に白を混ぜたものとして、「紫」より格下されたものと扱っている。

41)　副立行司の「紫白房」は昭和 2 年の第三席の准立行司「木村玉之助」と同じだった。この「半々紫白房」は明治末期から大正期にかけても第三席の房色として使われていた。これに関しては､たとえば拙著『大相撲立行司の軍配と空白』(2017) の第 2 章「准立行司と半々紫白」でも詳しく扱っている。

た「格下げ」というより、「白」の表す「未熟さ」を加味した説明である。

(4)　風見明著『「色」の文化詩』(工業調査会、1997)
「それでは十両格の青白はどうかというと、少し意味が違う。青(緑色)は未熟を象徴するが、白には未熟性が低いという意味、つまり青よりは上位という意味になる。白のうまい使い方だ。」(p.51)

これは「青白房」に関する一つの見方だが、やはり青に白糸を混ぜて青を細分化するのが本来の意味だったに違いない。すなわち、青に「未熟性」という別の要素を加味する必要などない。むしろ、時代の変化に伴い、本来の色の序列が崩れてしまい[42]、序列があいまいになったことに大きな原因があったのではないか。

本来は緑と青の区別があったが、その区別があいまいになり、緑白あるいは青白になってしまった。つまり、白を緑あるいは青と混ぜることにより色の差別化をするのが本来の意味であって、白が表す「未熟さ」の意味を加える必要などない。そのほうが紫白房や紅白房と一貫性がある。

青あるいは緑を基本とし、他の房色でも白糸が混ざり合って細分化していることから、青白房も青に白を混ぜて細分化したはずである。しかし、結果的に、青白房が青房より下位の房色になってしまった。この格下げは、文政期には予測できなかったのかも知れない[43]。要するに、時代の変化に連れて、青白房が黒より上位になっているが、それはたまたま結果的にそう

---

42)　いつ頃から青と緑が混同し始めたのかは調べていない。房色が確立した文政期ごろには混同していたのかも知れない。混同していることを認識していながら、服制をそのまま活用したのか、調べる必要がある。本章では服制の色の序列を尊重していたが、現実には序列に微妙な混同があったかも知れないと推測している。行司は昔も今も実際「青房」ではなく「緑房」を使用することがときどきある。色の細分化をすれば矛盾が生じることを認識していながらも、解決を急がずそのままにしていたのかも知れない。

43)　この辺の時代的背景は不明である。青白が青より上位に来るようになったいきさつを追究していくと、青白房の出現にも別の見方があり得るかも知れない。

なったのであって、青は依然として黒より上位の色だし、青白房は黒より上位である。[44]

(5) 風見明著『相撲、国技となる』(大修館書店、2002)

(a)「各階級の行司がその階級色の点から、臣下のどの階級に相当するのかを見てみると、立行司の階級は一位、三位格は四位、幕内格は五位（紅白を薄い緋色と見做して)、十両格は七位である（青白を薄い緑と見做して)。階級色が黒の幕下格以下は、相当する臣下の階級がない。臣下の所で働く奴婢(ぬひ)の服の色は黒と定められているから、幕下格以下はこの奴婢に相当するとしてよい。この黒はドングリの実や、かさで染めたくすんだ黒色である。」(p.129)

(b)「黒の服は時代が下がっても雑役夫と深く結び付いていた。戦国時代および江戸時代において黒鍬(くろくわ)者と呼ばれた人は藍(あい)染めによる黒っぽい服を着て、軍陣や江戸城で雑役をした。こうした伝統から、一人前の行司として扱われない幕下格以下の階級色を黒としたのは頷ける。しかし近年、幕下格以下にも菊綴が付くようになると、階級色として緑が用いられるようになった。実は、階級色が決められたとき、第二の選択肢として緑を用いてもよいとなっていたのである。」(p.129)

(c)「現在、黒を用いている者は一人もいない。黒の菊綴など喪のイメージがあってとても付けられない。幕下格以下の階級色としての緑の問題点は、幕下格以下が臣下の六位に相当することになり、十両格より上位になってしまうことである。臣下の階級色を見習えば、八位

44) 明治末期でも青は黒より上位の色と見做していたかも知れない。そのために、幕下上位を青房、下位を黒色とする考えがあった可能性がある。服制の色の順位に関する限り、緑、青、黒は時代によって変化したかも知れない。

〜初位の縹（薄い青色）にすべきだった。」(p.130)

確かに、明治26年に副立行司が新設された時、紫白房（厳密には半々紫房）となったが､紫と白糸の混じった房は江戸時代からあったのである。白糸を混ぜることによって、階級を差別化してきたのである。朱に白糸を混ぜることで紅白とし､朱房より下位の階級を設けたのである。これは｢青白房」の一つの見方かも知れないが、やはり青に白糸を混ぜて青を細分化するのが本来の意味だったに違いない。すなわち、青に「未熟性」とう別の要素を加味する必要などない。むしろ、時代の変化に伴い、本来の色の序列が崩れてしまい、序列があいまいになったことに大きな原因がある。

実際、明治43年当時、緑は青より上位の色とみなされていた。さらに、青は黒より上位と見做されていた。当時から「青」の代わり「緑」を使用する行司はいた。たとえば、式守与太夫・他筆「行司さん物語」(『夏場所相撲号』、大正10年5月号）には「その幕下まで（幕下格行司：本書注）が緑総なのです」(p.104）と語っている。本来であれば、白を緑あるいは青に混ぜて色を細分化するはずだったが、色の混同が予想以上に早かったかも知れない。文政当時でも色の混同はあったが、青色がやや上位だったかも知れない。しかし、明治43年当時、行司の格付けと房色が確立したときには、青色が黒色より上位というイメージは出来上がっていた。行司装束改正が行われたとき､青を黒より上位の色とすることは認めていたが、その房を格付けで｢上位｣とするには何らかの抵抗があったかも知れない。結果として、青と黒の二者択一にしたのではないだろうか。それが現在も続いているのである。

なお、緑や青に関しても、風見明著『｢色」の文化詩』(工業調査会、1997）には次のような説明がる。

(6)　風見明著『｢色」の文化詩』(工業調査会、1997)

「日本語ではしばしば青イコール緑であることについて触れておきたい。中略。実際に青色のものを何といったかというと、藍と紺（藍の濃いもの）であった。中略。細かく表すときにはこのほかに、青色が

薄い順に、瓶覗き、浅黄、縹、群青などがあった。なお、八位と初位はこの縹である。」（p.39）

青と緑の混同や行司の装束などついて関心があれば、この本は参考になるかも知れない。装束の色合いは房色と違い、微妙だからである。

8.　今後の課題

本章では、行司の格付けと房色は文政 11 年を境に確立したと主張している。この文政 11 年は確固とした証拠によって裏付けられたものではなく、象徴的なものである。厳密には文政 11 年から天保初期にかけて確立したことを具体的な年月で指摘したに過ぎない。本章の主張するように、行司の格付けと房色は文政 11 年を境に確立したのだろうか。それを裏付けるには確固とした裏付けが必要である。房色に関し、次のようなことを検証しなければならない。

(1)　紫房は 9 代木村庄之助に初めて許されたとしているが、それは正しいだろうか。文政 8 年 3 月の行司免許授与の後に紫白房の許可は出されたはずだが、その正確な年月を確定できないだろうか。

(2)　紅白房と足袋行司は文政 11 年に確認できるが、それまで紫房以外の行司は朱房だっただろうか。

(3)　式守伊之助は紫白房を許される前は朱房だったと主張しているが、それは正しいだろうか。しかも、草履を許されるまでは素足だったとも主張している。それも正しいだろうか。

(4)　紅白房・足袋行司は文政 11 年以前、朱房で素足だったと主張しているが、それは正しいだろうか。

(5)　黒房は文政11年以降にはその存在が認められるとしているが、それは正しいだろうか。それ以前、黒房の存在を認める証拠はまだ見つかっていない。そのような証拠はないだろうか。

(6)　本章では文政11年の頃は「一定の行司」はすべて朱房で、そうでない「一定の行司」は黒房だったに違いないと推測している。その「一定の位置」は漠然」としているが、そのような区分けは実際にあっただろうか。

(7)　青白房は文政11年には確立していたと推測しているが、それは正しいだろうか。青白房以外の房色がすべて文政11年に現れている。同時に青白房も同時に現れたのではないだろうか。「幕下十枚目力士」もその当時、存在していたのではないだろうか。残念ながら、現時点では、「幕下十枚目力士」の存在を裏付ける証拠は一つもない。同様に、青白房の存在を裏付ける証拠もない。他の房色がすべて確認できるというだけで、青白房もあったに違いないと主張することができるだろうか。

(8)　青白房の存在は安政の頃には認められる。しかし、行司の房色から間接的に確認できるだけである。「幕下十枚目力士」の存在は幕末以降も幕末以前も確認できない。番付で確認できるのも明治20年頃である。「幕下十枚目力士」はいつ頃現れただろうか。多くの文献で指摘しているように、幕末から明治初期のかけて現れたのだろうか。文政11年頃に現れたとするのは、途方もない妄想なのだろうか。

房の色に関しては裏付けとなる資料が得られるものもあるし、そうでないものもある。今後は、特に青白房がいつ現れたか、それを裏付ける資料を見つけることである。そうすれば、青白房と「幕下十枚目力士」の出現も明確になるに違いない。本章の主張は「現実味」にかけると知りながら、花火のように打ち上げた。青白房を手掛かりに「幕下十枚目力士」の現れるのを予測したが､実際は「幕下十枚目力士」が現れて､それに伴った「青白房」は現れたとするのが自然である。現れる順序が逆であることから、結論もやはり間違っているのかも知れない。本章をきっかけにして青白房がいつ現れたか、「幕下十枚目力士」がいつ現れたか、今後研究が盛んになることを期待したい。

第８章　准立行司と半々紫白房

1.　目的[1)]

これまでも紫房に４種あることを指摘してきた。その４種とは総紫房、准紫房、真紫白房、半々紫白房である。それぞれの房色に関しても、拙著や拙稿で取り上げてきた。しかし、すべてがすっきり解決できたわけではない。中には何か割り切れないこともあった。問題として残りそうな点は論考の中でも指摘してある[2)]。

本章の目的は､疑問点として残っていた未解明の点をいくつか取り上げ、それを再吟味することにある。具体的には、次の５点である。

(1)　明治 38 年５月に庄三郎は紫白房を許されている。当時の新聞では９代式守伊之助と同じ紫白房となっている。本当に、同じ紫白房だったのだろうか。式守伊之助は紫白房、木村庄三郎は半々紫白房ではな

---

1)　大正 15 年５月場所の取組表では相撲博物館（中村史彦氏）にお世話になった。ここに改めて、感謝の意を表しておきたい。本章は昭和 34 年 11 月までの准立行司を扱っているが、参考にした資料は、主として国会図書館や葛城市の相撲館「けはや座」に所蔵してある新聞や雑誌等である。もちろん、すべての資料に目を通してあるわけではない。重要な記事を見落としているかも知れない。そのことをお断りしておく。

2)　紫白房に半々紫白房と真紫白房の２種あることに気づく前の拙著や拙稿では、二回目の紫白房を総紫と間違って分析することもあった。規定上は、この二つは「紫白房」だが、運営上で白と紫の割合に差異があった。また、朱房行司が必ずしも三役行司でないことがわかる前の分析でも、間違った分析をすることがあった。朱房の行司でも階級として幕内だったこともある。紫房と朱房に変種があることに気づいてからは、大きな誤った分析はかなり少なくなっているはずだ。この二つの房色がかかわる分析では、変種が存在することに注意しないと、分析を誤ってしまう危険性がある。

かっただろうか。木村進が半々紫白房の第一号ではなく、木村庄三郎が第一号ではないか。

(2)　誠道は引退後の雑誌記事で明治44年5月に紫白房を許されたとしているが、それは明治45年5月ではないだろうか。しかも、それは半々紫白房ではないだろうか。

(3)　誠道は大正3年10月の免許状に「紫白色内交の房」を許されている。大正3年5月には「半々紫白房」だったのだろうか。それとも「真紫白房」だったのだろうか。

(4)　半々紫白房は昭和34年11月まで存続していた。副立行司は昭和26年5月に紫白房（厳密には半々紫白房）になっている。木村玉之助と木村正直の軍配房が半々紫白房だったことを証明する証拠はあるだろうか。

(5)　6代木村瀬平は明治34年准紫房を許された立行司になっている。16代木村庄之助の房色と同じである。木村庄之助は主席、木村瀬平は第二席である。二人の立行司は共に同じ房色だったのだろうか。何か差異はなかったのだろうか。

本章では、これまでと違う新しい主張をしているのではなく、異なる見方もあることを提示している。いずれが正しい見方かに関しては、決定打に欠くこともある。異なる見方を提示し、いずれが正しいかを必ずしも判断していない。もちろん、そのためには両方の見方を吟味しなければならない。事実は一つだが、それにたどり着く道が二つあれば、いずれかを選択しなければならない。選択のためのポイントは示してある。

なお、これまで半々紫白房については拙著や拙稿でときどき公表している。中には詳しく扱っているものもあれば、概説的に扱っているものもある。拙稿はいずれかの拙著に組み入れてあるので、次にその拙著を示しておく[3]。

(1)　『大相撲行司の伝統と変化』(2010) の第 9 章「明治 30 年の以降の番付と房の色」
(2)　『大相撲立行司の軍配と空位』(2017) の第 1 章「紫房の異種」と第 2 章「准立行司と半々紫白」
(3)　『大相撲立行司の名跡と総紫房』(2018) の第 1 章「紫白房と准紫房」と第 3 章「総紫の出現」
(4)　『詳しくなる大相撲』(2020) の話題 12「現在は存在しない半々紫白の房色」
(5)　『大相撲の神々と昭和前半の三役行司』(2021) の第 5 章「昭和前半の三役行司」
(6)　『大相撲の行司と階級色』(2022) の第 6 章「課題の探求再訪」

紫総（紫房）に 4 種あることに気づいたのは、研究を始めてから数年後だった。したがって、最初の頃の拙著や拙稿には 4 種の紫房は出てこない。最初の「紫房」（厳密には紫白房）がどういう経緯で 4 種になったのか、その詳細は今後の研究課題である。しかも常に 4 種あったわけではない。ときには 3 種、ときには 2 種のこともある。現在は 2 種である。これで打ち止めとなるかは、誰にもわからない。過去はわかるが、未来はどうなるか、わからないからである。

なお、本章は以前の拙著でもときおり論及した内容と同じなので、参考資料が重複していることが多い。同じ資料を活用するため、表現が部分的に同じだったり類似したりしている。このことをまずお断りしておきたい。

---

3)　私は行司の階級、房色、軍配など、行司に関連することを主に研究してきたので、いずれの拙著も階級や房色に関連している。ここで提示していない他の拙著も間接的には番付や房色と結びつく。

2.　半々紫白房の証拠

ここでは昭和 17 年から 35 年 11 月までの半々紫白房を提示する[4]。相撲規則では、木村玉之助の軍配房は「紫白房」と規定している[5]。

・昭和 3 年の「寄附行為施行細則」（第 25 条）

「行司はその職務の執行に就いては絶対の権能を有し、紫房は横綱に、紫白房は大関に、紅白及び緋房の行司は幕内より関脇までの力士に対等し、足袋格の行司は十両格の力士に対等するものとす。」

規定に明記されているように、木村玉之助は式守伊之助（二人とも大関格）と同様に「紫白房」となっている。このことから、文献はほとんどすべて、紫白房となっている。ときには、「紫房」としていることもある。

それでは、紫房、紫白房、半々紫白房のうち、いずれが正しいだろうか。実は、基準さえ明確であれば、いずれも正しい。

a.　紫の場合。これは以前の慣例を踏襲した記述である。以前は、紫糸が交じっていた房はすべて「紫房」として括っていたことがある[6]。

b.　紫白房の場合。規定でそうなっている以上、紫白房が正しい。

---

4)　これについては、拙著『大相撲立行司の軍配と空位』（2017）の第 2 章「准立行司と半々紫白」に詳しく扱っている。

5)　木村玉之助は大阪相撲の主席立行司だった。東京相撲と合併したとき、第三席の立行司となった。昭和 26 年 5 月から副立行司となり、昭和 34 年 11 月にその副立行司は廃止された。結果的に、立行司は木村庄之助と式守伊之助の二人になった。

6)　行司部屋の『行司連名帖』でも立行司は 3 人とも「紫房」と記載してある。昭和 9 年 5 月場所で初めて木村庄之助を紫房、式守伊之助と木村玉之助を紫白と記載している。これは非常に珍しいことである。昭和 2 年にはすでに紫房と紫白房となっていたからである。

c.　半々紫白の場合。これは行司間の房色の厳密な差を意識している。

3.　副立行司の軍配房

昭和 26 年 1 月に副立行司が設置され[7]、5 月に第三席の木村玉之助が副立行司に格下げされ、三役行司の木村庄三郎がその副立行司に昇格した。つまり、副立行司が二人になった。副立行司は第三席である。この副立行司の房色は式守伊之助と同じようにやはり紫白房である。すなわち、規定上は紫白房である。しかし、運用面で紫白房に微妙な差がある。第二席は真紫白房だが、第三席は半々紫白房である。このことを記した文献がある。

a. 『大相撲』（昭和 31 年 9 月号）の「立行司」
「『紫房』は力士の横綱に相当し、現在は庄之助のみが許される。『紫白房』は紫と白の打ち交ぜの紐で、力士の大関格であり、伊之助がこれを用いているが、副立行司の玉之助と正直は、紫と白が半々になっているやはり一種の紫白房を使用している。」（p.28）

b. 木村庄之助・前原太郎著『行司と呼出し』
「（前略）三役格は朱色、大関格は紫と白の染め分けの軍配房を使用し、福草履、帯刀を許される。昭和 26 年 5 月以来“副立行司”の名称となり、木村玉之助、木村正直がつとめている。最高が立行司で、私と式守伊之助であるが、紫房は代々庄之助一人に限られ、伊之助は紫白房を使用している。」（p.66）

副立行司の木村玉之助と木村正直は大関格となっている。その軍配房は「紫と白の染め分け」となっているが、紫と白の割合は不明である。しかし、その房色は式守伊之助とは異なっている。他の資料を参考にすれば、副立行司の木村玉之助と木村正直は半々紫白房であったに違いない。

7）　新しい副立行司の設置は昭和 26 年 1 月に決まっている。

木村庄三郎は翌場所、昭和26年9月場所、19代式守伊之助に昇格している[8]。つまり、一場所だけ副立行司だった。一場所だけだったのに、軍配房を朱房から半々紫白房に変えたのだろうかという疑問が湧きそうである。それを文献や映像などで確認していないが、きっと半々紫白房を用意しているはずだ[9]。副立行司は三役行司の上位にある階級である。三役行司は朱房だが、副立行司は紫白房である。昇格すれば、その階級に相応しい房色を使用するのが自然である[10]。しかも、副立行司をいつまで務めるかはわからない。たとえ事前に一場所後には式守伊之助を襲名するという通知があったとしても、格付けを表す紫白房を使用するのが自然である。

木村庄三郎と木村正直は二人とも雑誌記事などで数多く出ているが、副立行司の頃の房色に関し、自らは語っていない。木村庄三郎は一場所だけの副立行司だったから、仕方ないとしても、木村正直は昭和26年9月から34年11月まで約8年間勤めている。引退後も雑誌対談で参加している。不思議なことに、副立行司の半々紫白房については何も語っていない[11]。

いずれにしても、第三席の副立行司は半々紫白房だった。規定上は、以前と同様に、紫白房だったが、運用面で式守伊之助と違う紫白房だった。つまり、式守伊之助は真紫白房であるのに対し、副立行司は半々紫白房だった。規定で、副立行司は紫白房だったことから、副立行司の房色を表す場合、文献では紫白房としているのかも知れない。実際、圧倒的に、その房色が使用されている。半々紫白房の名称はもともとないのだから、その房色を

8) 『相撲』（昭和33年12月）の小川武筆「希望訪問（34）―（19代）式守伊之助の巻」では「昭和26年6月に伊之助に出世し」とあるが、番付では9月である。

9) 『相撲』（昭和33年3月）の「伊之助回顧録（4）」によると、5月場所は病気で休場している。したがって、副立行司として本場所では出場していない。なお、この回顧録では「26年の5月場所に伊之助になって、（後略）」とあるが、5月場所ではなく、9月場所が正しい。5月場所は副立行司だからである。

10) 人事で昇格し、それに相応しい色の房を用意していなければ、特別の事情である。普通の状況であれば、地位に相応しい色の房を用意するのが自然である。

11) もちろん、私の見落としかも知れない。目を通していても、気づかないことがあるし、雑誌記事をすべて読んでいるわけでもないからである。

使用した文献がないのは自然かも知れない。それにしても、「紫と白の割合」に触れた文献が極めて少ないのは不思議である。紫と白の割合に気づきながらも触れなかったのか、気づくこともなかったのか、今となっては謎である。

4. 昭和以前の半々紫白房行司

昭和17年以前の第三席の准立行司は、ほとんどの場合、紫白房となっている。したがって、その准立行司が式守伊之助に昇格した場合も紫白房となっている。行司に関心を抱いた最初の頃は、階級が違うのに、同じ房色を使用するとは珍しいと不思議に思っていた。ところが、昭和17年に出版されている藤島秀光著『力士時代の思い出』を読んだり、その後に出版された相撲関連の書物を読んだりしているうちに、第三席の准立行司は第二席の式守伊之助とは「紫と白の割合」に差があることに気づいた。それを昭和17年以前にも適用してみると、ぴたりと一致したのである。

同じ行司が准立行司のときに紫白房を使用し、式守伊之助に昇格しても同じ紫白房を使用している。その紫白房に差があることはどの文献にも指摘されていない[12)]。それが、実は、不思議だった。昭和17年以降の文献では、規定上、第二席の式守伊之助と第三席の准立行司は同じ紫白房となっている。しかし、運用面では違っている。式守伊之助は真紫白房、他方、木村玉之助や副立行司（つまり木村正直）は半々紫白房である。昭和17年以前にも、それがそのまま適用されていたのである。紫白房の微妙な差異は完全に無視され、その差異を区別した名称さえもない。

私は第二席の式守伊之助と第三席の准立行司の房色を区別するため、前者を「(真）紫白房」、後者を「半々紫白房」と呼ぶことにした。二つの紫白房の違いを記した文献では、第三席の准立行司の房色を「紫と白を半々

12)　真紫白房と半々紫白房に触れた文献は、わずかながら実際にあったわけだから、私自身がその差異を当初は見逃していたにすぎない。微妙な差異があることに気づかなかっただけである。

の割合」というような表現をしているので、これにちなんで「半々紫白房」としたのである。この名称は私が命名したものであり、他の名称に変えてもかまわない。

「真紫白房」と「半々紫白房」の基準を適用すれば、明治末期から昭和17年までの立行司の経歴がわかりやすくなる。新聞などを調べていると、同じ行司が朱房から准立行司の「紫白房」になり、しばらくすると式守伊之助に昇格し、また同じ「紫白房」になっている。最初のほうを「半々紫白房」とし、後者を「真紫白房」と解釈すればよい。

この基準を適用し、明治30年代から大正末期までの「半々紫白房」行司を何人か見てみよう。第一回目の半々紫白房がいつ許されたかを中心に見ていく。

(1) 木村進、11代式守伊之助　　明治44年2月

『東京日日新聞』(明治44年6月22日)の「大相撲評判記」に「行司木村進は当場所より紫房を許されたり」とある。この「紫房」は、厳密には半々紫白房である。上位に木村庄之助と式守伊之助がいた。すなわち、木村進は第三席だった。同様に、第二回目にも「紫房」を許されている。すなわち、第三席の木村進のときも、また第二席の式守伊之助に昇格したときも、同じ紫房となっている。

・『東京日日新聞』(大正2年1月12日)の「伊之助の昇進」[13)]

「式守伊之助は初日まで紫房に白が交じりおりしも、二日目より真の紫房に昇進し、立派な立行司になれり。」

この「紫房」は、厳密には「真紫白房」である。第一回目と第二回目はともに「紫房」となっている。昭和初期の頃まで、白糸の割合に関係なく、

13) 『読売新聞』(大正2年1月18日)の「相撲だより－行司の出世」にはまた、「八日目より木村誠道は紫白総を許されし(後略)」とあるが、これは、厳密には「半々紫白房」である。正式の授与だったかも知れない。

紫糸が入っていれば「紫房」と表すことがあった。どの変種にも「紫房」が使用されているので、「白糸」の割合がどうなっていたかは文脈から判断しなければならない。

(2)　木村誠道、12代式守伊之助　　　　大正2年春場所

木村誠道は引退後の雑誌記事で、自ら明治44年5月に紫白房を許されたと語っている。『都新聞』(大正2年2月8日) にも同じ紫白房に関する記事がある。

・『春場所相撲号』(大正12年1月) の12代目式守伊之助談「46年間の土俵生活」(pp.108-11)[14)]

「(前略) (明治；本章補足) 44年の5月場所に紫白の総を用いることが許されたのであります。それから大正3年5月に12代式守伊之助を襲名いたしまして (後略)」(p.111)

この明治44年5月という年月は誠道の勘違いである[15)]。同じ年 (つまり明治44年) の2月に木村進が准立行司に昇格しており、一枚下の誠道は5月にはまだ准立行司に昇格していない。もし5月が正しければ、内諾を受け、地方巡業などで紫白房を使用していたかも知れない。正式に紫白房

---

14)　この記事ではなぜ木村庄之助襲名を辞退したかについても語っている。ちなみに、「(先代の17代庄之助が：本章補足) 引退してしまいますし、私もモウ還暦を過ごしましたし、(中略) 万一失策でもあっては立行司という面目にも係わりますので、引退届けを出しました」(p.111) とある。また、『報知新聞』(大正10年5月20日) の「伊之助固辞―伊之助は空位で」では「自らその器でないと称して固く辞退の意を漏らしている」とある。なお、17代庄之助と12代伊之助は辞めた理由はそれぞれ異なるが、行司職を辞しても生活に困ることがなかった。17代庄之助は妻に芸者屋を経営させていたし、12代伊之助はお茶屋「西川家」の株を買ってあったからである。これは、『相撲』(昭和33年3月) の「伊之助回顧録 (4)」(pp.107-8) でも確認できる。

15)　行司はときどき自分の行司歴を間違って語ることがある。他の文献などと照合して、正確な先月かどうかを確認する必要がある。

を許されたのは大正2年春場所8日目である。

この誠道は式守伊之助を大正3年5月に襲名したが、5月場所番付では誠道となっている[16)]。つまり、5月に襲名したにもかかわらず、式守伊之助とは記載されていない。しかも、式守伊之助襲名を示す免許状は大正3年10月20日付になっている。この免許状は枡岡智・花坂吉兵衛著『相撲講本』(昭和10年、p.608)や和歌森太郎著『相撲今むかし』(昭和38年、p.52)などにも掲載されている。当時は、免許到着を受けてから、房色を使用するのが普通だった。そのことを行司3名が書いた雑誌記事で見ることができる。

・式守与太夫・式守錦太夫・式守勘太夫筆「行司さん物語―紫総を許される迄」『夏場所相撲号』(大正10年5月号、pp.103-5)
「三役よりは吉田司家の故実門人となり、その免許状到達の日より許された総を用います(後略)」(p.105)

これが事実を正しく語っているのであれば、12代式守伊之助は大正3年10月以降に真紫白房を使用したことになる。

誠道は雑誌記事で自ら大正3年5月に式守伊之助を襲名したと語っている。これが正しければ、5月にすでに内諾を受けていたに違いない。免許状は後で正式に授与されたことになる。なぜ誠道がすんなりと5月場所に式守伊之助を襲名しなかったのかといえば、当時、式守伊之助を襲名した行司は悪霊の祟りで早死にするという噂が根強かったからである。それについては、当時の新聞や雑誌などで語られている[17)]。おそらく、12代式

16) 『東京日日新聞』(大正3年5月21日)の「改名と除名」には「立行司式守伊之助の名は怪談のために襲名するものがなく、遂に番付から除かれ、誠道はそのまま立行司となった。」とある。これから察すると、式守伊之助は襲名しないが、房色は第二席の真紫白房である。

17) 当時の新聞ではかなり取り上げられているが、怨霊の由来については、たとえば『読売新聞』(大正3年5月23日)の「怨霊の追弔会」や『相撲』(昭和27年

守伊之助は5月場所、誠道を名乗りながら、真紫白房を使用したに違いない。これは異例といえば、異例である。誠道はそれまで半々紫白房だったからである。

誠道が5月場所、真紫白房を使用していたと推測するのには理由がある。

a. 第二席の11代式守伊之助は故人となっており、実質的に第二席の立行司なっていた。
b. 12代木村庄之助を襲名することが5月場所には決まっていた。それを協会も承諾していた。
c. 12代式守伊之助が雑誌記事で自ら大正10年5月にその名を襲名したと語っている。[18]
d. 木村朝之助が5月場所の土俵祭で祭司を勤めている。第三席なので、半々紫白房である。5月場所に第二席の木村誠道が同じ半々紫白房を使用するのは不自然である。やはり真紫白房を使用するのが、自然である。

それでは、免許状が到着してから、それに記載されている房色を使用するという行司3名が書いている雑誌記事は、どう理解すればよいのだろうか。それは建前であって、協会の内諾があったなら、適宜、許されていたのではないだろうか。そのようなケースはときどきある。免許状は追認の形で出されていることがときどきある。

11月）の19代式守伊之助談「式守伊之助物語」（p.43）なども参考になる。昭和になっても、19代式守伊之助は怨霊払いの儀式を執り行っている。たとえば、『相撲』（昭和33年3月）の「伊之助回顧録（4）」で「わたしもやっぱり坊さん頼んで、女房や子供を連れて、両国の川のまん中に、橋の上から供養の紙を投げてきた。」（p.109）と語っている。19代式守伊之助著『軍配六十年』（発行・高橋金太郎、昭和36年、p.87）にも同じ内容のことが書かれている。

18)　たとえば、『角力雑誌』（大正12年1月）の12代目式守伊之助談「四十六年間の土俵生活」で「大正3年5月に12代式守伊之助を襲名しまして、（後略）」（p.111）とみずから語っている。

(3) 木村朝之助、18 代木村庄之助　　大正 3 年 5 月場所

次の新聞記事を見てみよう。

・『やまと新聞』（大正 3 年 5 月 31 日）の「吉例土俵祭」[19]
「行司朝之助が紫の総長く垂れた軍扇を目八分に捧げて静々と三宝の前に進み出で（後略）」[20]

朝之助は紫房で土俵祭の祭司をしている。この「紫」はきっと「半々紫白」である。第三席だからである[21]。主席に 17 代木村庄之助、第二席に 12 代式守伊之助がいた[22]。興味深いことに、この木村朝之助は大正 4 年 11 月 14 日、吉田司家の神前で横綱鳳の免許状授与式と同時に「紫白房」を授与されている。

---

19)『東京毎夕新聞』（大正 3 年 5 月 31 日）の「土俵祭」でも朝之助が「之を司り」とある。土俵祭を司っていることから、5 月場所前に准立行司に昇格したと推測している。11 代式守伊之助（前名：進）は大正 3 年 3 月に亡くなっている。これらのことを考慮すれば、場所前にすでに准立行司に昇格していると判断してよい。第三席は空位だった。17 代木村庄之助が 5 月場所中に急に辞職願を出しているが、朝之助の昇格とは無関係である。朝之助は場所前にすでに准立行司だったからである。

20) この記事とよく似た表現が『やまと新聞』（大正 3 年 1 月 11 日）の「土俵祭」にあるが、祭司は木村庄之助（17 代）である。

21) 大正 10 年 1 月でも朝之助が紫白房（厳密には半々紫白房）だったことは『夏場所相撲号』（大正 10 年 5 月）の式守与太夫・他筆「行司さん物語」（p.105）でも確認できる。「大関格」とあるが、第三席なので、准立行司である。

22)『夕刊やまと新聞』（大正 11 年 1 月 6 日）の「行司決まる」に朝之助の行司歴があり、その中に「大正 7 年三大行司の列に加わりて今回庄之助を襲名す」とある。この年月が何を意味するかは不明である。朝之助は大正 3 年にはすでに准立行司になっていたからである。

・『角力世界』（大正4年12月号）

「東京相撲行司木村朝之助に対し紫白の房を許可の免状授与式ありて（後略）」（p.1）

大正3年5月にはすでに「紫白房」（厳密には半々紫白房）は許されていたが、翌年の11月まで熊本へ行く機会がなかったようだ。この11月に地方巡業があり、ついでに横綱鳳の免許状授与式が行われたに違いない。

木村朝之助は大正11年春場所、式守伊之助を経験することなく、第三席から主席の木村庄之助（18代）を襲名している[23)]。主席の17代木村庄之助が差し違えで辞職し、第二席の12代式守伊之助も老齢を理由に退職しているからである。式守伊之助を襲名していないので、房色も半々紫白房から「総紫房」になっている。

（4）　式守与太夫（5代）、13代式守伊之助　　　大正11年1月

式守与太夫は大正10年5月場所8日目から臨時に紫白房を使用している。これはおそらく半々紫白に違いない。上位に立行司が二人いたからである。木村朝之助が18代木村庄之助に、式守与太夫が13代式守伊之助に、それぞれ昇格している。これはもちろん、17代木村庄之助が差し違いで大正10年5月場所中に辞職し、12代式守伊之助も大正10年11月に老齢を理由に引退したからである[24)]。

---

23)　これと同じようなケースは、23代木村正直がいる。昭和35年1月、木村正直は副立行司（半々紫白房）から、式守伊之助を経験することなく、23代木村庄之助を襲名している。上位の行司4名が老齢で、停年退職したからである。『大相撲画報』（朝日新聞社、昭和34年10月、p.29）によると、木村庄之助（立行司、69歳）、式守伊之助（立行司、73歳）、木村玉之助（副立行司、71歳）、式守与太夫（三役、67歳）、木村庄太郎（三役、74歳）だった。

24)　『春場所相撲号』（大正12年1月号）の12代式守伊之助談「四十六年間の土俵生活」（pp.108-11）を参照。

(5)　式守勘太夫（3代）、14代式守伊之助　　　大正11年1月

・『国民新聞』（大正11年1月16日）の「行司の襲名」
　「式守勘太夫亦立行司の列に加わった」[25)]

これは第三席の准立行司を「立行司」と見做した表現である。『報知新聞』（大正11年1月6日）の「新番付総評」では「新紫房格の勘太夫」となっているが、その「紫房」は半々紫白房のことである。[26)]

この勘太夫は大正15年1月に式守伊之助（14代）を襲名したが、その前年（大正14年）の12月に死去したため、春場所は勤めていない。しかし、番付には「勘太夫改式守伊之助」として記載されている。いわゆる死跡である。位牌行司と呼ぶこともある。追悼記事には、たとえば『野球界・夏場所相撲号』（大正15年4月）の市川三松筆「名行司勘太夫」（pp.36-7）[27)]や『相撲画報・夏場所号』（大正15年5月）の八幡太郎筆「名行司勘太夫」（pp.30-1）などがある。しかし、立行司としての房色については何も触れていない。

(6)　式守与太夫（6代）、15代式守伊之助、20代木村庄之助、松翁

この式守与太夫は大正15年5月に式守伊之助を襲名しているが、1月場所にはすでに「真紫白房」を使用している。この式守与太夫は大正11

25)　鳴戸政治著『大正時代の大相撲』（昭和15年、p.332）も参照。

26)　この式守勘太夫（3代）は大正2年春場所4日目に草履を許されている。朱房で、草履なので三役格である。大正11年1月まで三役格だったことになる。このことは『夏場所相撲号』（大正10年5月号）の式守与太夫・他筆「行司さん物語─紫総になる迄」（p.103）でも確認できる。

27)　同じ雑誌の中に次郎冠者筆「江東夜ばなし」（p.39）があり、式守伊之助にまつわる祟りの話が書いてある。この祟りを恐れて、12代式守伊之助が襲名を一時躊躇している。

年1月から大正15年1月までずっと第四席だった[28)]。おそらくそのあいだ、朱房だったに違いない。紫白房（半々紫白房）を許されたとする文献を見たことがない[29)]。大正15年1月前には内々に准立行司に昇格することが決まっていて、新しい紫白房を用意してあったのかも知れない。しかし、地方巡業などでは横綱土俵入りなどで、格上の房色も使用していたことから、紫白房は手元に所持していたはずだ。

式守与太夫（6代）は大正15年1月に第三席となり、番付でも最上段に記載されている。14代式守伊之助が14年12月に急に亡くなったため、1月場所ではその代わりを勤めている。番付では第三席だが、実質的には第二席だからである。そういう緊急事態のため、半々紫白房ではなく、真紫白房を許されたに違いない[30)]。与太夫（のちの20代庄之助、松翁）自身が死後の自伝『国技勧進相撲』（昭和17年）や雑誌記事、たとえば「松翁と一問一答」『野球界』（昭和14年9月、pp.119-20）などで大正15年1月に式守伊之助を襲名したと書いていることから、真紫白房使用で間違いないはずだ。与太夫が式守伊之助と番付記載されたのは、翌5月場所である[31)]。

---

28)　式守与太夫（6代）は大正11年5月、錦太夫（3代）から改名している。これは1月場所番付で確認できる。すなわち、1月場所では錦太夫として、第四席である。なお、錦太夫(3)時代、明治42年5月の朱房は草履を許されていない「紅白」、大正3年1月に草履を許された「三役」である。『夏場所相撲号』(昭和10年5月号)の20代木村庄之助筆「行司生活五十一年」（p.79）の「紅白房」は、実際は「朱房」だったに違いない。そのように捉えないと、紅白房が二度許されたことになり、不自然である。

29)　地方巡業では紫白房（おそらく半々紫白房）を使用している（『角力世界』、大正6年2月号、p.38)。当時は錦太夫を名乗っていた。花相撲では格上の房色を使用することがあった。

30)　大正15年1月には第三席に昇格するので、准立行司に内定し、半々紫白房を用意していた可能性はある。しかし、それを本場所で使用することはなかったはずだ。

31)　20代木村庄之助の半々紫白房使用に関しては、拙著『大相撲行司の軍配と空位』の第1章「准立行司と半々紫白」で詳しく扱っている。

(7)　式守錦太夫（4代)、16代式守伊之助

与太夫(6代)の下に錦太夫(4代)がいるが、大正15年5月場所番付では、番付最上段に記載されている。第三席である。この行司は先場所（1月場所）では草履を履かない朱房の幕内行司だった[32]。足袋だけだった。5月場所で第三席になっているので、房色や履物にも違いがあったかも知れない。

第三席であれば、紫白房（厳密には半々紫白房）になってもおかしくない。しかし、朱房で草履を履かない幕内格から、いきなり准立行司（紫白房）に昇格するのはあまり例がない。普通は、朱房で草履を履く「三役格」を経て、その後に紫白房の「准立行司」に昇格する[33]。錦太夫（4代）も通常の人事昇格ではなかっただろうか。つまり、朱房で草履を許された「三役格」だったはずだ。上位に木村庄之助と式守伊之助がいるので、准立行司を空位のままにしても特に問題になることもない。三役格は番付最上段に記載することもあり、不自然な記載法でもない。本章では、錦太夫(4代)は大正15年5月、朱房で草履を許された三役行司だったと判断している。

昭和2年春場所、三役格は草履を履かなくなったので、この錦太夫はその草履をはく奪されたことになる。これまでの拙著では、三役格が草履を履かなくなったのは大正末期だったのか、それとも昭和2年春場所からな

---

32)　大正期には朱房行司に階級として幕内行司と三役行司がいた。三役行司は草履を履くが、幕内行司は草履を履かなかった。当時、後者をどのように呼んでいたのかは、今のところ、不明である。『軍配六十年』や『ハッケヨイ人生』などの自伝では「三役」と書いてある。

33)『大相撲春場所号』（昭和2年1月）の口絵に取組の写真がいくつかあり、裁いている行司も映っている。5日目の若葉山と玉錦の取組を裁いている行司が式守錦太夫である。これは相撲博物館の取組表で判明した。雑誌の写真では肝心の足元が不鮮明だが、足袋というより草履だと推測している。房色はモノクロ写真のため、朱房なのか紫白房なのかを識別できない。なお、この式守錦太夫の房色や履物に関しては、『大相撲の行司と階級色』(2022）の第3章「昭和初期の行司再訪」や第4章「大相撲の三役行司再訪」などでも詳しく扱っている。

のか、わからないとしていたが[34]、それが明確になった。昭和2年春場所からである。というのは、大正15年5月場所で草履を許された三役格の錦太夫が、昭和2年春場所では同じ三役格でありながら、草履を履いていないからである。

これまで書いてきたことをまとめると、次のようになる。記号「x」は本場所で使用していないことを表す。急な出来事があり、人事に変動があったとみてよい。

行司名	半々紫白房	真紫白房
進	M44.6	T2.1
誠道	T2.1	T10.11
朝之助	T3.5	x（飛び越え）
与太夫（5）	T10.5	T11.11
与太夫（6）	x	T15.1
錦太夫（4）	x[35]	S7.10

明治43年5月後には、式守伊之助の次は木村庄之助に昇格するが、この中には3名、その木村庄之助を襲名していない。進は病死したが、17代木村庄之助より歳が上だった。誠道は木村庄之助襲名を辞退し、角界から身を引いた。錦太夫（4代）は上位に進まなかったが、年寄立田川となり、角界に残っている。

34）たとえば、『大相撲の行司と階級色』の第4章「大相撲の三役行司再訪」や本書の第1章「大相撲朱房行司の変遷」など。

35）錦太夫は大正15年5月、朱房・草履の三役格と捉えている。もし准立行司だったなら、半々紫白房の草履である。この錦太夫（4代）は昭和2年1月、与太夫（7）に改名している。昭和7年10月、第三席の木村玉之助を飛び越え、式守伊之助を襲名している。その前は第四席だったので、半々紫白房は使用していない。つまり、朱房からいきなり真紫白房に変わっている。

5.　昭和の半々紫白房

昭和2年春場所以降は、どの立行司が半々紫白房を用いたかはすぐわかる。すなわち、一つは、第三席の准立行司、木村玉之助である。もう一つは、昭和26年5月から始まる副立行司である。

木村玉之助と式守伊之助は規定上、同じ「紫白房」だが、運用面で「紫と白の割合」で差があった。これは先に示した藤島秀光著『力士時代の思い出』で確認できた。次の文献でも確認できる。

・『相撲』（昭和27年5月号）の「行司の規制」
「『紫総』は立行司であって、力士の大関に相当する。現在は庄之助のみが許されている。（中略）。『紫白総』は紫と白の内交ぜの紐で、やはり立行司であり、力士の大関格である。伊之助がこれを用いる。現在玉之助は副立行司で、やはり『紫白総』だが、紫色と白色が半々である。これも大関格である。」（p.94）

昭和26年5月に副立行司が設置され、玉之助は第三席の准立行司から副立行司に格下げされている。房色は元のままである。庄三郎は同じ場所で、三役格から副立行司に格上げされている。房色は朱房から紫白房（厳密には半々紫白房）に変わっている。

・『大相撲』（昭和31年9月号）の「立行司」
「『紫房』は力士の横綱に相当し、現在は庄之助のみが許される。『紫白房』は紫と白の打ち交ぜの紐で、力士の大関格であり、伊之助がこれを用いているが、副立行司の玉之助と正直は、紫と白が半々になっている。やはり一種の紫白房を使用している。」（p.28）

紫白房の白糸の割合については明確でないが、次の文献も式守伊之助と副立行司の房色に違いがあったことを示している。

・木村庄之助・前原太郎著『行司と呼出し』(昭和 32 年)
「(前略) 三役格は朱色、大関格は紫と白の染め分けの軍配房を使用し、福草履、帯刀を許される。昭和 26 年以来"副立行司"の名称となり、木村玉之助、木村正直がつとめている。最高が立行司で、私と式守伊之助であるが、紫房は代々庄之助一人に限られ、伊之助は紫白房を使用している。」(p.66)

第三席の立行司はときおり「准立行司」と呼ばれることがある。その第一号は 11 代式守伊之助(明治 45 年 5 月から大正 3 年 3 月)である。この 11 代式守伊之助(前名：進)はその名を襲名する前、第三席の准立行司だった。

6.　6 代木村庄三郎と 9 代式守伊之助

9 代式守伊之助が明治 31 年 1 月にその名を襲名したとき、朱房だった。式守伊之助は常に第二席とは限らないし、房色も常に紫白房とは限らない。紫白房を許されたのは明治 37 年 5 月である。この時、式守伊之助は第二席だった。

他方、6 代木村庄三郎は明治 37 年 5 月、草履を許された。房色は朱だった。その翌年、つまり明治 38 年 5 月、紫白房を許された。第三席だった。第三席の紫白房は、普通であれば、「真紫白房」ではなく、「半々紫白房」である。ところが、私はこれまでこの紫白房を「半々紫白房」ではなく、「真紫白房」だと捉えてきた。例外扱いをしてきた。その理由は、次の新聞記事である。

・『都新聞』(明治 43 年 4 月 29 日)の「庄之助の跡目」
「現在、庄之助・伊之助の格式を論じれば、団扇の下紐において差異あり。庄之助は紫、伊之助は紫白打ち交ぜにて庄三郎と同様なり」

この記事の伊之助は、明治37年5月に紫白房を許されている。それは「真紫白房」だった。木村庄三郎はこの式守伊之助と同じ紫白房だと記述されている。この新聞記事が正しければ、木村庄三郎は式守伊之助と同様に「真紫白房」である。問題は、この新聞記事をそのまま信じるかどうかである。私はそのまま正しいと信じてきた。

ところが、別の解釈があり得ることを指摘することもできる。つまり、これは運用面に差異があったことを無視し、規定上の事実を書いてあるだけではないだろうか。たとえば、昭和以降でも第三席の准立行司は、第二席の式守伊之助と同様、同じ紫白房として規定されている。しかし、運用面では、第三席の立行司は「半々紫白房」だし、第二席の式守伊之助は「真紫白房」であった。したがって、6代木村庄三郎は第三席だから、第二席の9代式守伊之助とは、運用面で紫と白の割合で差があったかも知れない。現在のところ、この差異が実際にあったのかを確かめるすべがない。

本章では、6代木村庄三郎の房色として、運用面では「半々紫白房」だった可能性があることを指摘するだけにとどめたい。運用面でも、9代式守伊之助と同様に「紫白房」だったかどうは、今後の研究に俟つことにする。その場合は、『都新聞』（明治43年4月29日）の「庄之助の跡目」をどう捉えるかである。明治43年5月以前は、行司の格付けと房色の関係はすでに確立していたが、主席が一人だけで、総紫（厳密には准紫）、第二席は式守伊之助の一人で、真紫白房だという決まりはなかったかも知れない。実際、木村庄之助と木村瀬平は同じ准紫房を許されていたし、9代式守伊之助は明治37年5月まで朱房だった。木村庄三郎が明治38年5月に9代式守伊之助と同じ紫白房を許されても不思議ではない。明治43年5月以前は、このような「緩やかな」時代だったので、木村庄三郎は運用面でも同じ真紫白房だったとしてきた。この考えが事実を正しく捉えているかどうかは、やはり再吟味する必要があるかも知れない。

7.　木村庄之助と木村瀬平

16 代木村庄之助は明治 32 年 1 月には「准紫」を使用している[36]。その前は「真紫白房」だった。他方、6 代木村瀬平は明治 34 年 4 月に木村庄之助と同じ「准紫」を許されている[37]。これは当時の新聞記事で確認できる。

・『読売新聞』（明治 34 年 4 月 8 日）の「木村瀬平以下の名誉」
「大相撲熊本興行中、吉田追風は木村瀬平に対し、一代限り麻裃熨斗目並びに紫房の免許を与え、式守伊之助には麻裃熨斗目、赤房免許を与え、（後略）」

木村瀬平は明治 37 年 2 月に死去するまで木村庄之助と同じ「准紫房」を使用していた。木村庄之助が主席、木村瀬平は第二席である。他の文献でも、この二人は同じ房色となっている。「麻裃熨斗目」は立行司と准立行司にのみ許されたものであり、木村瀬平と式守伊之助も晴れてその装束を身に着けることができた。

・ 三木愛花・山田伊之助編『相撲大観』（明治 35 年）
「紫房は（中略）、現今の庄之助（16 代：本章注）および瀬平もまたこれを用いるといえども、その内に 1，2 本の白色を交えおり」（pp.299-300）

当時の新聞や文献を見る限り、第二席の木村瀬平は主席の木村庄之助と

36）上司子介著『相撲新書』（明治 32 年、p.88）を参照。何月に許されたかは不明。

37）木村瀬平は明治 32 年 3 月に紫白房を許されている。『読売新聞』（明治 32 年 3 月 16 日）の「木村瀬平、紫房を免許せらる」を参照。この紫房は半々紫白でなく、真紫白である。

同じ准紫房である[38]。席次が違えば、何らかの形で房色に違いがあるはずだが、それを示唆するような証拠が見つからない。

ちなみに、行司装束に関し、簡潔な説明記事があるので、参考までに示す[39]。

・ 式守与太夫・他筆「行司さん物語―紫房を許される迄」『夏場所相撲号』（大正10年5月）

「（前略）裃姿にもそれぞれありまして、朝裃に麻の五郎丸の袴を許されておりましたのが立行司の二人と大関格の行司に限っていたのです。その次席、即ち朱房の草履行司から青白の格足袋までが仙臺平の袴と極めておりましたが、以下の行司は肩衣に平袴を股立高く取って土俵を勤めました（後略）」（p.102）

ところが、一つの疑問がある。それは紫白房で見た二つの変種である。規定上は同じ紫房だが、運用面で式守伊之助は真紫白房、第三席の准立行司は半々紫白房である。

もしかすると、規定上は同じ准紫であったが、運用面で「紫と白の割合」に差があったかも知れないという疑問である。この二つの変種を、便宜上、「第一准紫房」と「第二准紫房」と呼ぶことにしよう。つまり、主席の木村庄之助は「第一准紫房」、木村瀬平は「第二准紫房」を使用していたかも知れない[40]。そうすれば、席順の差を房色に反映できる。

38） この房は「総紫」ではない。白糸が1, 2本混じっている「准紫」である。総紫になったのは明治43年5月である。

39） 本章では行司装束について触れないが、主席立行司と大関格行司の装束は他の下位行司と少し違っていた。第三席の准立行司は木村庄之助や式守伊之助と同じ装束だったようだ。

40） つまり、紫と白の割合が異なる准紫房があったかも知れない。同じ立行司だが、房色には微妙に差異があったという推測である。たとえば、第一准紫房は1，2本の白糸が、第二准紫房は4，5本の白糸のように、何らかの差があったかも知れない。今のところ、それを裏付ける証拠がないので、両行司とも同じ房色だっ

この考えは以前から浮かんでいたが、それを裏付ける証拠が見つからない。主席の木村庄之助と第二席の木村瀬平は、本当に房色はまったく同じだったのだろうか。行司の格付けは房色で表すのがしきたりである。房色に何らかの差があるのが自然である[41]。その差は「紫と白の割合」にあるはずだ。もちろん、房色以外にも席順の差を表す徴はあったかも知れないが、それは副次的である。

当時の新聞や文献は准紫房にも運用面で二つの変種があったにもかかわらず、それに気づかなかったか、あるいは無視したかも知れない。それはちょうど明治43年5月以降の新聞や文献の紫白房の扱いと同じである。規定上は、紫白房の2変種は一つになっていたように、准紫の2変種も一つとして表されたのかも知れない。特に明治時代は、紫が少しでも混じっていたら、「紫房」として括られることもあった。「准紫房」でさえ、あたかも「総紫房」であるかのように扱われていた。准紫房に2変種があることに気づかなかったとしても不思議ではない。

本章では従来の見方に準じているが、ここに述べている見方もあり得ることを提示しておきたい。いずれが正しいかは、今後さらに検討すればよい。その際は証拠を提示することである。木村瀬平は第二席にもかかわらず、主席の木村庄之助とまったく同じ「准紫」であったこと、逆に木村瀬平はやはり木村庄之助と微妙に違う「准紫房」だったことなどである。

たと捉えている。

41)　22代木村庄之助は自著『行司と呼出し』で、「(チョンまげのあった16代庄之助と：本章補足）同時代に木村瀬平という行司がおり庄之助にならなかったが、立行司として紫房を許されていただけあって、さすがに見識をもっていた。」(p.72）とある。当時は、准紫でも紫白房でも「紫房」と呼んでいたので、瀬平が庄之助とまったく同じ房色を使用していたかどうかは必ずしもはっきりしない。しかし、両立行司は同等の地位として認められていたことから、同じ紫房（厳密には准紫房）を使用していたと22代庄之助は判断しているようだ。

8.　今後の課題

本章では、これまでの拙著や拙稿で取り上げてきた紫房の変種、真紫白房と半々紫白房を主に扱った。その中で一つの見方をこれまでも提示してきたが、本章では別の見方もあることを提示している。二つの見方のうちで、いずれが事実に即しているかの判断は必ずしも示していない。どの見方をしても、決定的な証拠を提示できないからである。どの見方が事実を反映しているかは、今後の研究に俟つことにする。今後、解決してほしいことをいくつか提示しておきたい。

(1)　本章では、准立行司は明治43年5以降、運用面では半々紫白房だったとしているが、それは正しい見方だろうか。規定上は、准立行司と第二席の式守伊之助はともに、紫白房だった。

(2)　木村庄三郎（6代）は明治38年5月、准立行司になっている。第三席にもかかわらず、房色は式守伊之助と同じ真紫白房だとしてきたが、それは正しい見方だろうか。准立行司としての半々紫白房としての見方は、やはり問題ないだろうか。

(3)　木村朝之助（のちの18代木村庄之助）は大正3年5月、土俵祭で紫房を用い、祭司を勤めている。本章ではその紫房は、厳密には半々紫白房としている。本章では、土俵祭を行う前に准立行司に昇格したと推測しているが、その推測は正しいだろうか。朝之助は朱房から半々紫白房に昇格しているに違いない。その朱房はいつ許されただろうか。

(4)　木村誠道（12代伊之助）は大正3年10月に伊之助襲名の免許状を授けられている。大正3年5月場所、誠道は半々紫白房と真紫白房のうち、いずれを使用していただろうか。

(5)　木村庄三郎（のちの19代式守伊之助）は昭和26年5月に副立行司に昇格している。9月場所では19代式守伊之助に昇格した。すなわち、副立行司は一場所だけだった。その5月場所、庄三郎は病気で休場している。そういう状況で､半々紫白房を用意したのだろうか。それとも次場所で伊之助に昇格することも内々に受けていて、真紫白房を許されていただろうか。普通なら、半々紫白房を使用するはずだが、実際はどうだったのだろうか。いずれの房だったかがわかる証拠はないだろうか。

(6)　式守錦太夫（4代）は大正15年5月、朱房で草履を履いた三役行司として捉えているが、そうではなく准立行司の半々紫白として捉えることもできる。雑誌の口絵の写真が不鮮明で、草履なのか足袋だけなのか、はっきりしない。また、房色の見分けが難しい。本章の見方ともう一つの見方のうち、いずれが事実に即しているだろうか。

このような疑問がいくつか出てくるが、それを解明できる証拠がどこかに埋もれているかも知れない。今後は、そのような証拠を見つける必要がある。

最後に、『野球界・春場所相撲号』（昭和2年1月）の口絵の写真と取組表でわかったことを、参考までに示しておく。これは相撲博物館（中村史彦氏）にお世話になった。

・『野球界・春場所相撲号』（昭和2年1月）に取組の写真と取組表の照合結果

1.	2日目	清水川対出羽ヶ嶽	木村鶴之助	足袋
2.	2日目	清水川対玉錦	木村善之輔	足袋
3.	2日目	荒浪対鏡岩	式守政治郎	足袋
4.	5日目	出羽ヶ嶽対西ノ海	木村庄之助	草履

5.　5日目　大ノ里対清瀬川　木村庄之助　草履
6.　5日目　若葉山対玉錦　木村錦太夫　草履
7.　11日目　西ノ海対大ノ里　木村庄之助　草履

雑誌のキャプションでは、荒海対鏡岩とあるが、取組表では荒浪対鏡岩となっている。誤植かも知れない。

履物（草履や足袋）に関しては、私が写真を見て判断したので、間違っているかも知れない。もちろん、どのようなミスも私の責任であることを記しておく。

参考文献

雑誌や新聞等は本文の中で詳しく記してあるので、ここでは省略する。

綾川五郎次、『一味清風』、学生相撲道場設立事務所、1914（大正3年）。
荒木精之、『相撲道と吉田司家』、相撲司会、1959（昭和34年）。
池田雅雄、『大相撲ものしり帖』、ベースボール・マガジン社、1990（平成2年）。
伊藤忍々洞、『相撲展望』（雄生閣、1939（昭和14年）。
岩井左右馬、『相撲伝秘書』、1776（安永5年）。
岩井播磨掾久次・他（伝）、『相撲行司絵巻』、1631（寛永8年）。（天理大学善本叢書の一つ）。
上島永二郎（編）、『相撲叢談四本柱』、至誠堂、1900（明治33年）。
上田元胤（編）、『相撲早わかり』、国技書院、1932（昭和7年）。
内館牧子、『女はなぜ土俵にあがれないのか』、幻冬舎、2006（平成18年）。
『江戸相撲錦絵』（『VANVAN相撲界』新春号）、ベースボール・マガジン社、1986（昭和61年）1月。
大西秀胤（編）、『相撲沿革史』、編集発行・松田貞吉、1895（明治28年）。
大ノ里萬助、『相撲の話』、誠文堂、1930（昭和5年）。
大橋新太郎（編）、『相撲と芝居』、博文館、1900（明治33年）。
岡敬孝（編著）、『古今相撲大要』、報行社、1885（明治18年）。
尾崎清風（編著）、『角力読本国技』、発行所・大日本角道振興会本部、1941（昭和16年）。
笠置山勝一、『相撲範典』、博文館内野球界、1942（昭和17年）。
加藤進、『相撲』、愛国新聞社出版部、1942（昭和17年）。
川端要寿、『物語日本相撲史』、筑摩書房、1993（平成5年）。
金指基、『相撲大事典』、現代書館、2002（平成14年）。
上司子介（延貴）、『相撲新書』、博文館、1899（明治32年）。
北川博愛、『相撲と武士道』、浅草国技館、1911（明治44年）。
木村喜平次、『相撲家伝鈔』、1714（正徳4年）。
木村庄之助（20代、松翁）、『国技勧進相撲』、言霊書房、1942（昭和17年）。
木村庄之助（21代）、『ハッケヨイ人生』、帝都日日新聞社、1966（昭和41年）。
木村庄之助（22代）・前原太郎（呼出し）、『行司と呼出し』、ベースボール・マガジン社、1957（昭和32年）。本書では便宜的に、木村庄之助著『行司と呼出し』として表すこともある。
木村庄之助（27代）、『ハッケヨイ残った』、東京新聞出版局、帝都日日新聞社、1994（平成6年）。
木村庄之助（29代、桜井春芳）、『一以貫之』、高知新聞社、2002（平成14年）。

木村庄之助（33代)、『力士の世界』、文芸春秋、2007（平成19年)。
木村庄之助（36代)、『大相撲　行司さんのちょっといい話』、双葉社、2014（平成26年)。
木村清九郎（編)、『今古実録相撲大全』、1885（明治18年)。木村政勝（編)、『古今相撲大全』〔宝
木村政勝、『古今相撲大全』、1763（宝暦13年)。
『木村瀬平』（雪の家漁叟記、小冊子)、漬和堂、1898（明治31年)。
窪寺紘一、『日本相撲大鑑』、新人物往来社、平成4年（1992）
栗島狭衣、『相撲通』、実業之日本社、1913（大正2年)。
小泉葵南、『お相撲さん物語』、泰山書房、1917（大正6年)。
好華山人、『大相撲評判記』、大阪・川内屋長兵衛、1836（天保7年)。
「国技相撲のすべて」（別冊『相撲』秋季号)、ベースボール・マガジン社、1996（平成8年)。
酒井忠正、『相撲随筆』、ベースボール・マガジン社、1995（平成7年)。1953（昭和28年）版の復刻版。
酒井忠正、『日本相撲史』（上・中)、ベースボール・マガジン社、1956（昭和31年）／1964（昭和39年)。
塩入太輔（編)、『相撲秘鑑』、厳々堂、1886（明治19年)。
式守伊之助（19代、高橋金太郎)、『軍配六十年』、1961（昭和36年)。
式守伊之助（26代、茶原宗一)、『情けの街の触れ太鼓』、二見書房、1993（平成5年)。
式守蝸牛、『相撲穏雲解』、1793（寛政5年)。
式守幸太夫、『相撲金剛伝』（別名『本朝角力之起原』)、1853（嘉永6年)。
清水健児・清水晶著『昭和相撲大観』、文政社、1937（昭和12年)。
杉浦善三、『相撲鑑』、昇進堂、1911 (明治44年)。
鈴木敬三（編)、『有職故実大辞典』、吉川弘文館、1996（平成8年)。
鈴木要吾、『相撲史観』、人文閣、1943（昭和18年)。
『相撲浮世絵』（別冊相撲夏季号)、ベースボール・マガジン社、1981（昭和56年）6月。
『相撲極伝之書』（南部相撲資料の一つ。他に『相撲故実伝記』、『相撲答問詳解抄』などもある)。
『相撲』編集部、『大相撲人物大事典』、ベースボール・マガジン社、2001 (平成13年)。
大日本相撲協会（編)、『国技相撲』、大日本相撲協会、1939（昭和14年)。
大鵬（第48代横綱）（監修)、『相撲道とは何か』、KKロングセラーズ、2017（平成19年)。
竹森章（編)、『相撲の史跡』、相撲史跡研究会、1973（昭和48年）～ 1993（平成5年)。
竹森章、『京都・滋賀の相撲』、発行者・竹森章、1996（平成8年)。
立川焉馬（撰)、『角觝詳説活金剛伝』（写本)、1828（文政11年)。
立川焉馬（序文）・歌川国貞画、『相撲櫓太鼓』、1844（天保15年)。
立川焉馬（作)、『当世相撲金剛伝』、1844（天保15年)。
土屋喜敬、『相撲』、法政大学出版局、2017年（平成29年)。

出羽（之）海谷右衛門（述)、『最近相撲図解』、岡崎屋書店、1918（大正 7 年)。
出羽海秀光、『私の相撲自伝』、ベースボール・マガジン社、1954（昭和 29 年)。
東京角道会（編)、『相撲の話』、黒燿社、1925（大正 14 年)。
戸谷太一（編)、『大相撲』、学習研究社、1977（昭和 52 年)。
中秀夫、『武州の力士』、埼玉新聞社、昭和 51 年。
中村倭夫、『信濃力士伝』（昭和前篇)、甲陽書房、1988（昭和 63 年)。
成島峰雄、『すまゐご覧の記』、1791（寛政 3 年)。
鳴戸政治、『大正時代の大相撲』、国民体力協会、1940（昭和 15 年)。
南部相撲資料（『相撲極伝之書』、『相撲故実伝記』、『相撲答問詳解抄』など。他に相撲の古文書が数点ある)。
根間弘海、『大相撲行司の世界』、吉川弘文館、2011 (平成 23 年)。
根間弘海、『詳しくなる大相撲』、専修大学出版局、2020（令和 2 年)。
半渓散史（別名・岡本敬之助)、『相撲宝鑑』、魁真書桜、1894（明治 27 年)。
肥後相撲協会（編)、『本朝相撲之吉田司家』、1913（大正 2 年)。
彦山光三、『相撲読本』、河出書房、1952（昭和 27 年)。
彦山光三、『相撲道綜鑑』、日本図書センター、1977（昭和 52 年)。
常陸山谷右衛門、『相撲大鑑』、常陸山会、1914（大正 3 年)。
ビックフォード、ローレンス、『相撲と浮世絵の世界』、講談社インターナショナル、1994 (平成 6 年)。英語の書名は SUMO and the Woodblock Print Master（by Lawrence Bickford）である。
藤島秀光、『力士時代の思い出』、国民体力協会、1941（昭和 16 年)。
藤島秀光、『近代力士生活物語』、国民体力協会、1941（昭和 16 年)。
二子山勝治（監修)・新潮社（編著)、『大相撲の世界』、新潮社、1984（昭和 59 年)。
古河三樹、『江戸時代の大相撲』、国民体力大会、1942（昭和 17 年)。
古河三樹、『江戸時代大相撲』、雄山閣、1968（昭和 43 年)。
枡岡智・花坂吉兵衛、『相撲講本』（復刻版)、誠信出版社、1978（昭和 53 年）/ オリジナル版は 1935（昭和 10 年)。
松木平吉（編)、『角觝秘事解』、松壽堂、1884（明治 17 年)。
松木平吉（編)、『角觝金剛伝』、大黒屋、1885（明治 18)。原稿者・桧垣藤兵衛とある。
三木愛花、『角力通』、四六書院、1930（昭和 5 年)。
三木愛花、『相撲史伝』、発行人・伊藤忠治、発売元・曙光社、1901（明治 34 年）／『増補訂正日本角力史』、吉川弘文館、1909（明治 42 年)。
三木貞一・山田伊之助（編)、『相撲大観』、博文館、1902（明治 35 年)。
武蔵川喜偉、『武蔵川回顧録』、ベースボール・マガジン社、1974（昭和 49 年)。
山田伊之助（編)、『相撲大全』、服部書店、1901（明治 34 年)。
山田義則、『華麗なる脇役』、文芸社、2011（平成 23 年)。

鎗田徳之助、『日本相撲傳』、大黒屋畫舗、1902（明治 35 年）。
吉田追風（編）、『ちから草』、吉田司家、1967 (昭和 42 年)。
吉田長孝、『原点に還れ』、熊本出版文化会館、2010（平成 22 年）。
吉村楯二（編）、『相撲全書』、不朽社、1899（明治 32 年）。
Hiromi Nema with Doreen Simmons, Japanese Sumo: Q and A, Senshu University Press, 2022（令和 4 年）。

あとがき

長い間、行司に関する事柄を調べていながら、なかなか立証できないものがある。もちろん、それぞれについてときには断片的に言及されているが、体系的に深く追究した論考となると、あまり見かけない。誰かがいつか解決してくれることを期待して、そのいくつかを提示しておきたい。

(1)　十両行司が用いる青白房はいつから使われているか。江戸末期だと思われるが、具体的な年月はいつだろうか。それを確認できる資料はないだろうか。

(2)　幕下以下行司が用いる黒房はいつから使われているだろうか。寛政以前から用いられていたと思われるが、それは正しいだろうか。

(3)　黒房よりも青房が圧倒的に多く用いられるようなったのはいつ頃だろうか。明治43年5月以降だと思われるが、いつ頃だろうか。どの資料で確認できるだろうか。

(4)　団扇で相撲の勝敗を裁くようになったのは､いつ頃だろうか。また、唐団扇から軍配団扇に変わったのは、いつ頃だろうか。それを裏付ける資料にはどんなものがあるだろうか。

(5)　現在、軍配の形状は卵型がほとんどすべてだが、以前はひょうたん型もけっこう用いられていた。いつ頃､逆転しただろうか。それとも、昔から卵型が圧倒的だっただろうか。

これらの課題は軍配そのものや房色に関するものである｡それ以外にも、

もちろん、解明すべき課題はある。

拙著ではこれまでも、基本的に、各章の末尾に「今後の課題」として気になる問題点を提示してきた。本書でも各章の末尾に問題点をいくつか提示してあるが、その中で特に気になる問題点をいくつか提示しておきたい。

(1) 明治43年5月の行司装束改正以降、十両以上の行司は帯刀を許されたが、いつ帯刀しなくなっただろうか。

(2) 草履を許された朱房行司は三役行司、許されない朱房行司は幕内だと分類してあるが、その区分けは正しいだろうか。

(3) 最初、幕下行司は青房、三段目以下行司は黒房だったが、のちには幕下と三段目は青房、二段目以下は黒房だったとする文献がたくさんある。いつそのような変更があったのだろうか。

(4) 役相撲の勝者へ唱える行司口上の変更は昭和17年から27年のあいだとしているが、それは正しいのだろうか。特に昭和17年の文献は事実を正しく記述しているだろうか。

(5) 9代式守伊之助は明治37年5月に紫白房を許され、木村庄三郎は明治38年5月に紫白房を許された。両行司の紫白房はともに白糸の割合が同じだったと本書では捉えているが、それは事実を正しく捉えているだろうか。

(6) 11代式守伊之助（進）と12代式守伊之助はそれを襲名する前、ともに「紫白房」を授与されている。すなわち、第三席の准立行司だった。これは半々紫白房だったとして分析しているが、それは正しいだろうか。

現在は、紫房には木村庄之助の総紫房と式守伊之助の紫白房しかないが、これまでにはこの二つに加え、准紫房と半々紫白房があった。しかも、その4種の紫房は常に同じ時期に使われていたわけでない。本書では、ときどき裏付けが不足しているにもかかわらず、一定の証拠に基づき、特定の主張をしていることがある。この主張がすべて正しいかどうかは、吟味する必要がある。

拙著と拙稿

【拙著】

(1)　1998、『ここまで知って大相撲通』、グラフ社、237 頁。

(2)　1998、『Q&A 形式で相撲を知る SUMO キークエスチョン 258』(岩淵デボラ訳)、洋販出版、205 頁。

(3)　2006、『大相撲と歩んだ行司人生 51 年』、33 代木村庄之助と共著、英宝社、179 頁。

(4)　2010、『大相撲行司の伝統と変化』、専修大学出版局、368 頁。

(5)　2011、『大相撲行司の世界』、吉川弘文館、193 頁。

(6)　2012、『大相撲行司の軍配房と土俵』、専修大学出版局、300 頁。

(7)　2013、『大相撲の歴史に見る秘話とその検証』、専修大学出版局、283 頁。

(8)　2016、『大相撲行司の房色と賞罰』、専修大学出版局、193 頁。

(9)　2017、『大相撲立行司の軍配と空位』、専修大学出版局、243 頁。

(10) 2018、『大相撲立行司の名跡と総紫房』、専修大学出版局、220 頁。

(11) 2020、『詳しくなる大相撲』、専修大学出版局、312 頁。

(12) 2020、『大相撲行司の松翁と四本柱の四色』、専修大学出版局、194 頁。

(13) 2021、『大相撲行司の神々と昭和前半の三役行司』、専修大学出版局、216 頁。

(14) 2022、『大相撲の行司と階級色』、専修大学出版局、252 頁。

(15) 2022、Japanese Sumo: Q & A (Doreen Simmons と共著)、専修大学出版局、275 頁。

【拙稿】

(1)　2003、「相撲の軍配」『専修大学人文科学年報』第 33 号、pp.91-123。

(2)　2003、「行司の作法」『専修人文論集』第 73 号、pp.281-310。

(3)　2003、「行司の触れごと」『専修大学人文科学研究所月報』第 207 号、pp.18-41。

(4)　2004、「土俵祭の作法」『専修人文論集』第 74 号、pp.115-41。

(5)　2004、「行司の改姓」『専修大学人文科学研究所月報』第 211 号、pp.9-35。

(6)　2004、「土俵祭の祝詞と神々」『専修人文論集』第 75 号、pp.149-77。

(7)　2005、「由緒ある行司名」『専修人文論集』第 76 号、pp.67-96。

(8)　2005、「土俵入りの太刀持ちと行司」『専修経営学論集』第 80 号、pp.169-203。

(9)　2005、「行司の改名」『専修大学人文科学研究所月報』第 218 号、pp.39-63。

(10) 2005、「軍配の握り方を巡って(上)」『相撲趣味』第 146 号、pp.42-53。

(11) 2005、「軍配の握り方を巡って(中)」『相撲趣味』第 147 号、pp.13-21。

(12) 2005、「軍配房の長さ」『専修人文論集』第 77 号、pp.269-96。

(13) 2005、「軍配房の色」『専修経営学論集』第 81 号、pp.149-79。

(14) 2005、「四本柱の色」『専修経営学論集』第 81 号、pp.103-47。

(15) 2005、「軍配の握り方を巡って（下）」『相撲趣味』第 148 号、pp.32-51。
(16) 2006、「南部相撲の四角土俵と丸土俵」『専修経営学論集』第 82 号、pp.131-62。
(17) 2006、「軍配の型」『専修経営学論集』第 82 号、pp.163-201。
(18) 2006、「譲り団扇」『専修大学人文科学研究所月報』第 233 号、pp.39-65。
(19) 2006、「天正 8 年の相撲由来記」『相撲趣味』第 149 号、pp.14-33。
(20) 2006、「土俵の構築」『専修人文論集』第 79 号、pp.29-54。
(21) 2006、「土俵の揚巻」『専修経営学論集』第 83 号、pp.245-76。
(22) 2007、「幕下格以下行司の階級色」『専修経営学論集』第 84 号、pp.219-40。
(23) 2007、「行司と草履」『専修経営学論集』第 84 号、pp.185-218。
(24) 2007、「謎の絵は南部相撲ではない」『専修人文論集』第 80 号、pp.1-30。
(25) 2007、「立行司の階級色」『専修人文論集』第 81 号、pp.67-97。
(26) 2007、「座布団投げ」『専修経営学論集』第 85 号、pp.79-106。
(27) 2007、「緋房と草履」『専修経営学論集』第 85 号、pp.43-78。
(28) 2008、「行司の黒星と規定」『専修人文論集』第 82 号、pp.155-80。
(29) 2008、「土俵の屋根」『専修経営学論集』第 86 号、pp.89-130。
(30) 2008、「明治 43 年 5 月以降の紫と紫白」『専修人文論集』第 83 号、pp.259-96。
(31) 2008、「明治 43 年以前の紫房は紫白だった」『専修経営学論集』第 87 号、pp.77-126。
(32) 2009、「昭和初期の番付と行司」『専修経営学論集』第 88 号、pp.123-57。
(33) 2009、「行司の帯刀」『専修人文論集』第 84 号、pp.283-313。
(34) 2009、「番付の行司」『専修大学人文科学年報』第 39 号、pp.137-62。
(35) 2009、「帯刀は切腹覚悟のシンボルではない」『専修人文論集』第 85 号、pp.117-51。
(36) 2009、「明治 30 年以降の番付と房の色」『専修経営学論集』第 89 号、pp.51-106。
(37) 2010、「大正時代の番付と房の色」『専修経営学論集』第 90 号、pp.207-58。
(38) 2010、「明治の立行司の席順」『専修経営学論集』第 92 号、pp.31-51。
(39) 2010、「改名した行司に聞く」『専修大学人文科学年報』第 40 号、pp.181-211。
(40) 2010、「立行司も明治 11 年には帯刀しなかった」『専修人文論集』第 87 号、pp.99-234。
(41) 2010、「草履の朱房行司と無草履の朱房行司」『専修経営学論集』第 91 号、pp.23-51。
(42) 2010、「上覧相撲の横綱土俵入りと行司の着用具」『専修経営学論集』第 91 号、pp.53-69。
(43) 2011、「天覧相撲と土俵入り」『専修人文論集』第 88 号、pp.229-64。
(44) 2011、「明治時代の四本柱の四色」『専修大学人文科学年報』第 41 号、pp.143-73。
(45) 2011、「行司の木村姓と式守姓の名乗り」『専修人文論集』第 89 号、pp.131-58。

(46) 2011、「現役行司の入門アンケート調査」『専修経営学論集』第 91 号、pp.1-28。
(47) 2012、「土俵三周の太鼓と触れ太鼓」『専修人文論集』第 90 号、pp.377-408。
(48) 2012、「明治と大正時代の立行司とその昇格年月」『専修大学人文科学年報』第 42 号、pp.123-52。
(49) 2012、「大正期の立行司を巡って」『専修経営学論集』第 94 号、pp.31-51。
(50) 2012、「大正末期の三名の朱房行司」『専修人文論集』第 91 号、pp.143-74。
(51) 2013、「江戸時代の行司の紫房と草履」『専修大学人文科学年報』第 43 号、pp.171-91。
(52) 2013、「足袋行司の出現と定着」『専修人文論集』第 92 号、pp.165-96。
(53) 2013、「十両以上の行司の軍配」『専修経営学論集』第 96 号、pp.49-69。
(54) 2015、「軍配左端支えと軍配房振り」『専修人文論集』第 97 号、pp.510-32。
(55) 2016、「紫房の異種」『専修人文論集』第 99 号、pp.479-515。
(56) 2017、「総紫房の出現」『専修人文論集』第 101 号、pp.201-24。
(57) 2018、「地位としての草履の出現」『専修人文論集』第 103 号、pp.301-22。
(58) 2019、「地位としての足袋の出現」『専修人文論集』第 104 号、pp.195-214。
(59) 2019、「大相撲の松翁」『専修人文論集』第 105 号、pp.334-63。
(60) 2020、「赤色の四本柱と土俵の四方位」『専修人文論集』第 108 号、pp.139-63。
(61) 2021、「大相撲立行司の紫房再訪」『専修人文論集』第 109 号、pp.417-43。
(62) 2022、「大相撲朱房行司の変遷」『専修人文論集』第 111 号、pp.195-224。
(63) 2023、「幕下以下行司の房色―青か黒」『専修人文論集』第 112 号、pp.151-76。
(64) 2023、「明治 30 年以降の行司番付再訪（資料編）」『専修人文論集』（予定）。
(65) 2024、「大正期の行司番付再訪（資料編）」『専修人文論集』（予定）。

索　引

さ　行

た 行

や　行

り・わ　行

根間弘海（ねま　ひろみ）

昭和 18 年生まれ。専修大学名誉教授。専門は英語音声学・音韻論・英語教授法。趣味は相撲（特に行司）とユダヤ教の研究。英語テキストと相撲に関する著書は共著を含め、本書で 98 冊目となる。

(a) 相撲では『ここまで知って大相撲通』(グラフ社)、『SUMO キークエスチョン 258』(岩淵デボラ英訳、洋販出版)、『大相撲と歩んだ行司人生五一年』（33 代木村庄之助共著、英宝社)、『大相撲行司の世界』（吉川弘文館)、『大相撲行司の伝統と変化』、『大相撲行司の軍配房と土俵』、『大相撲の歴史に見る秘話とその検証』、『大相撲行司の房色と賞罰』、『大相撲立行司の軍配と空位』、『大相撲立行司の名跡と総紫房』、『詳しくなる大相撲』、『大相撲行司の松翁と四本柱の四色』（専修大学出版局)、『大相撲の行司と階級色』、Japasene Sumo: Q and A（Ms. Simmons と共著）がある。

(b) 英語では『英語の発音演習』（大修館)、『英語の発音とリズム』（開拓社)、『英語はリズムだ！』、『英語のリズムと発音の理論』（英宝社)、『リズムに乗せれば英語は話せる』（ブレーブン・スマイリー共著、創元社)、『こうすれば通じる英語の発音』（ブレーブン・スマイリー共著、ジャパンタイムズ）などがある。

大相撲行司の格付けと役相撲の並び方

2023 年 7 月 20 日　第 1 版第 1 刷

著　者　根間　弘海

発行者　上原　伸二

発行所　専修大学出版局

〒 101-0051　東京都千代田区神田神保町 3-10-3

株式会社専大センチュリー内　電話 03-3263-4230

印　刷
製　本　モリモト印刷株式会社

ISBN978-4-88125-382-3